L. GALLOUÉDEC & F. MAURETTE

# L'EUROPE
## Moins la France

### Deuxième Année

HACHETTE ET Cⁱᵉ

2 fr.

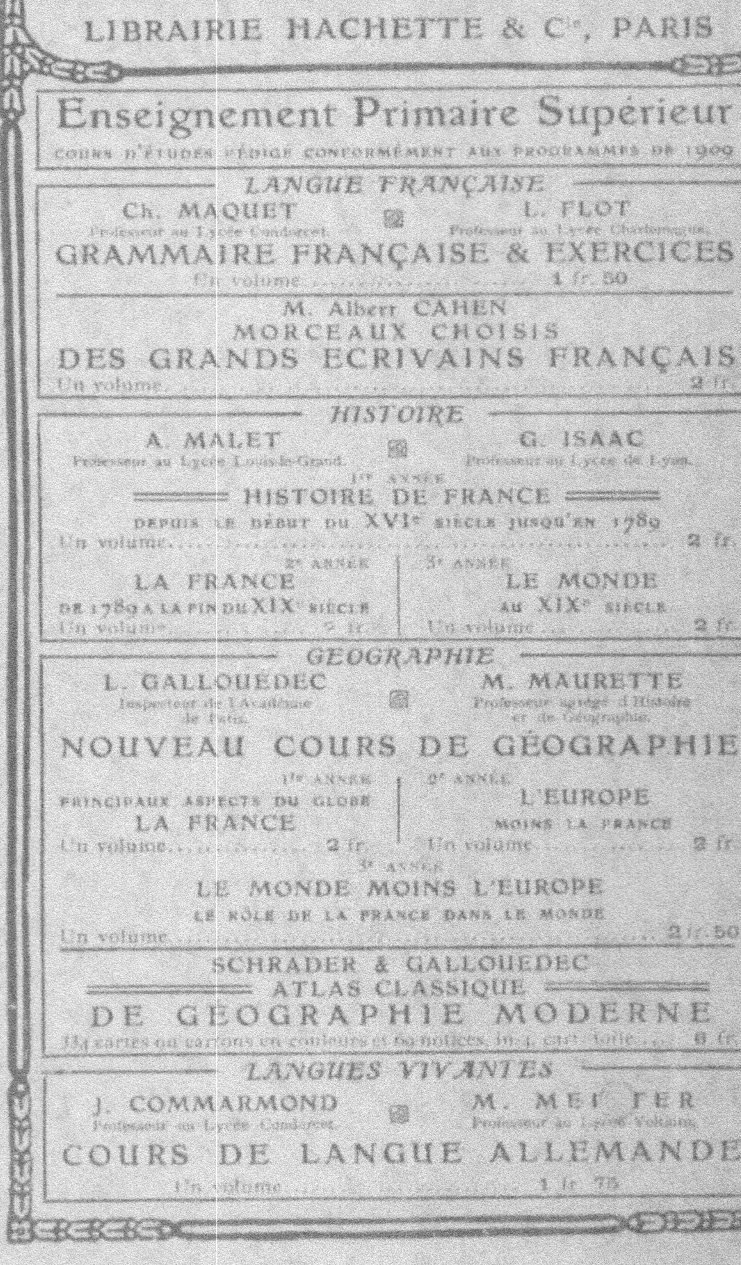

# LIBRAIRIE HACHETTE & Cⁱᵉ, PARIS

## Enseignement Primaire Supérieur

COURS D'ÉTUDES RÉDIGÉ CONFORMÉMENT AUX PROGRAMMES DE 1909

### LANGUE FRANÇAISE

**Ch. MAQUET**
Professeur au Lycée Condorcet.

**L. FLOT**
Professeur au Lycée Charlemagne.

## GRAMMAIRE FRANÇAISE & EXERCICES
Un volume .......................... 1 fr. 50

**M. Albert CAHEN**
MORCEAUX CHOISIS

## DES GRANDS ECRIVAINS FRANÇAIS
Un volume .......................... 2 fr.

### HISTOIRE

**A. MALET**
Professeur au Lycée Louis-le-Grand.

**G. ISAAC**
Professeur au Lycée de Lyon.

1ʳᵉ ANNÉE
### HISTOIRE DE FRANCE
DEPUIS LE DÉBUT DU XVIᵉ SIÈCLE JUSQU'EN 1789
Un volume .......................... 2 fr.

| 2ᵉ ANNÉE | 3ᵉ ANNÉE |
|---|---|
| **LA FRANCE** | **LE MONDE** |
| DE 1789 A LA FIN DU XIXᵉ SIÈCLE | au XIXᵉ SIÈCLE |
| Un volume ......... 2 fr. | Un volume ......... 2 fr. |

### GEOGRAPHIE

**L. GALLOUÉDEC**
Inspecteur de l'Académie
de Paris.

**M. MAURETTE**
Professeur agrégé d'Histoire
et de Géographie.

## NOUVEAU COURS DE GÉOGRAPHIE

| 1ʳᵉ ANNÉE | 2ᵉ ANNÉE |
|---|---|
| PRINCIPAUX ASPECTS DU GLOBE | **L'EUROPE** |
| **LA FRANCE** | MOINS LA FRANCE |
| Un volume ......... 2 fr. | Un volume ......... 2 fr. |

3ᵉ ANNÉE
### LE MONDE MOINS L'EUROPE
LE RÔLE DE LA FRANCE DANS LE MONDE
Un volume .......................... 2 fr. 50

**SCHRADER & GALLOUÉDEC**
ATLAS CLASSIQUE

## DE GÉOGRAPHIE MODERNE
54 cartes ou cartons en couleurs et 69 notices, in-4 cart. toile ... 8 fr.

### LANGUES VIVANTES

**J. COMMARMOND**
Professeur au Lycée Condorcet.

**M. MEISSNER**
Professeur au Lycée Voltaire.

## COURS DE LANGUE ALLEMANDE
Un volume .......................... 1 fr. 75

# L'EUROPE

## MOINS LA FRANCE

### Deuxième Année

# A LA MÊME LIBRAIRIE

**Nouveau Cours de Géographie**, rédigé conformément aux programmes
de l'Enseignement primaire supérieur, par MM. L. GALLOUÉDEC, inspecteur général de l'Instruction publique, et F. MAURETTE, professeur agrégé d'histoire et de géographie. Trois volumes in-16, avec
gravures, cartonnés :

> 1<sup>re</sup> ANNÉE. — *Principaux aspects du Globe. La France.* Un vol.   2 fr.
> 2<sup>e</sup> ANNÉE. — *L'Europe moins la France.* Un vol. . . . . . .   2 fr.
> 3<sup>e</sup> ANNÉE. — *Le Monde moins l'Europe.* Un vol. . . . .   2 fr. 50

**Atlas classique de Géographie moderne**, composé à l'usage de l'Enseignement primaire supérieur, par MM. SCHRADER et GALLOUÉDEC.
Trois volumes in-4° cartonnés :

> 1<sup>re</sup> ANNÉE. — *La France*, 109 cartes. . . . . . .   2 fr. 50
> 2<sup>e</sup> ANNÉE. — *L'Europe moins la France*, 42 cartes . . . .   2 fr.
> 3<sup>e</sup> ANNÉE. — *Le Monde moins l'Europe*, 104 cartes . . . .   3 fr.

**Nouveau Cours d'Histoire**, rédigé conformément aux programmes de
l'Enseignement primaire supérieur, par MM. Albert MALET, professeur au lycée Louis-le-Grand, et J. ISAAC, professeur au lycée de
Lyon. Trois volumes in-16, avec gravures, cartonnés :

> 1<sup>re</sup> ANNÉE. — *Histoire de France* depuis le début du XVI<sup>e</sup> siècle
> jusqu'en 1789. Un vol. . . . . . . . . .   2 fr.
> 2<sup>e</sup> ANNÉE. — *La France*, de 1789 à la fin du XIX<sup>e</sup> siècle. Un vol.   2 fr.
> 3<sup>e</sup> ANNÉE. — *Le Monde* au XIX<sup>e</sup> siècle. Un vol. . . . . . .   2 fr.

**Atlas classique de Géographie historique**, par MM. SCHRADER et
GALLOUÉDEC, contenant, en 20 pages, 76 cartes et cartons en
couleurs, 17 notices et de nombreuses figures. Un volume in-4°
cartonné. . . . . . . . . . . . . . . . . . . . . . . .   3 fr.

70501. — Imprimerie LAHURE, 9, rue de Fleurus, à Paris.

**L. GALLOUÉDEC**
Inspecteur Général
de l'Instruction publique

**F. MAURETTE**
Professeur agrégé
d'Histoire et de Géographie

# L'EUROPE

## MOINS LA FRANCE

OUVRAGE RÉDIGÉ CONFORMÉMENT
AUX NOUVEAUX PROGRAMMES DU 20 JUILLET 1909
ET ORNÉ DE 422 GRAVURES ET CARTES

### Deuxième Année

DEUXIÈME ÉDITION

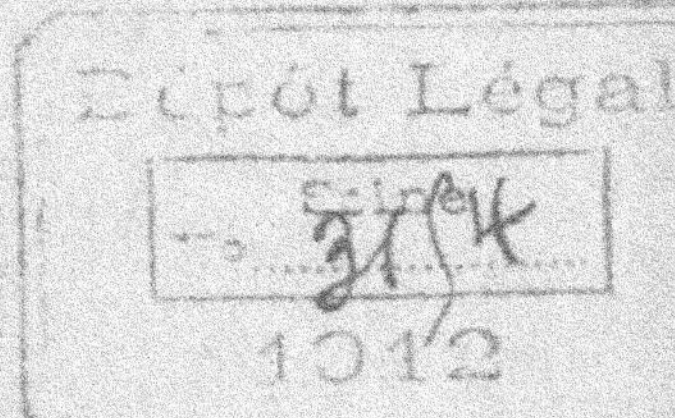


PARIS

LIBRAIRIE HACHETTE ET C<sup>ie</sup>

79, BOULEVARD SAINT-GERMAIN, 79

1912

# EXTRAIT DES PROGRAMMES OFFICIELS

ARRÊTÉS LE 20 JUILLET 1909

POUR L'ENSEIGNEMENT PRIMAIRE SUPÉRIEUR

---

## GÉOGRAPHIE — DEUXIÈME ANNÉE

(1 heure par semaine).

### L'Europe moins la France.

#### I. — ÉTUDE PHYSIQUE GÉNÉRALE

1. *Situation* : dimensions, limites. Configuration générale. Mers ; articulation des côtes.

2. *Le sol.* — Grandes étapes de sa formation ; principaux traits de son relief : les Alpes ; plaines et vallées.

3. *Le climat.* — Températures, vents et pluies. — Climat océanique ; climat méditerranéen ; climat continental.

4. *L'hydrographie.* — Principaux centres de dispersion des eaux. — Fleuves russes ; fleuves allemands. Fleuves alpestres : le Rhin et le Danube. Lacs alpestres et lacs russes.

5. *Les ressources naturelles.* — Régions minières. Grandes zones de végétation.

#### II. — GÉOGRAPHIE RÉGIONALE

1. *Le Royaume-Uni de Grande-Bretagne et d'Irlande.* — Situation insulaire et ses conséquences. Les côtes et les estuaires. — L'Angleterre agricole et l'Angleterre industrielle ; houille et fer ; grandes régions. — Le commerce anglais : principaux ports ; grandes villes ; Londres. — Le peuple anglais ; l'expansion anglaise. Énumération des principales colonies anglaises.

2. *Les États scandinaves.* — *Norvège.* — Les fiords. Pêcheries. Industrie et commerce maritimes.

*Suède.* — L'agriculture méridionale. Les forêts et les mines.

*Danemark.* — Situation à l'entrée de la Baltique. Copenhague. Prospérité agricole.

3. *Le Royaume des Pays-Bas.* — Lutte contre la mer : digues, polders, canaux. — Élevage. — Commerce : Rotterdam. — Énumération des colonies.

4. *Le Royaume de Belgique.* — Régions naturelles. — Agriculture ; houille et industrie. — Commerce : Anvers. — Le peuple belge ; densité de la population. — La colonie belge du Congo.

5. *L'Empire allemand.* — Régions naturelles. Les fleuves. — Popu-

lation; son accroissement. — Agriculture : pomme de terre et betterave. Élevage. — Ressources minières. Grandes régions industrielles.
Voies navigables et grandes lignes de chemin de fer. Marine et ports
de commerce. L'émigration et la colonisation. Le commerce allemand
dans le monde. Énumération des colonies allemandes.

6. *La Suisse.* — Régions naturelles. Élevage et industrie. Population.
Percées alpines et grandes lignes de chemins de fer internationales.

7. *L'Empire d'Autriche-Hongrie.* — Régions naturelles. Le Danube.
— L'agriculture : les céréales en Hongrie; les cultures industrielles
en Autriche; l'élevage; les forêts. L'industrie : principaux centres.
Moyens de transport et commerce. Les nationalités.

8. *La Russie d'Europe.* — La plaine russe. Le climat. Les fleuves
russes. Les zones de végétation. — Les cultures; l'élevage; les forêts.
La pêche. — La houille; les régions industrielles. — Les moyens de
transport. Le commerce. — Population : son accroissement.

9. *La péninsule des Balkans.* — Le relief. Le climat. L'hydrographie.
Les côtes. Zones de végétation. — Peuples, langues et religions. —
Énumération des États. Principaux traits de la vie économique de
chacun d'eux. — Les chemins de fer. Les ports.

10. *L'Italie.* — Plaines et montagnes; le volcanisme. Le Pô. —
Agriculture : céréales, vigne, fruits, soie. — L'industrie dans l'Italie
du Nord. — Les voies internationales. Commerce : Gênes et Naples.
— Population : son accroissement. L'émigration italienne.

11. *La péninsule ibérique.* — Structure et relief : les plateaux; les
régions côtières. Les divisions climatériques. — L'hydrographie. Les
côtes. — La vie végétale et animale. — Population : densité; contrastes.
— L'agriculture : céréales, vigne, fruits; l'élevage. — Richesses minières; régions manufacturières. Le commerce.

# L'EUROPE

## MOINS LA FRANCE

ENSEIGNEMENT PRIMAIRE SUPÉRIEUR, 2ᵉ ANNÉE

## I. — ÉTUDE PHYSIQUE DE L'EUROPE

### A. — Conditions générales.

**L'Europe présente toutes les conditions géographiques les plus favorables à la civilisation.**

**1. Quelles sont les conditions géographiques favorables à la civilisation?** — Les conditions géographiques les plus favorables au développement de la civilisation sont :

1° Un *relief accessible* et une *structure très découpée*, rendant aisées les communications soit à travers le continent, soit par la mer et par les côtes ;

2° Un *climat tempéré*, permettant à l'activité de l'homme de s'exercer librement, sans se trouver figée par des froids trop intenses, comme c'est le cas des régions boréales, ou déprimée par des chaleurs excessives, comme c'est le cas des régions équatoriales ;

3° Une *végétation d'une exubérance moyenne*, ni trop pauvre, afin que la stérilité du sol ne rende pas les cultures impossibles ; ni trop riche, afin que la difficulté de défricher des forêts trop épaisses n'aboutisse pas, par l'effet d'une cause inverse, au même résultat ;

4° Des *ressources en minéraux*, surtout en *minéraux utiles* (houille, fer), qui sont les facteurs essentiels de l'industrie moderne, les plus lourds et les plus coûteux à transporter, par conséquent ceux que, plus que tous autres, l'usine doit trouver sur place, à sa portée;

5° Une *situation favorable au commerce extérieur*, à portée à la fois des grands centres qui produisent les matières premières dont l'industrie ne peut se passer, et des centres qui consomment les produits fabriqués de cette industrie;

6° Une *variété favorable au commerce intérieur*, variété de climat, de relief et de sol, déterminant une variété des produits dans chacune des régions du pays et par suite un échange commercial incessant entre elles. En échangeant leurs produits, les hommes apprennent à se connaître; les relations deviennent une habitude. C'est ainsi que les échanges commerciaux sont une condition essentielle de l'échange des idées, de la culture intellectuelle et artistique, de la civilisation.

**2. Or, l'Europe est une des plus petites des cinq parties du monde**. — L'Europe est, après l'Australie, la partie du monde la moins étendue : elle n'a que 10 010 000 kilomètres carrés, îles comprises. C'est à peine le tiers de la superficie de l'Afrique, le quart de la superficie des deux Amériques, moins du quart de la superficie de l'Asie, moins du treizième des terres émergées.

Elle pourrait même n'être considérée que comme une annexe de l'Asie, à laquelle elle adhère par sa portion la plus large et dont elle n'est pas séparée par le dos de pays peu accentué de l'Oural, si elle n'en différait profondément par tous les traits de sa géographie physique et si elle ne jouait un rôle prépondérant dans le monde.

**3. Mais l'Europe possède toutes les conditions géographiques favorables à la civilisation**. — L'Europe possède, en effet, les traits les plus favorables au déploiement de l'activité humaine :

1° Un **relief accessible** : les trois cinquièmes de son sol sont constitués par des plaines dont l'altitude est inférieure à 200 mètres; d'autre part, elle n'a pas un centième de ce sol au-dessus de 2000.

2° Une **structure découpée** : relativement à sa superficie, elle a deux fois plus de côtes que les Amériques, deux fois un quart de plus que l'Asie, trois fois de plus que l'Afrique; et elle est baignée par les deux mers qui sont, à l'heure actuelle, tes plus fréquentées du globe : l'*Océan Atlantique* et la *Méditerranée*;

3° Un **climat tempéré et varié** : si l'on excepte quelques terres de la Scandinavie, qui touchent au cercle polaire, l'Europe est tout entière située dans la *zone tempérée*, qui n'a d'excessif ni les chaleurs, ni les froids, ni les sécheresses, ni les précipitations; et l'on rencontre sur son sol toutes les nuances du climat dit tempéré, si l'on va de l'Océan Atlantique à la Méditerranée, des régions voisines de la mer aux régions situées à l'intérieur du continent;

4° Une **végétation d'une exubérance moyenne et très variée** : ce double caractère s'explique suffisamment par le caractère moyen du climat et aussi, comme on le verra, par la variété des sols;

5° Des **minéraux utiles** abondants : l'Europe occidentale et centrale a les plus riches mines de houille et de fer parmi celles qui sont, à l'heure actuelle, connues et exploitées sur notre globe;

6° Une **situation centrale dans le monde** : l'Europe se trouve dans l'*hémisphère boréal*, qui est le plus riche en terres, par conséquent le plus riche en hommes et en ressources, celui où la production et les échanges sont le plus faciles et le plus actives. Dans cet hémisphère même, elle occupe une situation centrale : elle est, en effet, à égale distance de l'Amérique du Nord, de l'Extrême-Orient et de l'Afrique équatoriale, c'est-à-dire des régions qui lui envoient leurs matières premières ou qui achètent ses produits fabriqués, et qui sont bien plus éloignées entre elles;

7° Une **variété intérieure très utile** : variété du relief et du sol, variété de situation et de côtes, variété de climat, de voies navigables et de ressources, qui expliquent la variété économique des divers pays européens, les traits différents qui les caractérisent et la solidarité qui les unit par la nécessité d'échanger leurs produits. Cette variété multiple, il faut l'examiner dans ses grands traits avant d'étudier et afin de comprendre la vie de chaque État européen.

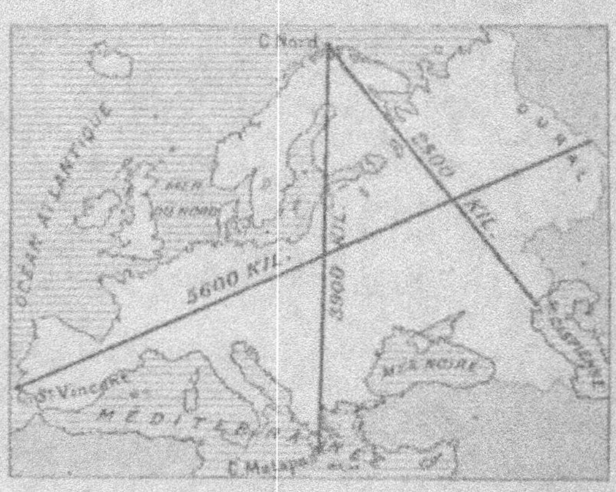


## 1. DIMENSIONS DE L'EUROPE.

Les points extrêmes de l'Europe sont : au Nord, le cap Nord, à l'extrémité septentrionale de la péninsule scandinave; à l'Ouest, le cap Saint-Vincent, dans le Portugal; au Sud, le cap Matapan, à l'extrémité méridionale de la péninsule des Balkans; à l'Est, la chaîne de l'Oural, qui sépare la Russie de la Sibérie. Du cap Nord au cap Matapan, on ne mesure pas moins de 3900 kilomètres, soit près de cinq fois la distance de Paris à Marseille; du cap Saint-Vincent à l'Oural, on mesure une distance de 5600 kilomètres, soit environ la cinquième ou sixième partie du tour de la terre sous la latitude de Paris. Avec ces dimensions qui, comparées à celles de notre pays, peuvent paraître considérables, l'Europe n'en est pas moins de beaucoup la plus petite des cinq parties du monde.

## 2. FORME DE L'EUROPE.

L'Europe est beaucoup plus large à l'Est, du côté où elle touche à l'Asie, qu'à l'Ouest; elle va en s'effilant progressivement vers l'océan Atlantique au Sud-Ouest, et des isthmes de plus en plus étroits séparent les deux systèmes de mers qui la baignent.

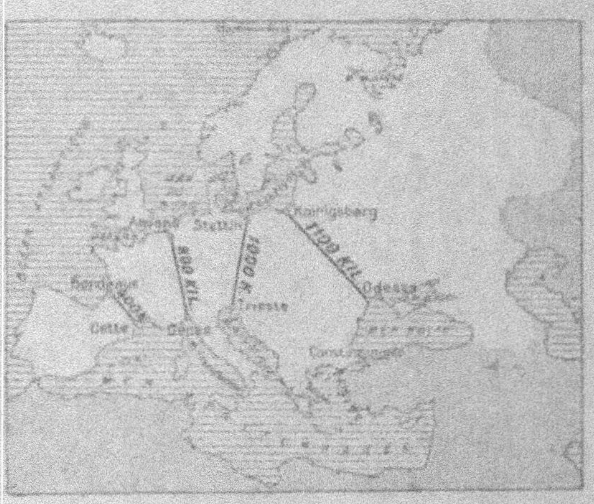


Ainsi, il y a près de 2000 kilomètres entre la mer Blanche et la mer Noire; il y a 1100 kilomètres de Kœnigsberg, sur la mer Baltique, à Odessa, sur la mer Noire; 1000 kilomètres, un peu plus à l'Ouest, entre Stettin et Trieste; il y en a encore 800 d'Anvers à Gênes; la distance n'est plus que de 400 kilomètres entre Bordeaux et Cette.

Au fond, il y a deux Europes : 1° l'Europe de l'Est (la Russie), qui est massive et continentale; 2° l'Europe de l'Ouest, qui est découpée, péninsulaire et maritime. Tout le développement de l'histoire fait ressortir que, par suite de ses découpures, l'Europe occidentale s'est trouvée infiniment plus favorisée que l'Europe orientale.

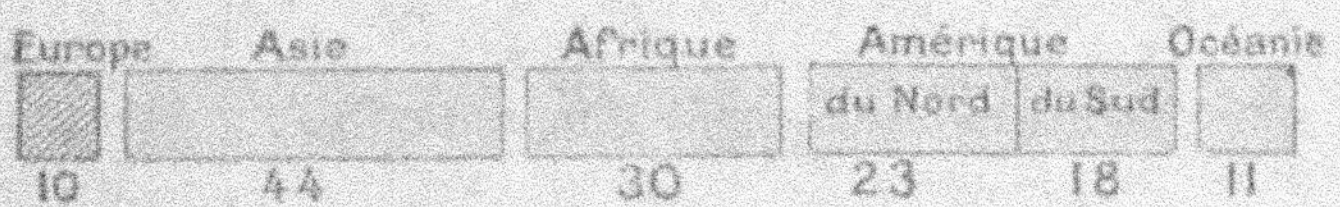


3. SUPERFICIE COMPARÉE DES CINQ PARTIES DU MONDE.

*L'Europe est la moins étendue des cinq parties du monde; elle est près de quatre fois et demie plus petite que l'Asie, quatre fois plus petite que les deux Amériques réunies, trois fois plus petite que l'Afrique.*

4. L'EUROPE SUR LE GLOBE.

*Cette photographie en relief fait ressortir les deux avantages principaux que l'Europe présente : 1° extrême découpure de ses contours : comparez à ceux de l'Afrique ou de l'Asie; 2° situation au centre des terres émergées.*



5. POPULATION COMPARÉE DES CINQ PARTIES DU MONDE.

*L'Europe est la cinquième des parties du monde pour l'étendue et la seconde pour le nombre des habitants. Seule l'Asie compte plus d'habitants; encore l'Asie, qui est quatre fois et demie plus vaste, n'a-t-elle que deux fois plus d'habitants. L'Europe est donc la partie du monde la plus peuplée proportionnellement à son étendue, conséquence des avantages qu'elle offre à l'homme.*

## B. — Le sol de l'Europe.

**Par la nature du sol et par le relief, l'Europe est le plus varié et le plus accidenté, le plus cultivable et le plus accessible des continents.**

1. *L'histoire de la constitution du sol européen comporte cinq actes principaux*. — La constitution actuelle du sol européen s'explique par les traits suivants de son histoire géologique :

1° Au début de l'ère primaire, des plissements ont fait surgir, dans la portion septentrionale de cette zone, un continent : ce furent les **plissements huroniens**, puis les **plissements calédoniens.** Les premiers ont fait émerger, parmi les terres qui subsistent encore, le *Nord des Iles Britanniques, de la Scandinavie* et *de la Russie*; complètement usés par l'érosion, il n'y a plus trace des montagnes qu'ils ont formées. Les seconds ont formé les *montagnes d'Ecosse* et *de Scandinavie*, reliefs usés par l'érosion, mais encore très sensibles. A cette époque, ces régions émergées ne formaient qu'une masse continentale et n'étaient séparées par aucune mer ;

2° A la fin de l'ère primaire, de nouveaux plissements se sont produits : les **plissements hercyniens.** Ils ont affecté la zone européenne dans sa portion centrale, et suivant une double direction : du Nord-Ouest au Sud-Est, dans l'Occident de l'Europe; du Sud-Ouest au Nord-Est, dans le Centre. Ils ont ainsi constitué, au Sud des plissements précédents : *l'Irlande* et la *zone montagneuse de l'Angleterre*, la *Bretagne* et le *Massif Central* français, les *Vosges* et la *Forêt-Noire*, *l'Ardenne*, la *Bohême*. De même que les précédentes, ces régions émergées ne formaient aussi primitivement qu'une masse continentale;

3° Au cours des ères secondaire et tertiaire, ces massifs s'usèrent et se fragmentèrent. Des **mers** les séparèrent. Parmi celles-ci, certaines subsistent encore; ce sont les mers de l'Europe actuelle : *Atlantique Nord, Mer du Nord* et *Baltique.* D'autres ont disparu, par une émersion lente de leurs fonds; elles forment des **plaines**, constituées par les sédiments qui se déposèrent jadis au fond de ces mers ; telles sont toutes les *plaines du Nord de l'Europe*, depuis notre Bassin Parisien (V. *la France*, 1re *année*, p. 131);

4° A la fin de l'ère tertiaire, une troisième série de plissements s'est produite : ce sont les **plissements alpins**. Ils ont affecté la zone européenne dans sa partie méridionale. Ils ont formé des massifs qui sont plus jeunes et moins usés que les précédents. Aujourd'hui encore, ils sont presque aussi hauts et aussi continus que lors de leur formation, à peine diminués par quelques effondrements qui ont produit la *Méditerranée* et les mers secondaires qui dépendent d'elle. Parmi celles-ci, deux seulement ont disparu par émersion lente de leur fond : elles ont produit la *plaine hongroise* et la *plaine du Pô*. Quant aux massifs d'origine alpine, ce sont, en Europe : les *sierras d'Espagne*, les *Pyrénées*, les *Alpes*, les *Apennins*, les *Karpates*, les *Alpes Dinariques* et les *Balkans*;

5° Avant l'ère quaternaire, de grands **glaciers**, venus du Nord, très vastes et très épais, se sont étendus sur l'Europe septentrionale et centrale jusqu'aux Alpes et jusqu'à la latitude de Moscou. Ils ont achevé d'user dans le Nord les vieux plissements huroniens; ils ont fortement entamé les plissements calédoniens. Leur érosion, qui dut être très puissante, a eu une très grande part dans la formation de la grande plaine européenne du Nord.

**2. *L'Europe se divise, au point de vue du relief, en quatre zones*.** — Ces faits expliquent le relief de l'Europe. On peut y distinguer quatre zones :

1° La **zone des massifs anciens**, au Nord-Ouest. Ils forment une série discontinue de masses relativement peu élevées, fragmentées, séparées les unes des autres par des mers ou par des plaines, mais ayant toutes les mêmes caractères, qui leur viennent de leur origine commune et de leur grand âge : constitution de roches primitives et primaires, surtout cristallines (granite, gneiss, porphyre), schisteuses et gréseuses, rarement calcaires; formes usées, arrondies ou aplanies (dômes, ballons, chaumes, ou même hauts plateaux). Tels sont les *Monts d'Écosse* et la *chaîne Pennine*, dans la Grande-Bretagne; le *Massif Central* français, les *Vosges* et la *Forêt Noire*, l'*Ardenne* et le *Massif schisteux rhénan*, le *Massif de Bohême*, les *Alpes de Scandinavie*;

2° La **grande plaine européenne**, au Nord-Est et au Centre, depuis l'Oural jusqu'à la Mer du Nord, formée de terrains sédimentaires qui n'ont jamais été plissés (dans la portion occidentale) ou de terrains jadis plissés, mais dont les plissements, très anciens, ont été usés jusqu'à la racine par les eaux et les glaciers (dans la partie orientale). Cette série de plaines continue (dont le *Bassin de Londres*, au delà de la Manche, dans les Îles Britanniques, fait partie) forme le *Bassin Parisien*, les *plaines du Nord de la France et de la Belgique*, les *Pays-Bas*, la *plaine de l'Allemagne du Nord*, la *plaine russe*. Très étroite à l'Ouest, entre les massifs anciens et la mer, elle s'épanouit largement à l'Est, depuis la Mer Blanche jusqu'à la Mer Noire ;

3° La **zone des massifs jeunes**, au Sud, résultat des plissements alpins. Ces massifs, plus récents que les autres, sont constitués, non seulement par des roches primaires, surtout cristallines, mais par des roches plus récentes, en grande partie sédimentaires et surtout calcaires. Moins usés, ils abondent en formes aiguës et découpées (crêtes, pics et dents, chaînes, sierras, etc.). Ils sont plus hauts et plus continus que les vieux massifs. Tels sont, de l'Ouest à l'Est : les *Sierras d'Espagne*, les *Pyrénées* (point culminant : 3404 m.), les *Alpes* (point culminant : 4810 m.), les *Apennins*, les *Karpates*, les *monts des Balkans*, les *monts de Crimée*, et, entre l'Europe et l'Asie, le *Caucase* et l'*Oural* ;

4° La **zone des plaines méridionales**. Au pied de ces massifs, s'ouvrant vers l'intérieur, vers l'Océan ou vers la Méditerranée, s'étalent des plaines, nettement séparées les unes des autres par ces hauts massifs qui les encadrent. Anciens golfes ou anciens lacs au fond aujourd'hui émergé, ces plaines sont très nombreuses et pour la plupart très étroites. Les principales et les plus étendues sont le *Bassin Aquitain* français ; la *plaine d'Aragon*, dans la péninsule ibérique ; la *plaine du Pô*, dans la péninsule italique ; la *plaine du bas Danube*, dans la péninsule balkanique ; la *plaine de Hongrie*, entre les Alpes, les Balkans et les Karpates.

Ainsi, au Nord, massifs fragmentés noyés dans une grande plaine ; au Sud, massifs continus, isolant de nombreuses plaines de superficie plus restreinte : tel est le relief européen. Mais ce qui domine partout, c'est la facilité de pénétration et de circulation. Les massifs les plus hauts de l'Europe sont loin d'égaler, soit par leur altitude, soit par leur étendue, ceux de l'Asie.

Nulle part ils n'opposent un obstacle sérieux aux communications.

**5. Les Alpes sont le principal massif européen, elles sont très facilement pénétrables**. — Le plus important des massifs européens, par sa masse, son altitude, sa situation au cœur de l'Europe, est le massif des Alpes. Or, nulle part sa largeur n'atteint 300 kilomètres, son altitude 5000 mètres ; le point culminant, le *Mont Blanc*, a 4810 mètres.

Le massif des Alpes est constitué par trois bandes longitudinales :

1° Au Centre, une zone de hauts massifs, cristallins ou calcaires, épais et assez abrupts. Ce sont les **Alpes proprement dites** : elles occupent à peu près le tiers de la largeur du massif. Leur altitude se maintient généralement au-dessus de 3500 mètres ;

2° De part et d'autre, deux zones de massifs plus bas, généralement calcaires, plus découpés et plus pénétrables. C'est ce que l'on appelle les **Préalpes**. Leur altitude va de 2000 à 3500 mètres. Ils flanquent de part et d'autre les Alpes, sauf dans les Alpes françaises, où l'une des zones a disparu laissant la place à la plaine du Pô (V. *La France*, 1ʳᵉ *année*, p. 278).

Or, des **vallées**, disposées longitudinalement comme les zones susdites, découpent le massif et y permettent la circulation intérieure. D'autres vallées, transversales, coupant les zones des Préalpes, donnent à ces vallées intérieures un débouché sur les plaines du pourtour. La circulation à travers le massif et l'établissement des populations à l'intérieur sont favorisés par ce réseau de vallées dont les principales sont : le *Grésivaudan*, ou vallée de l'Isère, dans la partie occidentale (V. *La France*, 1ʳᵉ *année*, p. 281) ; le *Valais*, ou vallée du Rhône supérieur; le *Rheinthal*, ou vallée du Rhin supérieur; l'*Engadine*, ou vallée de l'Inn, dans les Alpes centrales; la *Styrie*, ou vallée de la Mür; la *Carinthie*, ou vallée de la Drave; la *Carniole*, ou vallée de la Save, dans les Alpes orientales.

Enfin, des **cols** relativement bas permettent de circuler entre ces vallées : *Mont Cenis*, *Simplon*, *Saint Gothard*, *Brenner*, *Tarvis*, *Pyhrn*, *Aarlberg*. Tous ces cols sont actuellement percés par des voies ferrées.

De tous les grands massifs du monde, les Alpes sont le moins haut, le moins inaccessible, le moins hostile à l'homme.

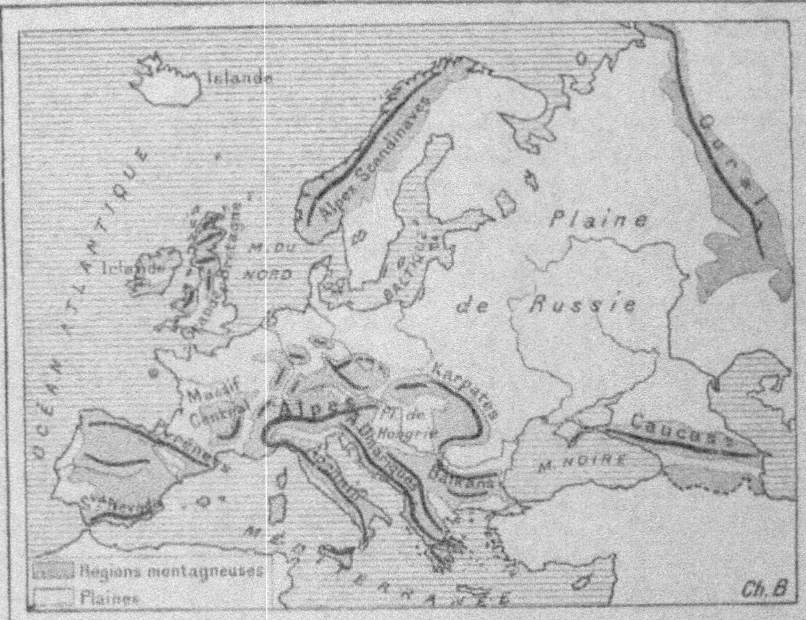



**1. LE RELIEF DE L'EUROPE.**

*Cette carte montre : 1° à l'extrême Nord, quelques montagnes, monts d'Écosse et de Grande-Bretagne, Alpes de Scandinavie, restes de massifs anciens; 2° au Nord, une vaste plaine qui va de la mer du Nord à l'Oural, étroite vers l'Ouest, très large à l'Est; 3° au Sud, une région de hautes montagnes, dont les principales sont les Alpes, encadrant des plaines peu étendues (du Pô, de Hongrie, etc.).*

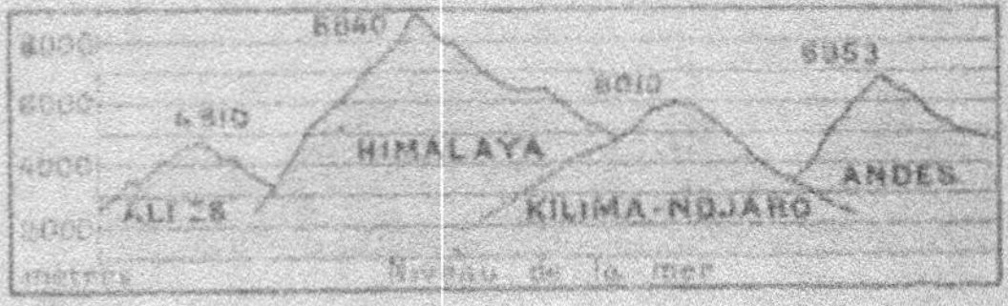



**2. HAUTEUR COMPARÉE DES PRINCIPALES MONTAGNES DU GLOBE.**

*Les montagnes d'Europe sont relativement peu élevées. L'Himalaya, en Asie, est presque deux fois plus haut que nos Alpes; l'Aconcagua, dans les Andes américaines, et le Kilima N'djaro, en Afrique, les dépassent encore de 1300 à 2000 mètres.*

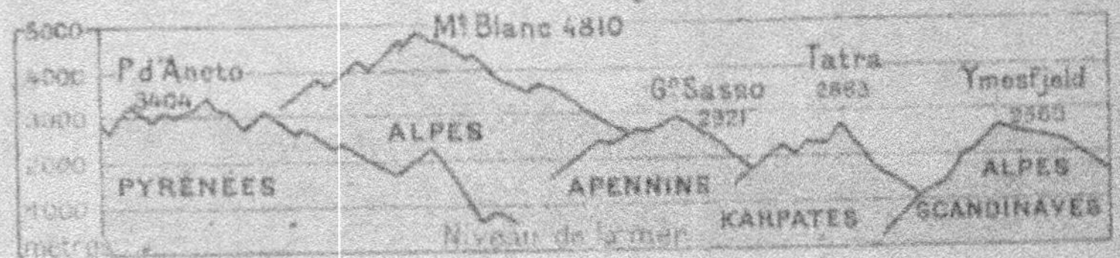



**3. HAUTEUR COMPARÉE DES PRINCIPALES CHAINES MONTAGNEUSES DE L'EUROPE.**

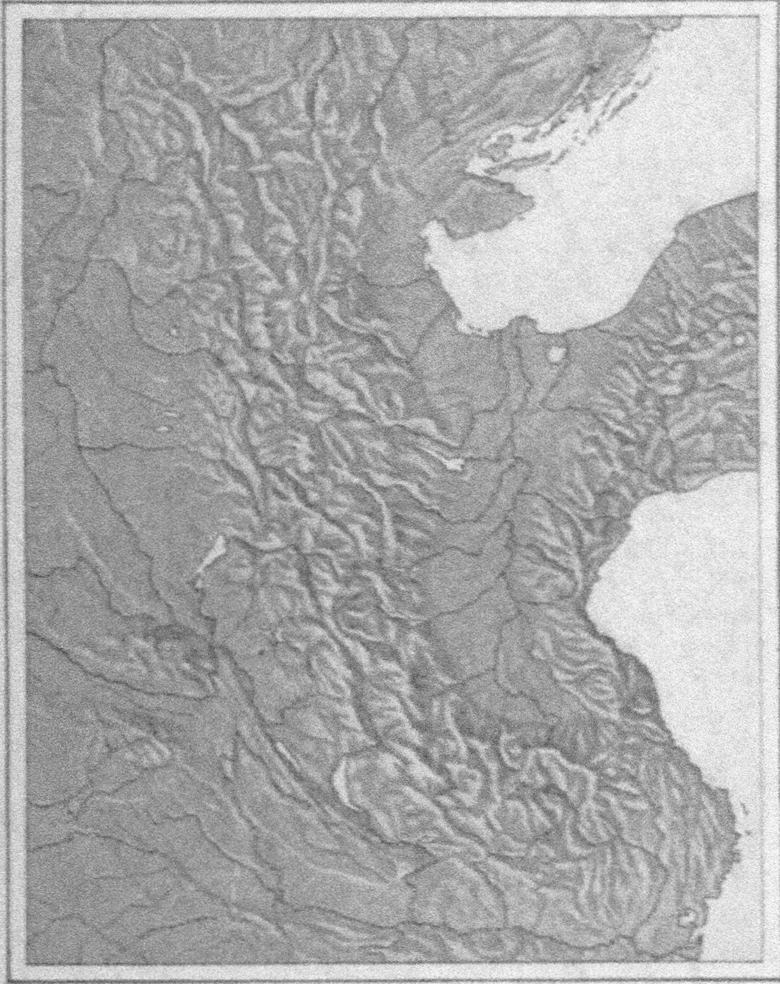

3. LES ALPES.

Cette photographie d'un relief fait bien ressortir la structure des Alpes. Elles comprennent : 1° une zone centrale de hauts massifs cristallins, flanquée de deux zones de massifs externes ou calcaires moins élevés ou Préalpes ; 2° des vallées longitudinales, parallèles à l'axe du système, à travers lequel elles cheminent comme de longs sillons ; 3° les vallées transversales qui coupent les Préalpes et mènent d'un versant à l'autre à travers toute l'épaisseur du système. — Ces deux systèmes de vallées font que le massif des Alpes est relativement beaucoup plus facile à franchir que d'autres massifs montagneux qui sont à la fois moins larges et moins hauts.

5. LE BEN NEVIS (Phot. J. Valentine). — 6. LE CERVIN (Phot. Sella).

Ces deux vues montrent en opposition : 1° une montagne usée, du système des plissements calédoniens, le Ben Nevis, haut de 1342 mètres, point culminant de l'Écosse; son sommet est aplani comme s'il eût été raboté; 2° une montagne jeune, le Cervin (4505 mètres), l'un des sommets les plus élevés des Alpes suisses et de toutes les Alpes; sa forme est élancée, et l'on a eu la plus grande peine, en raison de la raideur de ses flancs, pour l'escalader jusqu'en haut.

## C. — Les mers et les côtes de l'Europe.

**Baignée par deux grandes mers, riches toutes deux en mers secondaires qui la pénètrent, l'Europe a des côtes très étendues et de types très variés.**

**1. *L'Europe est baignée par deux grandes mers*.** — Si l'on excepte, d'une part, l'*Océan Glacial Arctique* et son annexe la *Mer Blanche*, qui peuvent être considérés comme des mers secondaires de l'Océan Atlantique; d'autre part, la *Mer Caspienne*, mer intérieure, sorte de grand lac en voie de dessèchement entre l'Europe et l'Asie, l'Europe est baignée par deux grands systèmes marins :

1° L'Océan Atlantique;

2° La Méditerranée.

**2. *L'Océan Atlantique a, dans les eaux européennes, de nombreuses mers secondaires, un grand courant tiède et de fortes marées*.** — L'Océan Atlantique baigne la face Nord-Ouest de l'Europe, et même sa face septentrionale, si l'on considère comme des mers secondaires de cet Océan l'Océan Glacial Arctique et son annexe, la mer Blanche.

Dans la région européenne, l'Océan Atlantique n'est pas très profond, sauf au large, entre les Iles Britanniques et la péninsule ibérique. Partout ailleurs, le fond est constitué par une plate-forme littorale, qui s'abaisse rarement au-dessous de 500 mètres, et qui, sur les bords de la grande plaine du Nord, se relève lentement jusqu'à la plaine qui la prolonge hors de l'eau.

De là, entre les quatre grandes presqu'îles qui le bordent (*péninsule scandinave* et *Jutland*, au Nord; *péninsules armoricaine* et *ibérique* au Centre et au Sud) et le grand *archipel britannique*, l'importance des mers secondaires :

1° La **Mer Baltique**, presque isolée de l'Atlantique, ne communiquant avec lui, entre le Jutland et la péninsule scandinave, que par cinq détroits : *Sund, Skagerrak, Kattegat, Grand Belt* et *Petit Belt*, que séparent les îles de l'*archipel danois*; en hiver ces détroits sont gelés. Ainsi la Baltique forme comme un grand lac, très peu profond, aux eaux rendues très douces par l'apport des grands fleuves qui s'y jettent, aux marées insensibles. Principaux golfes : les *golfes de Finlande, de Botnie, de Riga.* Les deux premiers sont gelés d'octobre à mai;

2° La **Mer du Nord**, entre les Îles Britanniques, la plaine européenne et la péninsule scandinave. Sauf sur les bords de cette dernière, la profondeur de cette mer est très faible et n'atteint nulle part 100 mètres. Elle présente de nombreux bancs sous-marins riches en poissons (harengs, morues) : le principal est le *Dogger Bank.* Les marées y sont fortes, les tempêtes violentes;

3° La **Manche**, entre les Îles Britanniques et la France, mer très peu profonde, unie à la mer du Nord par le *détroit du Pas de Calais,* dont la largeur ne dépasse pas 31 kilomètres; très étroite, par conséquent, vers le Nord-Est; large ouverte, au contraire, vers l'Ouest et vers l'Atlantique, d'où lui viennent une marée très forte et des tempêtes très violentes.

Malgré leurs hauts fonds et leur insécurité, ces mers sont parmi les plus fréquentées du globe. On en comprendra la raison quand l'étude des pays qui les bordent (outre la France : le Royaume-Uni, la Belgique et les Pays-Bas, l'Allemagne) aura montré leur importance industrielle et commerciale.

L'Atlantique forme encore, entre la péninsule ibérique et la France, le *golfe de Gascogne;* entre les deux grandes îles de l'archipel britannique, la *mer d'Irlande.* Possédant lui-même de fortes marées, il est traversé vers le Nord-Ouest par le *Gulf Stream,* courant tiède qui vient de la mer des Antilles, passe au large des Îles Britanniques et atteint la Scandinavie.

**5.** ***Très découpées sur le bord des anciens massifs primaires, les côtes atlantiques sont hospitalières, même dans la zone des plaines, grâce aux estuaires.*** — Le rivage des mers atlantiques n'épouse pas la forme des anciens massifs primaires; au contraire, il les coupe en général perpendiculairement, dans le sens des affaissements qui les ont fragmentés et qui ont produit les mers actuelles. Ces mers, jadis plus étendues, se sont peu à peu retirées en laissant la place à des plaines formées par leurs alluvions. De là, dans les mers atlantiques, la proportion considérable des côtes plates et droites par rapport aux côtes élevées et découpées.

Les **côtes élevées et découpées**, correspondant aux anciens massifs primaires, sont : les *côtes de la Scandinavie,* sillonnées de *fjords* très longs, très étroits, très profonds ; les *côtes* de la plus grande partie *des îles Britanniques*, et particulièrement *de l'Écosse*, sillonnées de *lochs*, analogues aux fjords ; les *côtes de la péninsule armoricaine* et les *côtes de l'Espagne du Nord*, correspondant aux Pyrénées et aux monts Cantabriques.

Les **côtes plates et basses** sont : presque toutes les *côtes de la Baltique*, les *côtes de la Mer du Nord* depuis le Jutland jusqu'au Pas-de-Calais et sur les bords du Bassin de Londres ; les côtes de l'Atlantique depuis le massif armoricain jusqu'aux Pyrénées. Elles sont rectilignes, même dans les parties légèrement surélevées, que bordent des falaises ; les rares golfes sont isolés de la mer par des cordons littoraux. Pourtant elles comprennent d'excellents refuges : les **estuaires**. Les fleuves atlantiques sont abondants et capables de déblayer en tout temps les alluvions de leur embouchure ; de plus, la forte marée qui les remonte les y aide. De là l'excellent abri des *estuaires de la Gironde, de la Loire, de la Seine, de la Tamise, de la Clyde, de la Mersey, de l'Escaut, de l'Elbe.*

**4. La Méditerranée est la plus étendue et la plus morcelée des mers continentales.** — La Méditerranée est une mer continentale située entre l'Europe, l'Afrique et l'Asie. Elle communique avec l'Atlantique par le *détroit de Gibraltar* (16 km. de large, 200 m. de profondeur au maximum) ; avec la mer Rouge, par le *canal de Suez*, percé il y a un demi-siècle à travers l'isthme du même nom ; avec la mer de Marmara et la mer Noire, qui peuvent être considérées comme ses annexes, par les *détroits des Dardanelles* et *du Bosphore*, dont le second n'atteint pas la largeur de bien des fleuves européens.

C'est à sa nature de mer continentale que la Méditerranée doit ses principaux caractères géographiques :

1° Son **morcellement** : résultat d'effondrements postérieurs aux plissements alpins, elle est coupée de masses continentales, presqu'îles et îles, restes de ces plissements et de continents plus anciens. Telles sont les *péninsules ibérique, italique, balkanique*. Telles sont les îles des *Baléares*, de *Corse*, de *Sardaigne* et de *Sicile*, les *îles Ioniennes*, la *Crète*, les *Cyclades* et l'*Archipel* ;

2° Sa **richesse en golfes et en mers secondaires**, conséquence du caractère précédent. De part et d'autre de la ligne de terres presque continue qui unit la péninsule italique à l'Afrique par la Sicile, elle forme deux bassins : la *Méditer-*

ranée *occidentale* et la *Méditerranée orientale*. La première forme le *golfe de Valence*, le *golfe du Lion*, le *golfe de Gênes* et la *mer Tyrrhénienne*. La seconde forme l'*Adriatique* et la *mer Ionienne*, l'*Archipel* et la *mer Égée*;

3° Sa **profondeur**. Mer d'effondrement, bordée presque partout par de hautes montagnes, elle a presque partout de grands fonds tout près de la côte, à la différence de l'Atlantique et de ses mers secondaires. Elle n'a de hauts fonds dans les eaux européennes qu'en bordure des rares plaines : dans le golfe du Lion (plaine du Languedoc; voir *La France, 1ʳᵉ année*, p. 363), dans le fond de l'Adriatique (plaine du Pô), dans la mer Noire (plaines de Roumanie et plaine russe);

4° Sa **température**. Tandis que, dans les océans ouverts, la température décroît avec la profondeur jusqu'aux environs de o degré, la Méditerranée, mer fermée, a, jusque dans ses plus grandes profondeurs, la même température que les eaux situées au fond du détroit de Gibraltar, soit près de 13 degrés. Elle forme donc une masse énorme d'eau tiède;

5° Ses **mouvements** : *marées* presque nulles, comme presque toutes les mers fermées; *courants* morcelés et locaux, comme les mers fragmentées par des îles et des péninsules.

**5. *Sur les bords de la Méditerranée dominent les côtes découpées*.** — Au contraire de celles de l'Atlantique, les côtes de la Méditerranée épousent presque partout la direction des plissements qui l'entourent, ou bien elles coupent brusquement, par des effondrements, ces plissements, qui sont jeunes et par conséquent très hauts.

Il en résulte que, presque partout, les côtes méditerranéennes sont hautes et fort découpées, riches en indentations et en ports naturels. Telles sont, en particulier, les côtes de notre *Provence*, les côtes de la *Dalmatie* et de la *Grèce*.

Les côtes qui correspondent aux rares plaines (côte du *Bas Languedoc* et du *Bas Rhône*, côte de la *plaine du Pô*, côte de la *plaine roumaine*) sont plus plates et plus rectilignes encore que celles des plaines atlantiques; on n'y a même pas la ressource d'estuaires fluviaux : les fleuves, en effet, entraînent d'énormes quantités d'alluvions des montagnes voisines; sans le secours des marées, ils ne peuvent déblayer leurs embouchures, qui forment des *deltas* (deltas *du Rhône, du Pô, du Danube*).

1. LE SORFJORD.

Type de ces golfes très longs, très étroits et très profonds, encaissés entre deux murailles de roches, qu'on appelle des fjords. En Europe, on trouve des fjords sur la côte occidentale de la Scandinavie et sur la côte occidentale de l'Écosse. Le Sorfjord est la partie sud du Hardanger fjord, un des fjords les plus pittoresques de la côte norvégienne, en Scandinavie.

Phot. Neurdein fr.

2. LA BAIE DE PASAGES.

Le long des Pyrénées et des monts Cantabriques, la côte de l'Espagne du Nord est toute rocheuse et découpée. Elle abonde en baies sinueuses, profondes, formant d'excellents abris. La baie de Pasages est située non loin de la frontière française, entre cette frontière et la ville de Saint-Sébastien (voir aussi la baie de Vigo, p. 328).

Phot. Friedrichs.

3. — PANORAMA D'HELGOLAND.

L'île d'Helgoland est située dans la mer du Nord, en face de l'embouchure de l'Elbe; l'érosion la détruit peu à peu. Elle a la forme d'une grande table triangulaire, et se termine de toutes parts sur la mer par des falaises presque rectilignes et à pic. On n'y trouve qu'une petite plage, qu'on aperçoit ci-dessus; un ascenseur mène de cette plage sur le plateau de l'île.

Phot. Ramon.

4. — ZOUTELAND.

Zouteland est un petit village de Hollande; il est séparé de la mer du Nord par une ligne de dunes de sable, hautes de 20 à 30 mètres, qui longent tout le rivage et lui donnent l'apparence d'être bordé de petites montagnes.

5. LA CÔTE MÉDITERRANÉENNE A SORRENTE. — 6. LA LAGUNE DE VENISE.
Photographie Generini.

*Le long de la Méditerranée, on trouve tour à tour deux types de côtes, le type rocheux et le type alluvial. La vue de Sorrente représente le type rocheux, le seul qui favorise la vie maritime; les pêcheurs y abondent; comme la Méditerranée n'a pas de marées, les pêcheurs, revenus à terre, tirent leurs barques sur le sable et elles y sont à l'abri des flots. La côte de la lagune de Venise appartient au type alluvial; elle est bordée d'étangs que d'étroites langues de terre, ou cordons littoraux, séparent de la mer, malsaine, très peu habitée. La vie maritime est très rare sur ces côtes alluviales. Le port de Venise est menacé d'envasement par les boues que les petits fleuves littoraux jettent à la mer.*

## D. — Climat, fleuves et ressources naturelles de l'Europe.

**L'Europe a un climat tempéré, des fleuves moyens, des ressources naturelles variées.**

**1. *L'Europe comprend trois zones climatiques. Mais partout le climat est relativement tempéré*.** — Située dans la zone tempérée, pénétrée partout par l'influence de la mer, l'Europe a partout un climat plus tempéré que les autres parties du monde aux mêmes latitudes.

Pourtant, le relief isole les régions méditerranéennes des régions atlantiques; d'autre part, l'Europe occidentale bénéficie plus complètement de l'influence maritime de l'Atlantique que l'Europe orientale.

Aussi peut-on distinguer en Europe trois régions climatiques assez différentes :

1° La **région méditerranéenne** : hivers tièdes, étés chauds, humidité faible, pluies rares tombant surtout en automne et en hiver.

2° La **région atlantique** : température moyenne (étés et hivers modérés), humidité abondante, pluies également abondantes, tombant surtout en hiver;

3° La **région continentale** (Europe orientale) : température excessive (étés très chauds, hivers très froids), pluies assez rares, tombant surtout en été.

**2. *L'Europe peut se diviser, au point de vue hydrographique, en 3 régions. Mais tous ses fleuves, même le Rhin et le Danube, sont en somme moyens de longueur et de débit*.** — Peu étendue, l'Europe n'a pas de fleuves très longs; de climat moyen, elle n'a pas de fleuves très abondants ni très irréguliers. Toutefois, le relief est plus varié au Sud-Ouest qu'au Nord-Est; d'autre part, il y a entre le Nord-Est, le Nord-Ouest et le Sud des différences de climat. Aussi peut-on distinguer en Europe trois régions où les cours d'eau diffèrent par la longueur et par le régime :

1° Les **fleuves de la zone méditerranéenne** sont courts et de régime torrentiel (crues rapides et fortes; maigres très

accentués) ; tels sont l'*Èbre*, le *Rhône*, le *Pô* (Méditerranée) ;
le *Tage*, le *Douro*, la *Garonne* (océan Atlantique) ;

2° Les **fleuves de la zone atlantique** sont courts, mais de
régime relativement plus régulier : tels sont la *Loire*, la *Seine*,
la *Tamise*, l'*Escaut*, la *Meuse*, la *Weser*, l'*Elbe* ;

3° Les **fleuves de la zone continentale** sont plus longs, de
régime assez régulier, mais de débit maigre ; de plus, la rigueur
des hivers les condamne à des embâcles d'hiver et à de terribles
débâcles de printemps : tels sont la *Volga*, la *Drina*, la *Duna*,
le *Don*, le *Dniepr*, le *Dniestr*.

Il faut mettre en dehors de ces trois catégories deux grands
fleuves qui traversent des régions très variées et, par leur
situation, créent un lien entre la plupart des États de l'Europe.
Ce sont :

1° Le Rhin, qui unit l'Europe centrale à l'Europe atlantique ;

2° Le Danube, qui unit l'Europe centrale à l'Europe orientale.

**5. *Le Rhin unit heureusement l'Europe centrale à
l'Europe atlantique*.** — Le Rhin comporte quatre parties
différentes :

1° Le **cours supérieur**, jusqu'à Bâle ; le fleuve a tous
les caractères d'un torrent : forte pente, cours souvent resserré
dans des défilés, rapides, régime inégal ; il est encore tel
même à sa sortie du lac de Constance ;

2° Le **cours moyen de plaine**. Entre les massifs des
Vosges et de la Forêt-Noire, le Rhin coule dans la plaine d'effondrement qu'il a colmatée de ses alluvions. C'est déjà un très
grand fleuve : lit large, débit abondant. La pente, encore forte,
rend son cours très rapide jusqu'à Strasbourg ; au delà, il s'assa-
git, parfois même à l'excès, et divague en méandres encombrés
de bancs de sable ;

3° Le **cours moyen de montagne**. A partir de Mayence,
le Rhin coule dans une brèche assez étroite entre les plissements usés qui prolongent l'Ardenne vers le Nord-Est. C'est
alors une succession de gorges pittoresques, que les Allemands
appellent la « trouée héroïque ». Le Rhin en sort à Bonn ;

4° Le **cours inférieur** dans la plaine septentrionale, où il
forme plusieurs bras, abondants, jusqu'à la *mer du Nord*.
Grâce à des affluents puissants, comme le *Main*, la *Moselle*, la
*Meuse*, qui viennent de régions de climats différents et dont les

crues se complètent, le Rhin a un débit abondant, un régime relativement régulier. C'est la grande artère de communication entre l'Europe centrale et les mers atlantiques.

**4. *Le Danube unit imparfaitement l'Europe centrale à l'Europe orientale*.** — Le **Danube** se distingue de la plupart des grands fleuves européens en ce que son cours est dirigé de l'Ouest à l'Est, et non du Nord au Sud. Il unit ainsi l'Europe centrale à l'Europe orientale. Son cours comprend quatre parties :

1° Le **cours supérieur**, à travers le Massif de la Forêt Noire et le plateau bavarois, au flanc septentrional des Alpes. Ses affluents, dans cette partie de son cours, lui viennent des Alpes, et son régime, aux fortes crues de printemps, est celui d'un torrent des Alpes ;

2° Le **cours moyen de montagne**, en Autriche, entre Alpes et Massif de Bohême ; il traverse alternativement des défilés montagneux, où il est resserré, et des plaines, où il s'étale. Ici encore il reçoit surtout ses affluents des Alpes ;

3° Le **cours moyen de plaine**, à travers la plaine hongroise, où il s'élargit, se ralentit et même se ramifie. Ses affluents lui viennent des Alpes (fonte de neige ; crues de printemps), des Karpates et de Hongrie (climat continental : crues d'été), de la péninsule balkanique (climat méditerranéen : crues d'automne et d'hiver). D'où un débit très abondant et plus régulier. C'est un très grand fleuve qui franchit les Karpates au défilé des *Portes de Fer* ;

4° Le **cours inférieur**, dans la plaine de Roumanie. La pente est faible ; le fleuve charrie une masse d'alluvions qu'il dépose à son embouchure dans la mer Noire, où il forme un *delta*.

Le Rhin a sur le Danube l'avantage d'avoir un régime plus régulier et surtout de se terminer sur une mer ouverte et très fréquentée.

**5. *L'Europe, au point de vue végétal, comprend trois zones. Elle n'a presque pas de région improductive*.** — Grâce à son climat, l'Europe est la seule partie du monde qui n'ait aucun désert. Si elle n'a pas l'abondance végétale des régions tropicales, elle n'offre presque pas de surface impropre aux cultures.

1° La **zone méditerranéenne** a, comme formation végétale caractéristique, le buisson ou *maquis* et le pâturage maigre.

Principaux produits : la *vigne*, l'*olivier*, les *céréales*, les *fruits*, le *mûrier*; élevage des *moutons*. Sa limite vers le Nord est la limite de culture de l'olivier;

2° La **zone atlantique** a, comme formes végétales caractéristiques, la *forêt* (hêtre, chêne; sapin, dans les hauteurs) et la *prairie* à herbe permanente. Principaux produits : *céréales, pomme de terre, betterave, vigne* (dans les parties les plus sèches et les plus chaudes seulement); élevage des *bêtes à cornes*.

3° La **zone continentale** a, comme formations végétales dominantes, la *forêt* (conifères au Nord, arbres à feuilles caduques au Sud) et la *steppe*, ou prairie à herbe saisonnière (aridité pendant la saison sèche). Principaux produits : *céréales, élevage*.

A l'extrême Nord, elle se termine par des *toundras*, ou marais glacés.

6. ***L'Europe n'a que des minéraux utiles***. — L'Europe n'a plus de minéraux précieux, sauf à la limite orientale, dans l'Oural (or, platine).

Parmi les **minéraux utiles**, elle a surtout en abondance de la *houille*, du *fer* et du *pétrole*.

Les principaux bassins houillers se trouvent au cœur ou en bordure des anciens plissements hercyniens; ils sont le résultat de la décomposition des végétaux au fond de l'eau dans les dépressions, qui se trouvent aujourd'hui, par le fait de l'érosion, au même niveau que les parties jadis en relief. Tels sont les bassins de l'*Angleterre du Nord-Ouest*; de notre *Massif Central* (voir *La France, 1º année*, p. 240), le *bassin franco-belge* au pied de l'Ardenne; le *bassin de la Ruhr*, au pied du massif schisteux rhénan; les *bassins de Bohême*. Le fer se trouve surtout en Angleterre, en France, en Allemagne, en Suède et en Espagne; le pétrole, dans l'Oural, dans les Karpates et en Roumanie.

Les mines de l'Europe sont loin d'être les plus abondantes du monde, mais elles sont les plus complètement exploitées, à cause :

1° Du degré de civilisation de ses habitants;

2° Du nombre de ses habitants;

3° De sa configuration, qui fait que toutes ses mines sont à proximité soit de la mer, soit de rivières navigables, et que l'exportation de leurs produits en est très facilitée.

1. RÉPARTITION DES TEMPÉRATURES DANS L'HÉMISPHÈRE NORD EN JANVIER.

*Les hivers sont beaucoup moins froids dans la moitié occidentale de l'Europe que dans les autres parties du monde situées sous la même latitude. Les lignes tracées sur cette carte réunissent tous les points de l'hémisphère boréal qui ont la même température moyenne pendant le mois de janvier.*

*Or, suivez la ligne de 0°, qui est un peu plus grosse que les autres. En Amérique, elle descend plus bas que New-York qui est à la latitude de Naples; en Asie, elle descend au-dessous de Peking qui est également sous cette même latitude. Mais, en Europe, elle passe bien au Nord de l'Écosse et s'élève jusque sur les bords de la Norvège septentrionale. On voit par là qu'en janvier, il ne fait pas plus froid au cap Nord, le point le plus septentrional de l'Europe, qu'à New-York, qui est de 30 degrés environ plus rapproché de l'équateur.*

*C'est l'effet des influences maritimes qui prédominent dans toute l'Europe occidentale. Les conséquences de cette douceur des hivers dans une moitié de l'Europe, sont inappréciables; l'on peut affirmer sans exagération que l'Europe lui doit une partie de ses privilèges.*

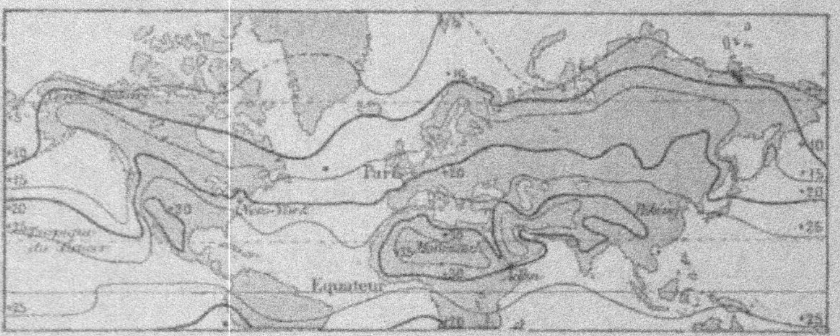

2. RÉPARTITION DES TEMPÉRATURES DANS L'HÉMISPHÈRE NORD EN JUILLET.

*Suivez les lignes de + 10°, + 15°, + 20°, toutes sont plus basses dans la traversée de l'Europe occidentale qu'en Asie ou en Amérique. En juillet, il fait aussi chaud sous le cercle polaire en Asie qu'à Londres ou Bruxelles, qui sont au Centre de la zone tempérée. L'Europe occidentale a donc des étés beaucoup moins chauds que les autres parties du monde situées sous la même latitude. C'est encore l'effet des influences maritimes; les brises marines et les pluies que les vents apportent de l'océan à l'Europe occidentale concourent à y tempérer les chaleurs de l'été.*

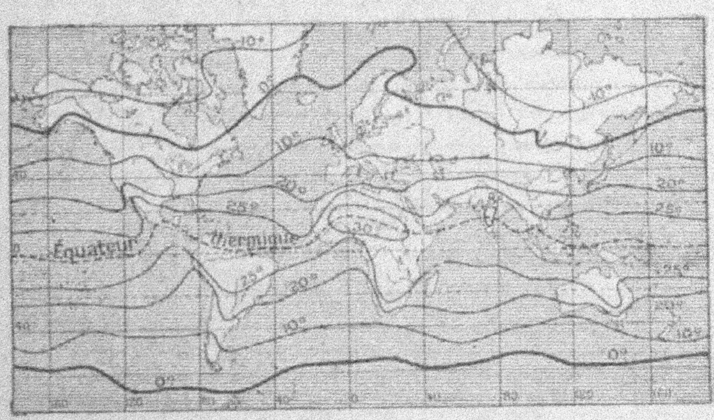

3. LIGNES ISOTHERMES ANNUELLES.

On nomme lignes isothermes annuelles celles qui réunissent tous les points de la terre qui ont la même température moyenne pour l'ensemble de l'année. L'examen des lignes de la carte ci-dessus montre : 1° que, d'une manière générale, l'Europe occidentale reçoit plus de chaleur, à latitude égale, que les autres parties du monde ; 2° qu'en particulier, la ligne de 0° qui marque l'extrême limite des cultures vers le Nord, s'élève beaucoup plus vers le pôle dans l'Europe occidentale que partout ailleurs.

4. LIMITES DE QUELQUES CULTURES DANS L'HÉMISPHÈRE BORÉAL.

Les trois lignes dessinées sur la carte ci-dessus marquent pour l'hémisphère boréal les limites septentrionales des zones où le climat rend possibles les cultures de trois produits alimentaires de première importance, le blé, l'orge, la vigne.

Suivez la ligne relative à la culture du blé : d'une manière générale, en Europe, elle se tient au nord du 60°, soit à une latitude bien plus septentrionale qu'en Amérique et qu'en Asie ; de même, la ligne indiquant la limite de la vigne ; de même surtout la ligne donnant celle de l'orge : l'orge croît en Europe bien au-delà du cercle polaire, et c'est ce qui ne se voit pas dans les autres parties du monde.

Rien ne montre mieux que, à latitude égale, l'Europe jouit d'un climat plus chaud en moyenne que les autres parties du monde. Rien ne montre mieux également la nature des avantages que son climat vaut à l'Europe. C'est de toutes les parties du monde celle qui renferme la moindre étendue de déserts et se prête le plus aux cultures.

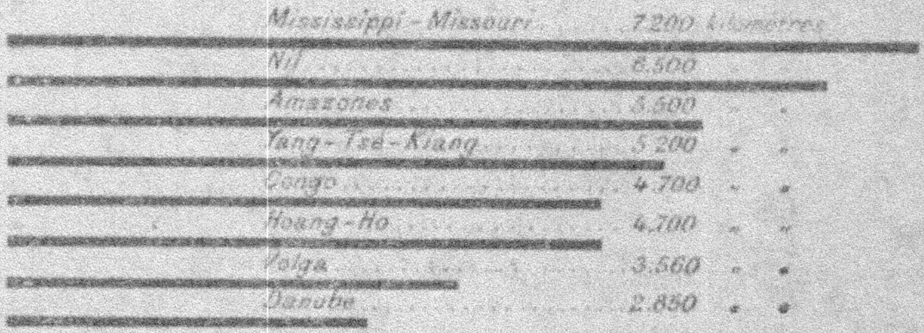

| Mississippi - Missouri | 7.200 kilomètres |
|---|---|
| Nil | 6.500 |
| Amazones | 5.500 |
| Yang-Tsé-Kiang | 5.200 |
| Congo | 4.700 |
| Hoang-Ho | 4.700 |
| Volga | 3.560 |
| Danube | 2.850 |

1. LONGUEUR COMPARÉE DES PRINCIPAUX FLEUVES DU MONDE.

Ce qui ressort nettement du tableau comparé ci-dessus, c'est la petitesse relative des fleuves de l'Europe; ils arrivent aux derniers rangs parmi les grands fleuves des diverses parties du monde. La Volga, qui est le plus long des fleuves européens, est deux fois plus courte que le Nil et sensiblement moins longue que le Congo, en Afrique; elle est de même beaucoup moins longue que le Mississippi et le fleuve des Amazones, en Amérique; enfin, elle le cède également de beaucoup aux deux principaux fleuves de l'Asie, le Yang-tsé-Kiang et le Hoang-Ho. On ne peut s'en étonner : outre que l'Europe est la moins étendue des parties du monde, elle a un relief varié qui la morcelle en compartiments et empêche la formation de bassins vastes et de longs fleuves.

Les fleuves de l'Europe ne sont pas seulement moins longs que les principaux fleuves des autres parties du monde. Ils sont en même temps beaucoup moins volumineux. C'est que l'Europe est située tout entière dans la zone tempérée où les pluies sont généralement moyennes, tandis que le Nil, le Congo, le fleuve des Amazones, coulent dans la région équatoriale qui est caractérisée par l'abondance et la fréquence de ses pluies. On peut dire que les fleuves de la zone équatoriale sont en crue toute l'année, et ce n'est pas le cas des cours d'eau européens.

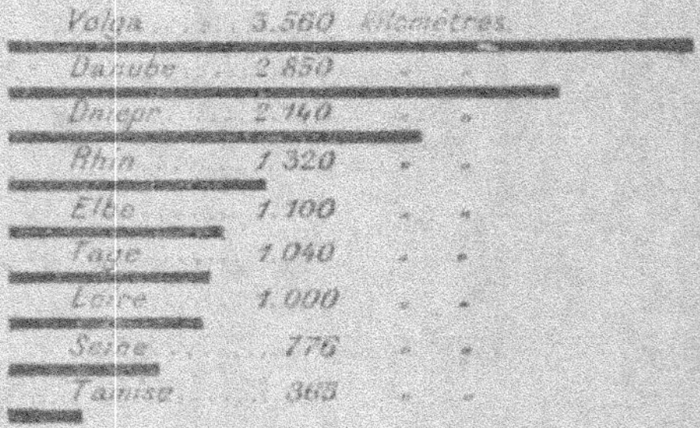

| Volga | 3.560 kilomètres |
|---|---|
| Danube | 2.850 |
| Dniepr | 2.140 |
| Rhin | 1.320 |
| Elbe | 1.100 |
| Tage | 1.040 |
| Loire | 1.000 |
| Seine | 776 |
| Tamise | 365 |

2. LONGUEUR COMPARÉE DES PRINCIPAUX FLEUVES DE L'EUROPE.

A l'exception du Danube, tous les fleuves les plus longs de l'Europe, Volga, Dniepr (ainsi que le Don qui mesure plus de 2000 kilomètres de longueur), appartiennent à l'Europe orientale qui est constituée, en effet, par une immense plaine. Largement étendue, où de grands bassins fluviaux et des cours d'eau très importants ont pu facilement se former. Dans l'Europe occidentale, dont le relief se trouve beaucoup plus morcelé, ainsi qu'on l'a vu par une carte précédente (p. 10), les bassins fluviaux sont forcément beaucoup plus restreints, et les cours d'eau ont naturellement beaucoup moins de longueur. En particulier, nos fleuves de France sont des cours d'eau de longueur bien médiocre.

# II. — LE ROYAUME-UNI
## DE GRANDE-BRETAGNE ET D'IRLANDE

### A. — Le sol du Royaume-Uni.

**La nature du sol destinait le Royaume-Uni : 1° à la vie maritime et commerciale ; 2° à la prédominance économique de la Grande-Bretagne sur l'Irlande ; 3° à la prédominance de la vie industrielle sur la vie agricole.**

1. *Le Royaume-Uni est constitué par un archipel.* — Le Royaume-Uni de Grande-Bretagne et d'Irlande est constitué par l'archipel britannique, qui comprend deux grandes îles : la **Grande-Bretagne** et l'**Irlande**, entourées d'îles plus petites : les *Shetland*, les *Orcades*, les *Hébrides*, *Anglesea*, *Man*, les *Sorlingues*, *Wight*. L'ensemble a une superficie de 314 000 kilomètres carrés, soit les trois cinquièmes de la France.

Cet archipel fait partie de l'Europe Occidentale, dont il est séparé par deux mers étroites, la *Manche* et la *mer du Nord*, et par un détroit plus étroit encore, le *Pas de Calais* (33 km.).

2. *Plissements primaires au Nord, au Centre et à l'Ouest ; sédiments secondaires et tertiaires au Sud-Est, telle est la constitution du sol britannique.* — Le sol de l'archipel britannique est, pour la majeure partie, très ancien : avec le reste de l'Europe du Nord-Ouest, dont rien ne le séparait, il formait, dès l'ère primaire, un continent, grâce aux plissements calédoniens et hercyniens. — Les premiers firent émerger toute la **portion septentrionale et centrale** de l'archipel actuel (*Écosse*, *Irlande* et *Angleterre du Nord*), et se prolongeaient jusqu'en Scandinavie. Postérieurement l'affaissement qui produisit la mer du Nord sépara l'Écosse de la Scandinavie. — Les seconds firent émerger la **portion méridionale** de l'archipel actuel : *Irlande du Sud*, *Cornouailles* ; ils prolongeaient jusqu'au centre de l'Europe (v. p. 6).

Seule, la **portion Sud-Est** resta immergée pendant les ères secondaire et tertiaire ; des terrains sédimentaires s'y déposèrent ; ils constituent aujourd'hui le *Bassin de Londres*.

A la fin de l'ère tertiaire, ce bassin a définitivement émergé, et divers mouvements du sol ont formé la *Manche*, qui sépare les Iles Britanniques du continent, et la *Mer d'Irlande*, qui sépare la Grande Bretagne de l'Irlande.

**5. *Le relief de la Grande Bretagne est varié ; celui de l'Irlande est uniforme*.** — Le relief de la **Grande Bretagne** est assez varié. Il comprend, du Nord au Sud :

1° L'**Écosse**. Elle est constituée, au Nord et au Sud, par deux massifs parallèles, ou *Highlands* (*Monts Grampian* au Nord, *Monts Cheviot* au Sud). Tous deux sont alignés du Sud-Ouest au Nord-Est, dans le sens des anciens plissements calédoniens qui les formèrent jadis. Ils sont constitués par des grès primaires, des granites et des schistes usés par une longue érosion, qui n'a point cessé depuis les temps primaires. Entre les uns et les autres, s'allonge une série de basses plaines, ou *Lowlands*, semées de pitons basaltiques et couvertes d'alluvions, s'étendant de la mer du Nord à la Mer d'Irlande.

Les côtes de la partie montagneuse sont découpées par de longs chenaux, étroits et très profonds, qui pénètrent au cœur des massifs, et que l'on appelle des *firths*. Celles des Lowlands forment de vastes estuaires, d'accès facile, ouvrant largement le pays sur la mer du Nord et la Mer d'Irlande.

2° L'**Angleterre de l'Ouest** est formée de massifs analogues par leur origine (anciens plissements hercyniens), par leur altitude et par leur relief émoussé, aux massifs écossais, mais où les grès dominent : *Chaîne Pennine*, massifs du *Pays de Galles* et de *Cornouailles*.

Eux aussi sont profondément découpés par des golfes, toutefois moins étroits et moins profonds que les firths d'Écosse (*baie de Cardigan, canal de Bristol*). Les découpures les plus considérables et les plus utiles sont les estuaires des rivières.

3° L'**Angleterre du Sud-Est**, ou **Bassin de Londres**, plaine basse, est constituée par des sédiments secondaires et tertiaires, calcaire, craie ou argile, de dureté inégale ; la succession des couches dures et des couches tendres donne lieu à des lignes de hauteurs, dont les principales sont les *Downs* crayeux, au Sud.

Les côtes sont plates et droites quand elles limitent les

portions argileuses et marécageuses du bassin, comme le *Wash*,
au Nord-Est. Au contraire, au Sud, les Downs crayeux surplom-

ILES BRITANNIQUES

bent la mer par des falaises analogues à celles de notre Normandie. Le principal accident de ces côtes est *l'estuaire de la*

*Tamise*, large et profond, qui s'ouvre sur la mer du Nord et regarde l'Europe occidentale.

4° **L'Irlande** a un relief plus uniforme : c'est une vaste plaine au sous-sol de grès et de calcaire, au sol d'argile glaciaire, dominée au Nord et au Sud par des massifs gréseux usés par l'érosion : *Monts de Munster*, *d'Ulster*, etc., unis à l'Ouest par une série de montagnes plus basses ; au contraire, à l'Est, la plaine s'ouvre largement sur la mer d'Irlande. Les côtes sont beaucoup plus découpées à l'Ouest qu'à l'Est.

4. *Le climat a un caractère uniformément maritime ; les rivières, un régime uniformément régulier.* — Le **climat** de l'archipel britannique est partout maritime, c'est-à-dire tempéré (étés frais, hivers tièdes) et très humide (pluies d'automne, d'hiver et de printemps).

Toutefois, l'extension de l'archipel en latitude fait que la rigueur de la température augmente du Sud au Nord ; la prédominance des vents pluvieux du Sud-Ouest fait que l'humidité diminue de l'Ouest à l'Est.

Les **rivières** sont courtes, de débit assez faible, mais de régime régulier, grâce au climat. Elles sont assez navigables. Le relief ne s'oppose presque nulle part à ce qu'on les unisse par des canaux. — Les principales sont : le *Shannon* (Irlande), la *Clyde* (Ecosse), la *Trent*, la *Mersey*, la *Severn* et surtout la *Tamise* (Angleterre). — L'Irlande centrale est mal drainée et marécageuse. On y trouve encore en grande quantité des tourbières ; certaines ont l'étendue d'un département français.

5. *Les aptitudes agricoles de l'archipel britannique sont faibles.* — L'altitude et la latitude rendent les sept dixièmes de l'Ecosse inutilisables. Dans le reste de l'archipel, la prédominance des sols siliceux (granites, grès, sables) sur les sols calcaires (calcaire proprement dit, argile, craie) et l'humidité du climat font que :

1° L'archipel britannique est plus propre aux **prairies** qu'aux cultures ;

2° L'archipel britannique est plus propre aux **cultures pauvres** (*pommes de terre, avoine, seigle*) et à certaines cultures industrielles qui se plaisent dans les climats humides (*lin*) qu'aux cultures riches (blé, betterave). La vigne n'y pousse pas.

**Seule exception** : le *Bassin de Londres*, qui est, dans une certaine mesure, plus fertile par son sol, où l'on trouve des éléments calcaires dans la craie ou dans l'argile. D'autre part, le climat y est relativement moins humide qu'en Irlande ou que dans les montagnes qui l'entourent. Mais, là encore, les prairies réussissent mieux que les champs de céréales.

6. ***Les ressources minérales sont très abondantes en Grande Bretagne***. — Le sol de l'Irlande, si l'on excepte quelques tourbières du centre, est presque absolument dépourvu de richesses minérales. Mais la Grande Bretagne en possède une grande abondance. Les deux principales sont :

1° La **houille**, gisant en bassins étendus, sur l'emplacement des anciennes dépressions des plissements calédoniens et hercyniens, dans lesquelles s'accumulèrent et se décomposèrent les végétaux. Ils sont donc situés dans les régions de sol ancien. Les huit principaux sont : le *bassin de la Clyde*, dans les Lowlands d'Écosse; les cinq *bassins de la chaîne Pennine* en bordure, à l'Est et à l'Ouest de cette chaîne; les deux *bassins du pays de Galles*, au Sud, au bord du canal de Bristol. L'extraction du combustible est facile, grâce à la situation des gisements près de la surface, et l'exportation peu coûteuse, grâce à leur proximité de la mer;

2° Le **minerai de fer**, dans les mêmes régions que la houille. *Le Bassin de Londres n'a ni houille, ni fer.*

7. ***Le principal caractère physique du Royaume-Uni est son caractère insulaire***. — Montesquieu ayant à parler de l'Angleterre, commence ainsi : « L'Angleterre est une île »; et cela explique tout. C'est, en effet, à ce fait qu'il est entouré de toutes parts par la mer que le Royaume-Uni doit son climat humide et la médiocrité de ses ressources agricoles, mais aussi la navigabilité de ses rivières. C'est, on le verra, grâce à la mer qui l'entoure que le Royaume-Uni, garanti contre les invasions du continent, a pu, sans souci d'agression venue de l'extérieur, développer sa constitution intérieure et ses libertés politiques. A la mer, enfin, il doit d'être devenu la première puissance commerciale et maritime du globe.

**PROFONDEURS**

0 à 200ᵐ    200 à 1000    plus de 1000

**HAUTEURS**

0 à 200ᵐ    200 à 1000    plus de 1000

### 1. LES ILES BRITANNIQUES EN EUROPE.

*Les Iles Britanniques reposent sur un plateau qui n'est que le prolongement occidental de l'Europe. La mer du Nord et la Manche qui les séparent de l'Allemagne, des Pays-Bas et de la France, sont des plaines à peine recouvertes d'eau; elles ont moins de 100 mètres de profondeur, et même, sur beaucoup de points, moins de 15 mètres: un léger exhaussement de la surface terrestre ou un léger abaissement du niveau marin rattacherait l'archipel britannique au continent. Les grandes profondeurs de l'Atlantique contournent le continent européen, à 100 ou 150 kilomètres de distance.*

### 2. RELIEF DES ILES BRITANNIQUES.

*Le relief de la Grande-Bretagne est simple: il comprend deux parties séparées par une ligne reliant l'embouchure de l'Ex à celle de la Tyne. La moitié occidentale est montagneuse, Ecosse et Angleterre occidentale (chaîne Pennine, Pays de Galles, massif de Cornouailles); la moitié orientale est formée d'une grande plaine, le Bassin de Londres. — Le relief de l'Irlande comprend une plaine centrale et un pourtour montagneux faible à l'Ouest, nul à l'Est.*

*Notez l'extrême découpure des côtes occidentales, en opposition avec la régularité relative des côtes orientales; — noter au Centre de l'Écosse l'existence de basses terres allant d'une mer à l'autre.*

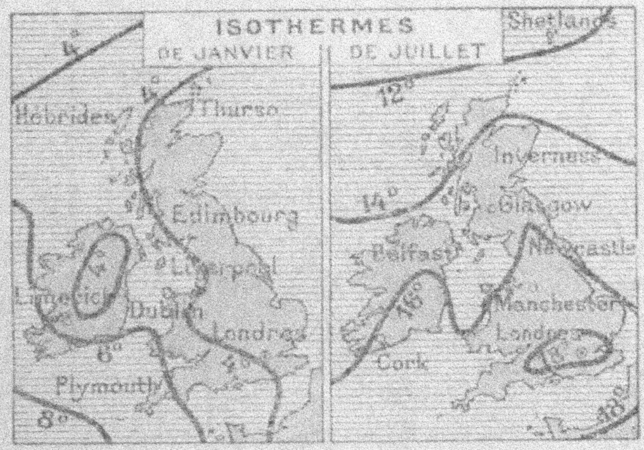


### 3. CLIMAT DES ILES BRITANNIQUES.

*Le climat des Iles Britanniques est essentiellement maritime, en raison de l'entourage de la mer, de la prédominance des vents d'Ouest qui viennent de l'océan Atlantique et des pluies très fréquentes que ces vents marins y amènent (voir ci-dessous). Les brouillards y sont si fréquents que les anciens Gaëls, habitants de l'Écosse, avaient fait du brouillard un quatrième élément, à côté de l'air, de l'eau et du feu. Il en résulte une grande égalité de température. Les hivers y sont tièdes, même au nord de l'Écosse; en janvier, il fait plus chaud en moyenne au nord de l'Écosse qu'à Paris qui est pourtant situé dix degrés plus près de l'équateur. Par contre, les étés sont frais, même au Sud. La région londonienne a seule une température un peu élevée, laquelle ne dépasse pas toutefois celle de nos côtes de la Manche en Normandie ou en Picardie.*

### 4. LES PLUIES DANS LES ILES BRITANNIQUES.

*D'une manière générale, l'archipel britannique reçoit beaucoup de pluies. Ces pluies viennent de l'océan Atlantique, amenées par les vents d'Ouest. Conséquences : 1° l'Irlande est plus humide que la Grande-Bretagne; celle-ci est bien arrosée, celle-là est presque noyée; 2° la répartition des pluies se fait parallèlement aux côtes occidentales, la pluie atteignant son maximum vers l'Ouest. Un proverbe anglais sur le climat britannique dit : « S'il fait beau, prenez votre parapluie; s'il pleut, faites comme vous voudrez. »*

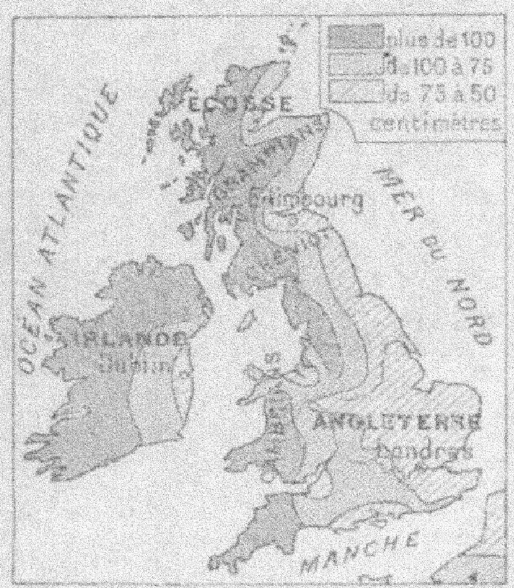

1. LE BEN NEVIS. — 2. LE GLEN NEVIS (Photographies J. Valentine).

L'Écosse est presque toute montagneuse ; mais ses plissements très anciens ont subi une usure qui n'a pas cessé depuis les temps primaires : de là, un relief émoussé, des montagnes massives et aplaties, aux sommets à peine proéminents. Le Ben Nevis (1343 mètres) est le point culminant de l'Écosse et en même temps des Iles Britanniques. Glen est le nom donné en Écosse aux vallées. L'aspect général de l'Écosse montagneuse, ou Highlands, est triste, sévère. Pas de cultures et peu de végétation, faute de terre végétale sur les pentes ; le roc perce partout ou se dissimule à peine sous un léger manteau de bruyères. Les fonds seuls, plus abrités et possédant quelque terre végétale, ont quelque végétation.

Phot. J. Valentine.

3. LA PASSE DE KILLIECRANKIE.

*Type des vallées écossaises étroites et encaissées. La Passe de Killiecrankie est très boisée et fort pittoresque; elle est située au sud des monts Grampians; un affluent du Tay y coule, on y a fait passer la voie ferrée de Perth à Inverness. La Passe de Killiecrankie rappelle, en outre, une bataille fameuse des guerres intestines écossaises du moyen âge.*

Phot. William Wilson.

4. LE LOCH DUICH.

*L'Écosse renferme en très grand nombre de lacs, ou loch, qui contribuent à lui donner son cachet pittoresque. Ils doivent leur origine à l'action glaciaire.*

Phot. J. Valentine.

5. DUNNOTAR CASTLE.

Le château de Dunnotar est situé sur la côte écossaise de la mer du Nord, un peu au sud d'Aberdeen. Il est bâti sur une sorte de plate-forme d'anciennes roches volcaniques dont les bords tombent à pic dans la mer.

Phot. J. Valentine.

6. L'ÎLE D'IONA.

Elle est située à l'ouest de l'Écosse, près de l'île de Mull. Très petite, de surface généralement basse, elle se termine par une côte extrêmement découpée, très caractéristique de ce que sont les côtes occidentales de l'Écosse. L'île d'Iona est, en outre, fameuse par ses antiquités. On y voit les ruines d'un monastère et d'une cathédrale bâtis, dit-on, au sixième siècle par saint Columba; à côté se trouve un cimetière où reposent les anciens rois d'Écosse, d'Irlande et de Norvège; Macbeth est le dernier souverain dont le corps y fut transporté.

7. CHUTES DE LA CLYDE. — B. LA CLYDE A ARDBEG.
(Photographies J. Valentine.)

La Clyde est une des trois principales rivières de l'Écosse (avec le Forth et le Tay). Elle est toute petite et ne mesure pas plus de 100 kilomètres de longueur, mais c'est le type le plus remarquable des rivières littorales de la côte occidentale de la Grande-Bretagne. D'abord torrent, elle forme plusieurs cascades renommées dans le comté de Lanark. Mais la mer y remonte fort avant et du torrent fait un fleuve puissant. A Glasgow, qui lui doit en partie sa prospérité (voir grav. page 50), la Clyde a 125 mètres de largeur et 6 mètres de profondeur à marée haute. A Ardbeg, sur l'estuaire, elle mesure plusieurs kilomètres de largeur et présente l'apparence d'un bras de mer.

Phot. J. Valentine

9. LE PONT DU FORTH. — 10. LE PONT DU TAY.

Le Forth et le Tay, qui se jettent sur la côte orientale de l'Écosse, se terminent par de très larges estuaires ou firths, firth du Forth et firth du Tay.

Ces estuaires, qui s'enfoncent très profondément dans l'intérieur du pays, gêneraient beaucoup les communications intérieures le long de la côte orientale si on n'avait construit des ponts gigantesques pour les franchir. Le firth du Forth est enjambé par un immense viaduc métallique long de 1 kilomètre et demi, qui donne passage à une voie ferrée. Celui du Tay est franchi également par un long viaduc d'un peu plus de 3 kilomètres où passe, à 23 mètres au-dessus des flots, la voie ferrée qui mène à Dundee.

Photographies J. Valentine

1. CONISTON LAKE. — 2. BORROWDALE BIRCHES.

*L'Angleterre du nord-ouest est couverte par les monts du Cumberland ou Chaîne Pennine, de même origine et de même apparence usée que les montagnes d'Écosse. Toutefois elle est plus riante. Coniston Lake est situé dans le « district des Lacs » dont la beauté a suscité toute une école de poètes anglais, les Lakistes. L'autre photographie représente la vue d'une vallée très pittoresque de la même région. Borrowdale Birches signifie « les bouleaux de Borrowdale. »*

3. LE SNOWDON.

C'est le point culminant de l'Angleterre ; il s'élève à 1080 mètres dans les monts Cambriens, au nord du Pays de Galles. Son nom signifie « montagne de neige » ; le Snowdon garde des neiges cinq à six mois de l'année.

Phot. J. Valentine.

4. LE CAP LAND'S END.

Land's End signifie « fin de la terre » ; c'est l'analogue de notre mot Finistère. Il désigne le cap qui termine l'Angleterre au sud-ouest, à l'extrémité du massif ancien des monts de Cornouailles.

5. ILFRACOMBE

*Les côtes occidentales de l'Angleterre sont rocheuses et découpées, bien que les découpures soient moins nombreuses qu'en Écosse. Ilfracombe est sur la côte méridionale du canal de Bristol près de son entrée dans la mer.*

Phot. J. Valentine

6. LOOE.

*Situé près de l'extrémité sud-ouest du massif de Cornouailles, le port de Looe rappelle un grand nombre de petits ports de notre côte bretonne. C'est qu'en effet les deux pays, qui se font face de part et d'autre de la Manche, ont mêmes natures de roches et même aspect général.*

Phot. J. Valmont.

7. VUE DES DOWNS.

L'Angleterre du sud-est, ou Bassin de Londres, est une vaste plaine constituée de sédiments secondaires ou tertiaires, analogues à notre Bassin Parisien. Les principaux accidents sont deux lignes de hauteurs crayeuses, les Downs, situées entre Londres et la Manche. Les Downs, qui sont formées de terrains perméables et secs, ressemblent à nos plateaux picards, couverts d'une herbe rare et maigre là où la craie affleure, portant de riches cultures là où la craie est recouverte de limon.

8. FALAISE DE DOUVRES.

Les côtes de la moitié orientale de l'Angleterre sont beaucoup moins découpées que celles de la moitié occidentale. Le type dominant est celui qui est représenté ci-dessus : une falaise crayeuse couverte de gazon et tombant à pic dans la mer, comme découpée à l'emporte-pièce. Le mur très blanc de la falaise a valu à l'Angleterre le surnom d'Albion, « le pays blanc ».

9. LA VALLÉE DE LA TAMISE PRÈS DE RICHMOND.

*Le trait dominant du climat britannique, c'est son humidité, conséquence de l'entourage de la mer. De là, dans la végétation, la prédominance des arbres et des prairies. L'aspect général est frais et verdoyant.*

Phot. J. Valentine.

10. LE ROCK WALK A TORQUAY.

*Torquay est un port situé sur la côte anglaise de la Manche. La tiédeur des hivers est si marquée dans toute l'Angleterre du sud-ouest, surtout sur la côte de la Manche, qu'on y trouve une végétation toute méridionale, lauriers, myrtes, et jusqu'à des palmiers : on en voit sur la photographie ci-dessus.*

1. LES LACS DE KILLARNEY (Phot. J. Valentine). — 2. L'IRLANDE INTÉRIEURE.

L'Irlande est une vaste plaine encadrée au nord et au sud par des massifs montagneux usés. Les lacs de Killarney sont un des coins les plus vantés des monts de Munster, les plus élevés de l'Irlande, au sud-ouest de l'île. La photographie qui représente l'Irlande intérieure montre dans le fond une dizaine de tas élevés : ce sont des monceaux de tourbe; en effet, l'Irlande intérieure, faute d'un sous-sol perméable ou d'une pente suffisante pour écouler les eaux, n'est qu'une immense tourbière.

3. RAPIDES DU SHANNON.

Le Shannon est le principal cours d'eau de l'Irlande qu'il traverse de l'est à
l'ouest. C'est moins un fleuve qu'un chapelet de lacs séparés les uns des autres
par des rapides. Il n'est pas navigable. Il se jette sur la côte occidentale.

4. LA CHAUSSÉE DES GÉANTS.

Au nord-est de l'Irlande, la Chaussée des Géants est formée d'une immense
étendue de prismes basaltiques. Des basaltes analogues ont formé la fameuse grotte de Fingal, dans l'île de Staffa, sur la côte occidentale de l'Écosse.
On en trouve aussi dans le Massif central français (orgues d'Espaly, de
Bort, etc.).

## *B.* — Les habitants du Royaume-Uni.

Grâce à sa situation insulaire, la population du Royaume-Uni a pu constituer, progressivement et librement, son individualité nationale, son régime politique et sa fortune économique.

1. *La population britannique a été formée par un premier fond celtique et par plusieurs invasions germaniques.* — La population de l'archipel britannique était constituée dans l'antiquité par des **peuplades primitives**, sans doute assez variées, mais dont les mieux connues à l'heure actuelle sont les *Celtes* ou *Galls*.

Pendant les premiers siècles de notre ère, la richesse agricole du Bassin de Londres a attiré et fixé au sol des **peuplades marines** d'origine germanique (*Jutes, Angles, Saxons*) ou d'origine scandinave (*Danois*); la dernière invasion fut celle des *Normands*, au xi° siècle.

Les envahisseurs ont repoussé les Celtes dans les régions à la fois plus faciles à défendre et moins attrayantes pour des conquérants, c'est-à-dire en Irlande et dans les portions montagneuses de la Grande-Bretagne. Eux se sont, au contraire, établis dans la région agricole la plus riche, c'est-à-dire dans le Bassin de Londres et dans les régions immédiatement voisines. Particulièrement, l'Angleterre du Nord-Ouest les a attirés au cours du dernier siècle, depuis qu'elle est devenue une grande région industrielle.

La population britannique comprend donc aujourd'hui :

1° Des **autochtones**, Celtes ou autres, presque seuls en Irlande, en majorité en Écosse, dans le Pays de Galles et en Cornouailles. Ils parlent le celte et sont catholiques (Irlande) ou protestants dissidents;

2° Des **Anglo-Saxons** mêlés de **Normands**, presque seuls dans le Bassin de Londres, très nombreux dans l'Angleterre du Nord-Ouest; ils parlent anglais et pratiquent la religion anglicane. C'est de plus en plus la race dominante, grande, blonde, sanguine, active.

**2. *Il n'y a pas de race anglaise; il y a un peuple anglais*.** — On retrouverait encore dans l'Angleterre moderne les **types divers** qui sont venus peupler l'archipel. A côté du *Celte*, mobile, imaginatif, idéaliste, on y voit le *Saxon*, tenace et rude, le *Normand*, rusé, pratique, hardi, insatiable, rompu à la pratique de la mer.

La localisation relative des races, — les conquérants dans les plaines et dans les régions centrales, les conquis dans les districts montagneux et dans les régions excentriques, — a contribué à conserver les qualités originales de chacune.

Pourtant, la vie commune, l'adaptation progressive à une nature où les traits communs sont partout plus nombreux et plus sensibles que les différences, surtout l'influence prépondérante de la vie maritime et de la vie commerciale, ont développé dans toutes ces races certains caractères qui leur sont devenus communs et qui permettent de distinguer des autres peuples le **peuple anglais**.

**3. *Au point de vue politique, le Royaume-Uni est le plus ancien État parlementaire*.** — Abrité dans ses îles contre les fluctuations et les vicissitudes de la politique européenne, le Royaume-Uni est devenu une **monarchie parlementaire** par une lente évolution, commencée très tôt par la *Grande Charte* (1215), terminée par la *Déclaration des Droits* (1689), et qui se continue, depuis cent ans, par une nouvelle évolution, cette fois vers le régime démocratique.

Le gouvernement comprend :

1° un **souverain** héréditaire, prenant ses ministres dans la majorité du parlement;

2° un **parlement**, se composant d'une *Chambre des Lords*, soit héréditaires, soit désignés par leurs fonctions (prélats), soit élus, et d'une *Chambre des Communes*, élue pour 7 ans. Le souverain a le droit de dissolution.

L'administration est très décentralisée. Les circonscriptions administratives, *comtés* et *bourgs*, sont presque autonomes.

**4. *Au point de vue économique, le Royaume-Uni a évolué entre le XVIII° et le XIX° siècle*.** — Jusqu'au XVIII° siècle, le Royaume-Uni fut surtout un pays agricole, si peu industriel qu'il exportait vers les fabriques de Flandre la laine de ses moutons.

Du milieu du xviiie siècle à nos jours, le développement de la grande industrie par la houille et l'abondance de ce combustible dans le sous-sol de la Grande-Bretagne en ont fait un pays presque exclusivement industriel.

L'apparition sur le marché du monde des pays neufs, aux vastes territoires, aux cultures extensives et peu coûteuses, a accentué cette évolution, car le Royaume-Uni, mal doté par la nature, ne peut lutter contre eux, comme certains de nos pays d'Europe, au moyen d'une culture intensive et perfectionnée.

**5. *Cette évolution a influé sur la densité et la répartition de la population*. —** Grâce à cette évolution économique et malgré une forte émigration, le Royaume-Uni compte aujourd'hui 45 millions d'habitants, c'est-à-dire une densité de 140 au kilomètre carré. C'est la densité la plus forte des grands États européens.

La constitution de l'Angleterre industrielle a eu pour effet :

1° *D'augmenter la population globale du royaume*. Bien que l'émigration des jeunes Anglais à l'étranger et, en particulier, dans les colonies anglaises et aux États-Unis, soit encore assez forte, elle a, toutefois, diminué depuis l'essor industriel du pays au xixe siècle. Elle a presque complètement cessé dans l'Angleterre industrielle. Les émigrants sont en majorité, à l'heure actuelle, des *Irlandais* et des *Écossais* (130 000 par an contre 100 000 pour le reste, beaucoup plus peuplé, du pays);

2° *D'augmenter la proportion de la population urbaine* : 38 villes dépassent 100 000 habitants. Le Royaume-Uni n'avait, au xviiie siècle, qu'une vraie grande ville : Londres. Les autres grandes villes que l'on y trouve actuellement n'égalaient pas alors les ports de la Manche, comme Douvres ou Portsmouth; elles ont décuplé leur population en un siècle;

3° *De déplacer les grands centres de population* de l'Angleterre agricole (Bassin de Londres) vers l'Angleterre industrielle (Nord-Ouest). C'est ce qu'une étude des grandes régions du Royaume-Uni permettra de comprendre.

# ILES BRITANNIQUES

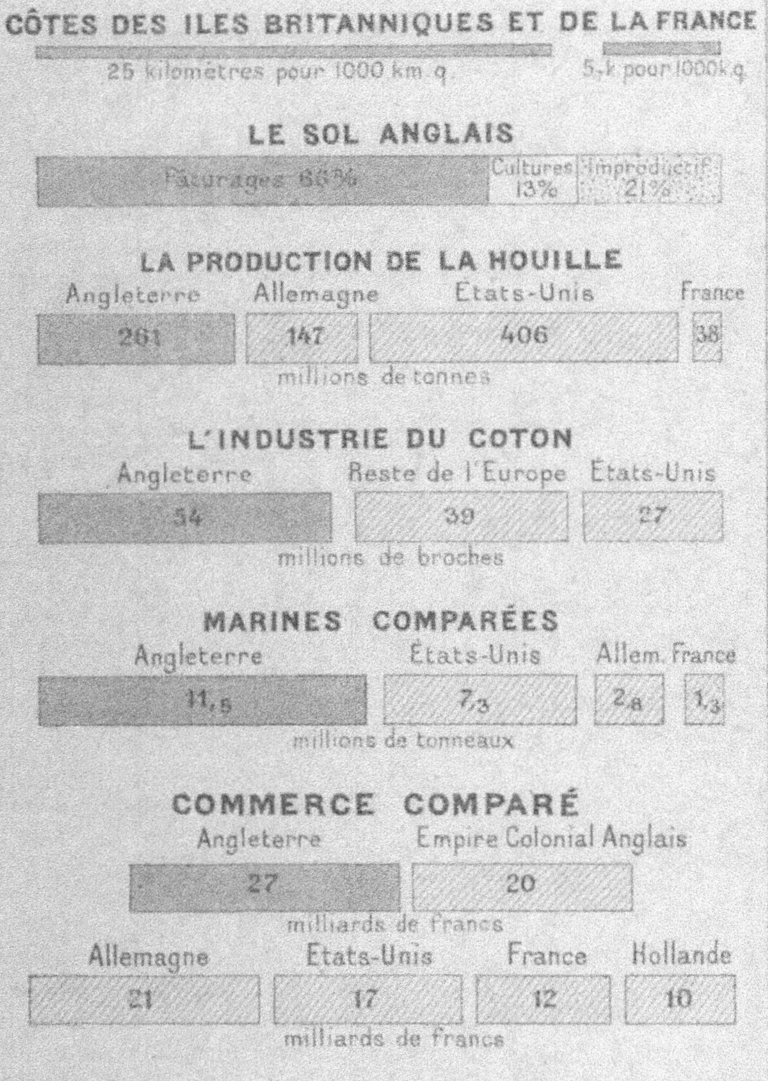

## CÔTES DES ILES BRITANNIQUES ET DE LA FRANCE

25 kilomètres pour 1000 km q.          5 k pour 1000 k q.

## LE SOL ANGLAIS

| Pâturages 66% | Cultures 13% | Improductif 21% |
|---|---|---|

## LA PRODUCTION DE LA HOUILLE

| Angleterre | Allemagne | Etats-Unis | France |
|---|---|---|---|
| 261 | 147 | 406 | 38 |

millions de tonnes

## L'INDUSTRIE DU COTON

| Angleterre | Reste de l'Europe | Etats-Unis |
|---|---|---|
| 54 | 39 | 27 |

millions de broches

## MARINES COMPARÉES

| Angleterre | Etats-Unis | Allem. | France |
|---|---|---|---|
| 11,5 | 7,3 | 2,8 | 1,3 |

millions de tonneaux

## COMMERCE COMPARÉ

| Angleterre | Empire Colonial Anglais |
|---|---|
| 27 | 20 |

milliards de francs

| Allemagne | Etats-Unis | France | Hollande |
|---|---|---|---|
| 21 | 17 | 12 | 10 |

milliards de francs

## C. — Les grandes régions de vie humaine
## du Royaume-Uni.

Les régions vitales du Royaume-Uni sont le Bassin de Londres, l'Angleterre du Nord-Ouest et les Basses-Terres d'Écosse.

**1. *Le Bassin de Londres ne doit aujourd'hui son importance qu'à sa situation par rapport au continent et à sa capitale, Londres*.** — Bassin sédimentaire, où, à côté de la craie stérile, se trouvent des calcaires et des argiles plus fertiles, de climat relativement moins humide que l'Irlande et que le reste de la Grande-Bretagne, le Bassin de Londres a produit, jusqu'au XVIIIe siècle, une certaine quantité de céréales.

Mais, depuis l'essor industriel du Royaume-Uni, l'accroissement de la population et le développement de l'Empire colonial, les agriculteurs du pays ne lui ont plus demandé que les produits pour lesquels il était le mieux fait : les produits de *l'élevage*. Les céréales ont presque partout été remplacées par des pâturages, à bœufs et à chevaux dans la plaine, à moutons sur les collines crayeuses.

Cette évolution a coïncidé avec celle de la propriété, les petites propriétés disparaissant de plus en plus devant les grandes, et les anciens fermiers et ouvriers de fermes émigrant vers les villes.

Jadis région vitale de l'Angleterre agricole, le Bassin de Londres doit son importance dans l'Angleterre industrielle :

1° *A sa côte sur la Manche*, la mer où passe tout le grand trafic entre l'Europe occidentale et le Nouveau Monde. Principaux ports : *Douvres, Folkestone, Newhaven, Brighton, Southampton, Plymouth;*

2° *A Londres*.

**2. *Londres, la plus grande ville du monde, est de moins en moins un port mondial, de plus en plus un port anglais*.** — Londres est la plus grande ville du monde : 4 523 000 hab., 7 253 000 avec les faubourgs. Elle doit son importance à son rôle de **capitale** politique et intellectuelle, non seulement d'un grand état moderne, mais d'un immense empire colonial. Mais c'est aussi et surtout un grand **port**.

1° Londres a été longtemps le **port de l'Europe** : c'est sur son marché qu'affluaient, avant d'être distribuées dans toute l'Angleterre et toute l'Europe industrielle, les matières alimentaires et les matières premières de l'industrie : cacao, tabac, laine, peaux, coton.

Aujourd'hui, cette suprématie est menacée par le développement des grands ports de l'Allemagne, de la Hollande, de la Belgique et de la France, où se débarquent directement les produits nécessaires à l'industrie de ces pays. L'ouverture du canal de Suez a également détourné vers les ports méditerranéens une partie des produits exotiques, qui venaient jadis par l'Afrique du Sud et par l'Atlantique à Londres. Enfin, certains ports anglais eux-mêmes ont pris une partie du commerce londonien. Londres n'est plus le distributeur du commerce mondial.

2° Mais Londres est le **premier port anglais**, et, à ce titre, le premier port du monde. Son commerce, très actif, a deux objets : l'alimentation de l'énorme agglomération londonienne, à laquelle il pourvoit seul ; l'alimentation de l'Angleterre industrielle du Nord-Ouest, à laquelle il pourvoit de concert avec Liverpool, Southampton et Hull.

Londres est la **première place financière** du monde : sa bourse, le *Stock-Exchange*, règle le cours de la plupart des valeurs commerciales

**5. *L'Angleterre du Nord-Ouest est le grand foyer industriel du Royaume-Uni.*** — De sol surtout granitique, gréseux ou schisteux, de climat trop humide, l'Angleterre du Nord-Ouest n'est bonne qu'aux pâturages. C'est un pays de prairies, d'élevage (*bœufs de Durham, chevaux d'York*) et de très grande propriété.

Mais surtout, grâce à la houille, l'Angleterre du Nord-Ouest est devenue un pays de **grande industrie** : *industrie métallurgique*, dont les centres sont **Birmingham** (526 000 hab.) et **Sheffield** (455 000 hab.) ; *industries textiles*, soit industrie de la laine indigène ou importée, dont les centres sont **Leeds** (445 000 hab.) et **Bradford**, soit industrie du coton, dont le centre est **Manchester** (714 000 hab.).

L'importation des matières premières (et surtout du coton,

l'exportation des produits fabriqués (et aussi de la houille, car, malgré sa formidable industrie, l'Angleterre du Nord-Ouest en produit plus qu'elle n'en consomme), se font par une série de ports : **Liverpool** (746 000 hab.), le second port de l'Europe, *Cardiff, Bristol, Newcastle* et *Hull*.

**4. *La vie de l'Écosse est concentrée dans les Basses Terres*.** — Au nord et au sud de l'Écosse, les Highlands ne sont peuplés que de petites communautés pastorales, plus nombreuses dans les montagnes du Sud, et particulièrement dans les Monts Cheviot, où elles vivent de l'élevage des moutons à laine, qui, à l'origine, alimentaient seuls l'industrie textile du pays. Ces populations portent le nom de *Highlanders*.

Mais la dépression centrale des **Basses Terres**, abritée, plus chaude et couverte d'alluvions fertiles, a toujours possédé de riches prairies.

De plus, la présence de la houille et du fer, sur les bords de la dépression, l'élevage du mouton, dans les montagnes voisines, ont fait de cette dépression une région d'industrie métallurgique et textile (laine et coton), dont le centre est le grand port de **Glasgow** (783 000 hab.). Les autres grandes villes, toutes dans les Basses Terres, sont : **Édimbourg** (320 000 hab.), capitale politique et intellectuelle; *Dundee, Aberdeen, Perth*.

**5. *L'Irlande n'a que des aptitudes agricoles*.** — Peu fertile, humide, mal drainée au centre et couverte de lacs, de tourbières et de marécages, l'Irlande était naturellement destinée aux prairies et à l'*élevage*. L'état de la propriété, concentrée dans les mains de quelques propriétaires anglais, le peu de goût des habitants à cultiver une terre qui ne leur appartient pas, l'y ont définitivement condamnée. Seule culture répandue : la *pomme de terre*.

Privée de houille, l'Irlande n'a d'autre industrie que celle du *lin* (toiles), propre aux terres humides.

La population, clairsemée, surtout dans le centre, a diminué de moitié au XIXᵉ siècle, par suite de l'**émigration** vers l'Amérique, causée par le régime politique et social. L'Irlande n'a que 4 380 000 habitants.

Les villes sont surtout sur la bordure orientale: **Dublin** (403 000 hab.), *Belfast, Cork*; à l'Ouest, *Limerick*.

Photographies J. Valentine.

1. LA CATHÉDRALE DE DURHAM. — 2. LA PETERGATE A YORK.

Le bassin de Londres, région purement agricole, est aujourd'hui beaucoup moins important, au point de vue du nombre des habitants et de la grandeur des villes, que l'Angleterre industrielle de l'Ouest. Mais, avant l'éclosion de l'industrie moderne, ce fut la région vitale de l'Angleterre. Aussi renferme-t-elle de vieilles villes historiques, comme Durham, endormie au pied de son antique cathédrale, comme York, qui fut la seconde cité de l'Angleterre et qui n'est plus qu'une ville de troisième ordre (70 000 habitants), du reste extrêmement curieuse grâce à ses rues étroites et à ses maisons à pignons du moyen âge.

3. LONDRES : LA TAMISE ET LA TOUR (Phot. Wilson d'Aberdeen).
4. LONDRES : LE ROYAL EXCHANGE.

*Londres est le premier port de l'Angleterre et du monde, c'est la ville la plus peuplée ; elle renferme près de 7 millions d'habitants avec ses faubourgs. Elle est située à 70 kilomètres de la mer sur l'estuaire de la Tamise. Un ancien gué, qui permettait de franchir cet estuaire, fut l'origine de cette ville qui se groupa autour d'une forteresse en bois, devenue la Tour de Londres. Les plus gros navires remontent jusqu'au port de Londres. Le Royal Exchange, ou Bourse de Londres, représente le centre des affaires.*

Phot. J. Valentine.

1. LIVERPOOL, LANDING STAGE.

Le quai de débarquement. Liverpool est le grand port anglais de la côte occidentale ; il a détrôné Bristol, jadis plus important. Le port de Liverpool est situé sur un petit fleuve côtier, la Mersey ; c'est le grand marché du coton ; là viennent s'approvisionner les grandes manufactures cotonnières du Lancashire.

Phot. J. Valentine.

2. LES DOCKS DE MANCHESTER.

Manchester est la grande cité industrielle du Lancashire ; c'est la ville des cotonnades. Pour permettre à la matière première d'arriver directement jusqu'à ses quais, où elle est débarquée et enfermée en d'immenses docks, Manchester n'a pas hésité à construire un canal l'unissant directement à la mer.

Phot. J. Valentine.

3. BIRMINGHAM.

*Birmingham, capitale des Midlands, est le centre principal de l'industrie métallurgique (rails, aiguilles, aciéries). La ville s'est rapidement développée, et le progrès de l'industrie en a fait depuis très longtemps un des centres de l'Angleterre qui ont pris le plus de part au mouvement des idées économiques.*

Phot. J. Valentine.

4. DUFFRYN DEEP COLLIERY.

*Exploitation minière en Angleterre. L'Angleterre tire une grande richesse de ses mines de houille qui ont fait la fortune de sa moitié occidentale jusque-là pauvre, déshéritée, presque déserte, et aujourd'hui centre d'activité industrielle et centre de peuplement. L'Angleterre du nord-ouest, vivifiée grâce à ses mines de houille, est devenue la « Black Country » par opposition à la « Green Country » ou bassin de Londres.*

5. OLDHAM (Phot. Banks). — 6. LEICESTER.

Aspect de deux villes industrielles de l'Angleterre du Nord-Ouest. Oldham est un faubourg industriel de Manchester : avec ses maisons ouvrières, toutes semblables et enfumées, elle rappelle les villes de notre bassin houiller du Nord. Leicester est une autre ville industrielle ; son industrie principale est la bonneterie, surtout la bonneterie de laine ; mais Leicester n'est pas, comme Oldham, une ville toute neuve ; située dans l'Angleterre centrale, au point de contact de la région minière et de la région agricole, elle fut, dès avant la naissance de l'industrie, une ville importante dans l'histoire d'Angleterre ; des monuments, portes, églises, abbayes, hôpitaux, rappellent ce vieux passé.

Phot. J. Valentine.

1. GLASGOW.

Glasgow est la seule grande ville de la côte occidentale de l'Écosse. Elle est bâtie sur la Clyde qui déjà y subit l'action de la marée et qui y mesure 135 mètres de largeur et 6 mètres de profondeur (voir page 57). Pouvant recevoir de gros navires, située à proximité d'un bassin houiller riche en minerais de fer, Glasgow est à la fois une grande ville d'industrie métallurgique, un centre d'industrie textile et un port très actif; c'est la seconde ville comme population et le troisième port des îles Britanniques.

2. LE MAGASIN DE SALAISON A ABERDEEN.

La mer du Nord, qui est peu profonde et encombrée de bancs de sable comme le Dogger Bank, est extrêmement poissonneuse. Aussi de grands ports de pêche se sont-ils établis sur ses bords, notamment dans les îles Britanniques (Hull, Lowestoft, Yarmouth). Aberdeen, située sur la côte orientale de l'Écosse, est un des principaux de ces ports de pêche.

Phot. J. Valentine.

3. DUNDEE.

Située, comme Aberdeen et Édimbourg, sur la côte orientale d'Écosse, Dundee est une cité industrielle spécialisée dans le travail du jute, fibre textile qui sert à confectionner des toiles d'emballage, des tentures, des étoffes grossières.

4. ÉDIMBOURG.

Capitale de l'Écosse, Édimbourg n'est pas tout à fait sur la mer du Nord, mais elle en est peu éloignée; son port est Leith. Édimbourg, qui s'intitule « l'Athènes du Nord », est peu industrielle, trois fois moins peuplée que Glasgow, mais elle a de vieilles rues, d'antiques maisons et de curieux monuments.

5. LE CHÂTEAU D'HOLYROOD.
6. MONUMENT
DE WALTER SCOTT.
Photographies J. Valentine.

Le château d'Holyrood,
dont une partie est aujour-
d'hui ruinée, est situé près
d'Édimbourg, au pied d'une
haute montagne qu'on ap-
pelle le siège d'Arthur. C'est
une ancienne demeure des
rois d'Écosse; le roi de
France Charles X y séjourna
quelque temps après la révolution de 1830.

Walter Scott est le grand
écrivain national d'Écosse;
il a raconté l'histoire de son
pays en des romans dont la
vogue fut grande, il y a un
siècle, non pas seulement
dans l'archipel britannique,
mais dans le monde entier;
on le regarde avec raison
comme un des pères du ro-
man historique (Quentin
Durward, Ivanhoé, Kenil-
worth, Le Monastère, Les
Puritains, etc.). Aussi son
souvenir se rencontre-t-il
partout en Écosse, notam-
ment à Édimbourg où un
monument lui a été dressé.

### 1. DUBLIN.

*Dublin, capitale de l'Irlande, doit son importance à sa situation. Elle est bâtie sur la côte orientale, en face de l'Angleterre par l'intermédiaire de laquelle l'Irlande est presque obligée de passer pour toutes ses communications avec le continent européen; elle est située au débouché de la plaine centrale sur la mer d'Irlande. Dublin est, par suite, le principal des ports irlandais. C'est une ville en grande partie moderne.*

### 2. L'ÉMIGRATION IRLANDAISE.

*L'Irlande est un des principaux foyers européens d'émigration et sa population ne cesse de décroître. En 1840, cette population dépassait 8 millions d'habitants et elle était en voie d'augmentation rapide. Vers cette époque, il se produisit plusieurs années successives de famine, notamment en 1846 où la récolte de la pomme de terre manqua complètement : on compta en Irlande plusieurs centaines de milliers de morts par la faim.*

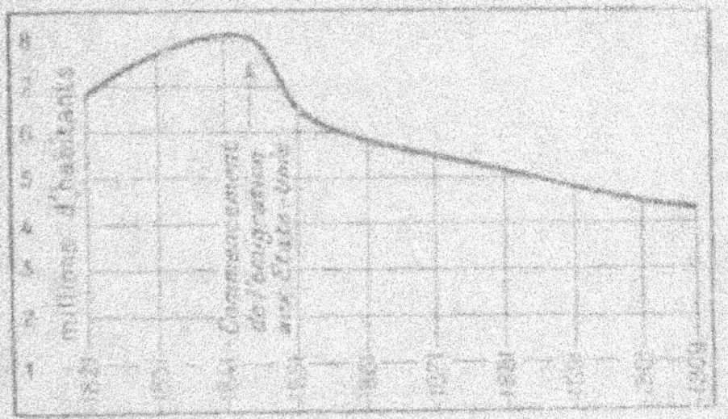


*Un très grand nombre d'Irlandais s'expatrièrent alors pour aller en Amérique : en dix ans, l'Irlande perdit 2 millions d'habitants. L'émigration est devenue moins nombreuse depuis lors, mais elle n'a jamais cessé d'être importante; l'Irlande n'a plus que 4 millions d'habitants, moitié moins qu'en 1840. Les Irlandais émigrés en Amérique ne conservent guère leur nationalité; en particulier, ils abandonnent vite leur langue nationale pour l'anglais; toutefois, ils ont fourni des fonds pour provoquer en Irlande des mouvements insurrectionnels contre l'Angleterre, notamment au moment de l'agitation des Fenyans.*

## D. — La vie économique du Royaume-Uni.

**Le Royaume-Uni est un pays spécialisé, où les intérêts agricoles sont sacrifiés aux intérêts industriels. C'est la première puissance commerciale du monde.**

1. *Le Royaume-Uni est de moins en moins une puissance agricole; seul, l'élevage y est prospère.* — Presque complètement défriché et dépourvu de grandes forêts (sauf en Écosse), le Royaume-Uni ne produit presque plus de céréales, pour quatre causes :

1° Le *climat*, trop humide;

2° Le *sol*, en général trop infertile;

3° La *concurrence des pays neufs* et leurs importations favorisées par le libre-échange nécessaire à l'industrie;

4° Le *régime de la grande propriété.* Celle-ci date, en Irlande, du temps où le pays fut conquis par les Anglais et partagé entre les lords conquérants. En Angleterre, elle ne date que de la fin du XVIIIᵉ siècle, époque où la naissance de l'industrie a attiré une partie des habitants des campagnes vers les villes.

Le Royaume-Uni n'a qu'un dixième de son sol cultivé en céréales (*blé, orge, avoine*); cette culture est intensive et très coûteuse. La seule culture industrielle répandue est celle du *lin* (surtout en Irlande).

**L'élevage**, au contraire, y est très prospère (bœufs et vaches, moutons, chevaux) pour trois causes :

1° L'humidité du *climat*;

2° La grande *consommation de viande* du peuple anglais;

3° Les besoins de l'*industrie lainière.*

Principaux produits de l'élevage anglais : *bœufs de Durham, vaches du Devonshire, chevaux du Yorkshire et d'Irlande, moutons des Downs et des Cheviot.*

Pourtant, les produits de l'élevage anglais sont loin de suffire aux besoins du Royaume en viande et en laine. — La proportion des habitants du Royaume-Uni qui vivent de l'agriculture n'atteint pas un quart de la population totale.

2. *Le Royaume-Uni est encore aujourd'hui la pre-*

**mière puissance industrielle du monde**. — L'industrie britannique est favorisée :

1° Par l'*abondance des mines de houille et de fer* ;

2° Par le *voisinage des unes et des autres*, qui a permis l'établissement de l'industrie métallurgique dans des conditions exceptionnellement favorables.

3° Par leur *situation à proximité de la mer et de voies navigables* commodes, qui permet le transport aisé de la houille vers les centres industriels ;

4° Par le *développement de la marine marchande* et des ports anglais, qui préexistaient à l'industrie et l'ont facilement alimentée, dès les premiers jours, en matières premières exotiques (laine, coton, etc.), lui donnant ainsi une avance considérable sur ses rivales du continent.

Principaux produits de l'industrie anglaise : *rails et machines de Birmingham, coutellerie de Sheffield, cotonnades de Manchester, lainages de Leeds et de Glasgow, toiles d'Irlande.*

Ainsi le Royaume-Uni est devenu la première puissance industrielle du monde. **L'industrie métallurgique** y est très prospère. Elle est toutefois dépassée par celle des États-Unis et de l'Allemagne. **L'industrie textile** (toiles, lainages et cotonnades) est la première du monde, surtout pour les cotonnades.

**5. Le Royaume-Uni est, au point de vue économique, dans une dépendance étroite à l'égard des pays étrangers**. — Par suite de sa spécialisation industrielle, le Royaume-Uni est obligé de demander à l'extérieur :

1° La plus grande partie des **matières premières** nécessaires à son industrie : la totalité du *coton*, les trois quarts de la *laine*, la moitié des *cuirs* et *peaux*, le quart du *minerai de fer* qu'il utilise ;

2° La plus grande partie des **matières alimentaires** nécessaires à sa population : les quatre cinquièmes des *céréales*, les trois cinquièmes de la viande de *porc*, près des deux cinquièmes de la viande de *bœuf* et de *mouton* qu'il consomme.

Ainsi, la société britannique dépend, pour sa vie de tous les jours, des autres pays du globe. Sous peine de s'exposer à la famine et à la ruine, il lui faut un commerce actif et une marine bien organisée. De là sa **flotte de commerce**, la plus nombreuse du monde, et sa **flotte de guerre**, la plus forte du monde, destinée à lui assurer la liberté des voies maritimes en cas de conflits internationaux.

**4. *Tout contribue à faire du Royaume-Uni une grande puissance commerciale*.** — Le Royaume-Uni était destiné à une grande prospérité commerciale :

1° Par sa *situation maritime* et le développement de ses côtes ;

2° Par sa *spécialisation* : excès de la production industrielle, insuffisance de l'agriculture et des matières premières.

Il a encore augmenté ces aptitudes naturelles :

1° Par l'établissement du **libre-échange** ;

2° Par la création d'un **empire colonial**, lui fournissant une bonne partie de sa clientèle ;

3° Par la création de **voies de communications intérieures** : *rivières* naturellement navigables, reliées par des *canaux* ; surtout, *voies ferrées* : 36.500 kilomètres de chemins de fer, c'est-à-dire plus de 1 kilomètre pour 9 kilomètres carrés de superficie ;

4° Par l'**outillage de ses ports**, qui sont presque tous installés dans les profonds estuaires de ses rivières et reliés à l'intérieur par des voies d'eau naturelles : *Londres* (estuaire de la Tamise), *Cardiff* et *Bristol* (estuaire de la Severn), *Liverpool* (estuaire de la Mersey), *Glasgow* (estuaire de la Clyde), *Hull* (estuaire de la Humber);

5° Par la création d'une **marine marchande**, la première du monde, qui sert non seulement au *commerce britannique*, en alimentant le peuple anglais en matières premières et en produits alimentaires, mais au *commerce étranger*, en faisant le transit des produits entre les états qui n'ont pas une marine assez forte pour leurs importations et les exportations, par exemple entre les pays exotiques et la plupart des états européens.

**5. *Le Royaume-Uni importe plus qu'il n'exporte*.** — Le Royaume-Uni importe près de deux fois plus qu'il n'exporte. Le déficit qui en résulte est largement comblé par la location de sa flotte de commerce et par le placement de ses capitaux aux colonies ou à l'étranger.

**Il importe** : des *produits alimentaires* (céréales, viande, vin, légumes et fruits, denrées coloniales), des *matières premières*

(coton, laine) et des *produits de luxe* (soieries, articles de Paris).
— **Il exporte** : des *produits manufacturés*, de la *houille* et du *minerai de fer*.

Il achète surtout aux États-Unis, à la France (dont il est le meilleur client), à ses colonies, à l'Europe occidentale. Il vend surtout à ses colonies, aux États-Unis et à l'Europe occidentale.

**6. *Le Royaume-Uni est pour la France un bon marchand et un excellent client*.** — De tous les pays européens, la France est celui qui fait le plus gros chiffre d'affaires avec le Royaume-Uni. Le fait tient, sans doute, en partie à la proximité des deux pays et à la fréquence des relations qui en résulte; mais il tient aussi à ce que, entre les productions principales des deux pays, il n'existe pas d'antagonisme véritable. Le Royaume-Uni produit en grande quantité ce que la France produit en petite quantité, et réciproquement.

1° **Le Royaume-Uni vend surtout à la France** : 1° des *matières premières* dont nous sommes mal pourvus, par exemple de la houille et du fer; 2° des *articles communs et de consommation courante*, tels que des cotonnades, des articles de jute et de lin, certains lainages, des poteries, des articles en cuir; 3° des *produits entreposés* que, grâce à son énorme marine marchande, l'Angleterre entasse dans ses docks : laine, coton, chanvre, jute, métaux divers, caoutchouc, denrées coloniales (café, thé).

2° **La France vend au Royaume-Uni** deux catégories de produits: des *articles alimentaires* et certains *produits industriels*.

Ces articles alimentaires ne sont pas des articles communs, céréales ou viandes abattues, pour lesquels nous ne pouvons lutter contre la concurrence de pays neufs, qui les produisent par quantités considérables et les vendent à des prix défiant notre concurrence. Ce sont surtout des produits fins et de luxe, pour lesquels notre pays doit sa supériorité soit à des qualités naturelles du sol et du climat, soit aux aptitudes de nos paysans : *vins, fruits, fleurs, beurres* et *œufs, pommes de terre, sucre*.

De même, les produits industriels exportés par la France en Angleterre sont des produits de luxe : *articles de Paris, meubles, horlogerie* et *bijouterie, velours, soies* et *rubans, pelleteries*.

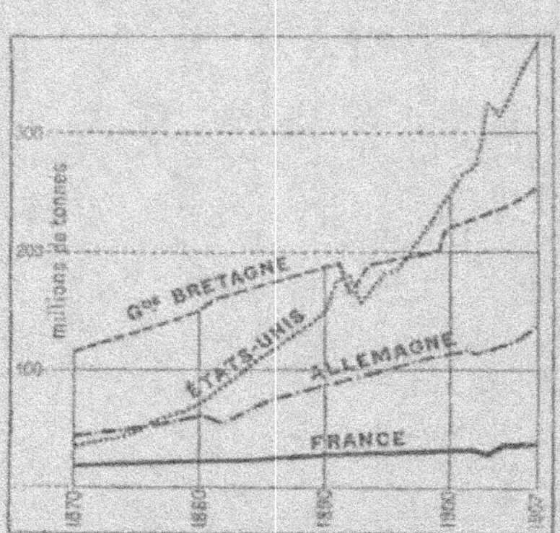


1. PRODUCTION DE LA HOUILLE.

*Il y a un demi-siècle, l'Angleterre avait une supériorité incontestée, presque un monopole dans le monde, sur le terrain industriel et commercial. La France la suivait à une très grande distance en arrière ; malgré les énormes ressources de toute sorte que recèle le sol de l'Allemagne et surtout celui des États-Unis, ces deux pays n'avaient pas encore commencé à les mettre en valeur, et ils n'occupaient qu'une place insignifiante sur le marché économique du monde.*

*Depuis lors, les choses ont bien changé. L'Angleterre a continué sans doute à progresser beaucoup, mais ses progrès ont été relativement faibles si on les compare à ceux de l'Allemagne et les États-Unis. L'Allemagne, ayant réalisé son unité politique et nationale après la guerre de 1870-1871, a tourné vers l'industrie et le commerce une grande partie des forces qu'elle avait dépensées jusqu'alors en luttes ; au point de vue métallurgique, notamment, elle a pris un essor considérable et a même dépassé l'Angleterre. Les États-Unis, sortis de la guerre de Sécession, en 1866, et accrus par une immigration considérable, se sont développés de leur côté ; soutenus par des ressources incomparables, ils ont réalisé presque à vue d'œil d'immenses progrès dans tous les domaines. Seule, la France, mal pourvue de houille et de minerais, n'a eu dans le domaine économique qu'un progrès continu, il est vrai, mais lent.*

*Aujourd'hui, l'Angleterre est encore la principale puissance économique du globe, mais sa primauté est de plus en plus menacée. Elle conserve le premier rang dans les industries textiles et notamment dans l'industrie cotonnière ; son commerce extérieur reste de beaucoup le plus important ; mais les États-Unis et l'Allemagne ont sensiblement diminué la distance qui les séparait d'elle. Pour la production de la houille, cette pierre de touche de l'activité industrielle d'un pays, les États-Unis dépassent aujourd'hui l'Angleterre de très loin. Enfin, pour l'industrie métallurgique, l'Angleterre ne vient plus qu'après les États-Unis et l'Allemagne.*

*1. PRODUCTION DE LA HOUILLE. — Remarquer : 1° la lenteur du progrès de la production houillère en France; 2° l'accroissement régulier, plus marqué et presque égal de l'Allemagne et de la Grande-Bretagne qui maintiennent d'une manière presque remarquable l'écart qui les séparait entre elles au début ; 3° l'essor prodigieux de la production houillère aux États-Unis qui, très faible en*

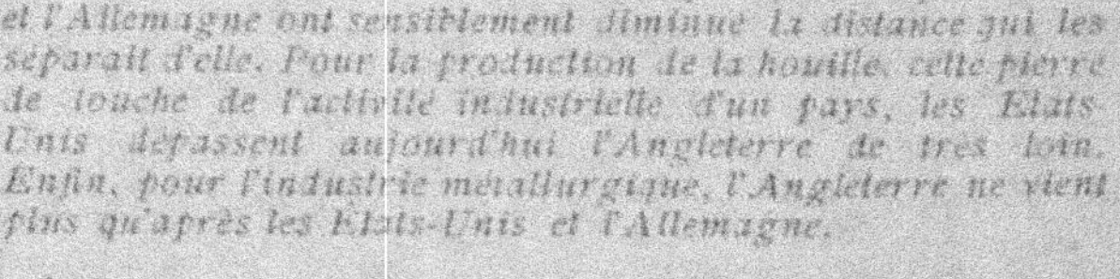

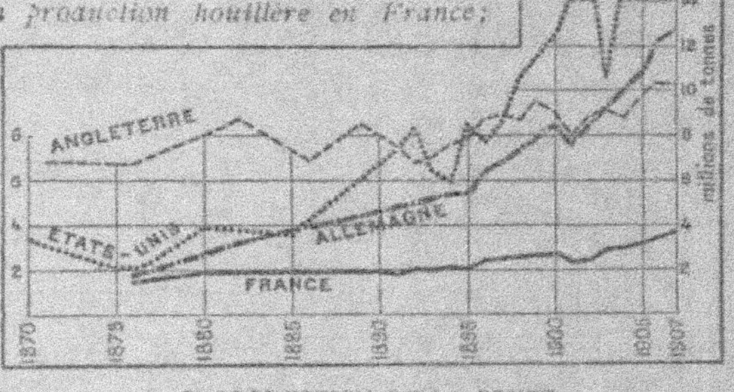


2. PRODUCTION DE LA FONTE.

*1870, égale déjà celle de la Grande-Bretagne et de l'Allemagne cumulées.*

*II. PRODUCTION DE LA FONTE. — L'Angleterre avait incontestablement le premier rang en 1870; elle ne vient plus qu'au troisième rang. Les États-Unis, admirablement pourvus de houille et de minéral de fer, ont conquis une supériorité écrasante; l'Allemagne elle-même a devancé l'Angleterre.*

*III. INDUSTRIE COTONNIÈRE. — Ici, le Royaume-Uni a conservé le premier rang, et de beaucoup. Il faut noter, toutefois, qu'en 1870, les productions cumulées des États-Unis, de l'Allemagne et de la France, ne représentaient pas la moitié de la produc-*

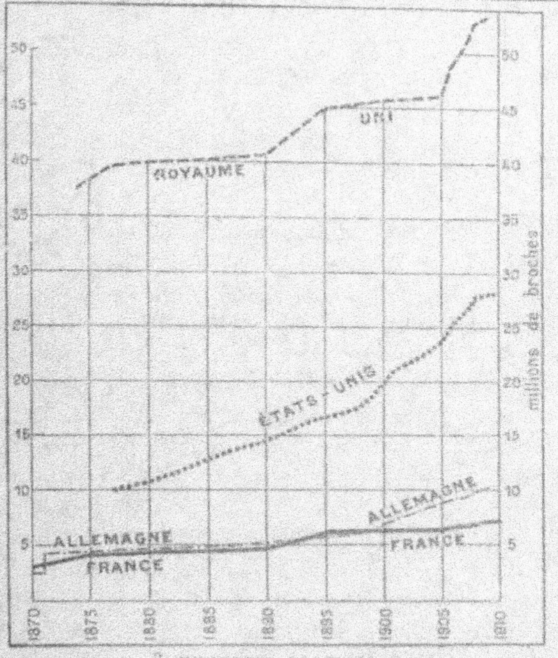


3. INDUSTRIE COTONNIÈRE.

*tion du Royaume-Uni, tandis qu'aujourd'hui, ces productions cumulées égalent celle du Royaume-Uni. Remarquer les progrès considérables des États-Unis, progrès relativement plus grands que ceux de l'Angleterre.*

*IV. COMMERCE EXTÉRIEUR. — Le progrès considérable des échanges entre nations ressort manifestement du schéma ci-contre; il a été la conséquence du développement des communications rapides (voies ferrées, navigation à vapeur), ainsi que de l'ouverture de certains pays alors enfermés chez eux (Chine, Japon) ou inexistants au point de vue économique (Australie, Canada, Argentine, etc.). L'Angleterre, servie par sa marine et un immense empire colonial, a conservé le premier rang; mais l'Allemagne et les États-Unis ont réalisé des progrès considérables; la France elle-même est en voie de progrès marqué.*

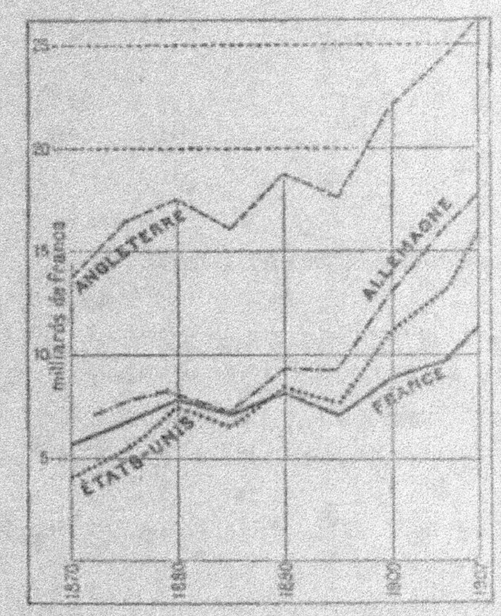


4. COMMERCE EXTÉRIEUR.

## *E.* — L'Empire britannique.

L'Empire britannique est la première puissance coloniale du monde.

**1.** *L'empire colonial britannique est le premier du monde.* — L'empire colonial britannique a un territoire 92 fois plus étendu que celui de la métropole et représente **un cinquième des terres émergées**. Il a une population de 400 millions d'habitants, près de 10 fois celle de la métropole, représentant **le quart de la population du globe**.

C'est le premier empire colonial du monde, de beaucoup supérieur à ceux de la France et des Pays-Bas. Seul, l'empire russe peut se comparer à lui pour l'étendue, mais non pour la population ou pour la valeur économique.

Cet empire est en somme de formation récente. L'Angleterre a, en effet, perdu, à la fin du XVIII° siècle, ses anciennes colonies d'Amérique (États-Unis) : c'est vers la même époque qu'elle a conquis sur la France le premier fonds de son nouvel empire colonial.

Les principales dates de la constitution de l'empire anglais sont : 1763, Cession de l'Inde et du Canada par la France; — 1786, Perte des colonies de l'Amérique du Nord, au Sud du Canada (États-Unis); — 1788, Premier établissement anglais en Australie; — 1815, Annexion définitive de la colonie du Cap; — 1902, Annexion du Transvaal et de l'Orange.

**2.** *Cet empire comprend des domaines étendus et des postes commerciaux.* — Grand État commerçant, le Royaume-Uni n'avait pas seulement besoin de domaines d'exploitation ou de commerce, il lui fallait aussi des postes de ravitaillement et des escales pour ses navires. C'est ainsi qu'il possède, dans toutes les parties du monde, des territoires étendus et des postes de ravitaillement :

1° **En Europe.** TERRITOIRE : la métropole du Royaume-Uni.

POSTES : *Gibraltar, Malte, Chypre,* sur la route de la Méditerranée et de l'Extrême-Orient par Suez.

2° **En Asie**. Territoires : l'*Inde*, le *Baloutchistan*, la *Birmanie*.

Postes : *Aden*, les *Établissements des Détroits* (Singapour, le Nord de Bornéo), l'île de *Hong-Kong*, *Wei-Haï-Weï* (Chine), sur la route de l'Extrême-Orient.

3° **En Afrique**. Territoires : *Gambie*, *Sierra-Leone*, *Côte-d'Or* et *Lagos*, *Nigeria*, *Somalie anglaise*, *Afrique orientale anglaise*, *Afrique australe anglaise*.

Postes : îles de l'*Ascension*, de *Sainte-Hélène*, de *Tristan da Cunha* (Atlantique), île *Maurice* (océan Indien), sur la route d'Extrême-Orient par le Cap.

4° **En Amérique**. Territoires : *Canada*, *Jamaïque* et la plupart des *Petites Antilles* (route future du canal de Panama), *Guyane anglaise*.

Postes : îles *Falkland* (océan Antarctique).

5° **En Océanie**. Territoires : *Australie*, *Nouvelle-Zélande*.

Postes : îles *Fiji*, *Tonga*, *Salomon*, etc., sur la route entre Asie, Amérique et Australie.

**3. *Les colonies britanniques sont, soit des colonies de peuplement, soit des territoires d'exploitation, soit des foyers d'importation pour les produits et surtout pour les capitaux anglais*** — Le Royaume-Uni tire un triple profit de son empire colonial :

1° Certaines colonies sont *exclusivement ou en grande partie peuplées d'Anglo-Saxons* : l'Australie, l'Afrique australe, le Canada. Le Royaume-Uni est le pays qui a fourni la plus abondante émigration au cours du XIX° siècle. Les États-Unis ont absorbé une grande partie de cette émigration; mais les colonies anglaises en ont absorbé plus encore. Total de l'émigration anglaise au XIX° siècle : 13 millions d'individus.

2° Certaines autres sont d'*excellents territoires d'exploitation agricole et d'alimentation* pour la Grande-Bretagne industrielle. Ils permettent aux navires anglais, qui y importent les produits industriels de l'Angleterre, d'en exporter vers ce pays leurs produits agricoles et d'avoir ainsi un frêt de retour, au lieu de revenir à vide.

3° Beaucoup de colonies anglaises, pays neufs et surtout agricoles, sont des *buts d'exportation pour l'industrie anglaise*. Certaines d'entre elles, soucieuses de se créer une industrie, n'ont pu le faire qu'avec des capitaux anglais : l'Angleterre est le banquier de ses colonies.

**4. *L'impérialisme anglais est né de la crise économique déclarée et de la crise coloniale latente*.** — Le Royaume-Uni est incontestablement une des premières puissances du monde entier : il a une des premières industries, la première marine du monde, l'empire colonial le plus étendu et de beaucoup le plus peuplé. Sa langue, répandue dans toutes les parties du monde par l'émigration, tend à devenir une langue générale et à conquérir l'univers.

Des symptômes menaçants, pourtant, apparaissent :

1° Des **puissances économiques nouvelles** sont entrées en lice : *États-Unis, Allemagne, France, Japon, Russie*. Elles menacent la supériorité industrielle et commerciale de la Grande-Bretagne, pour qui il ne saurait plus être question d'hégémonie, mais de lutte sur un terrain égal avec des adversaires égaux.

2° Le **relâchement des liens entre colonies et métropole** commence; il est presque fatal : à mesure qu'ils se sentent devenir majeurs, les pays colonisés aspirent à secouer la tutelle britannique, si légère qu'elle soit.

L'impérialisme anglo-saxon est né de la conscience de ces dangers. Pour ses théoriciens, à ce double danger le remède est double :

1° **Élargir le domaine britannique** par l'occupation de territoires nouveaux, par le rattachement plus étroit à la métropole des marchés hindous, canadiens, australiens, par la conquête des débouchés chinois et africains;

2° **Unir tous les pays de langue et de civilisation anglaise**, dans une fédération formant une « plus grande Bretagne » (*Greater Britain*). Tout l'empire britannique serait organisé en une Union douanière, où les seuls produits anglo-saxons pourraient circuler et s'échanger librement, d'où les produits étrangers seraient écartés par un tarif protecteur.

L'autonomie politique la plus large serait, par ailleurs, donnée ou continuée aux colonies : le Dominion du Canada, la Fédération australienne, l'Union sud-africaine sont, d'ailleurs, d'ores et déjà presque des états indépendants, et le besoin qu'ils ont de la protection militaire du Royaume-Uni les retient seuls en tutelle.

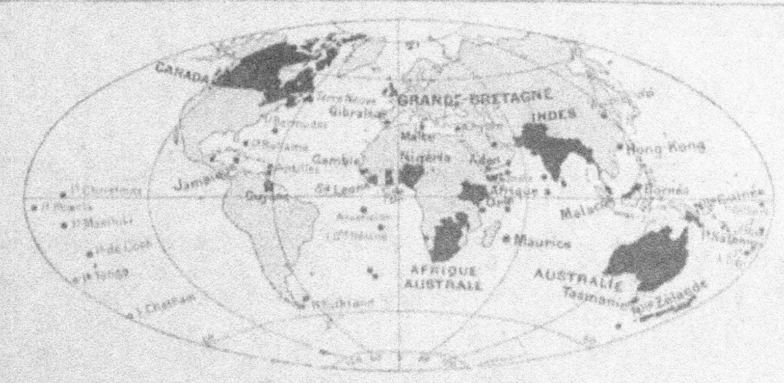


#### 1. L'EMPIRE COLONIAL BRITANNIQUE.

C'est le plus étendu de la terre dont il couvre près du quart. Il comprend : 1° quatre empires beaucoup plus vastes que l'Archipel britannique lui-même, savoir le Canada, l'Empire des Indes avec ses dépendances, l'Australie, l'Afrique australe; 2° plusieurs territoires beaucoup moins étendus, comme la Gambie, la Sierra Leone, la Nigeria et l'Afrique orientale, en Afrique; 3° des lignes de postes se succédant comme des relais le long des principales routes de circulation du globe, Gibraltar, Malte, Aden, Malacca, Hong-Kong, Ascension, Sainte-Hélène, etc. Les Anglais peuvent faire relâche dans ces postes et s'y approvisionner en tout temps, particulièrement de charbon. C'est ce qui fait leur grande puissance: ils ont ainsi des intérêts et des forces partout.

#### 2. VARIATIONS DE L'ÉMIGRATION BRITANNIQUE

L'émigration britannique (y compris l'émigration irlandaise) n'a cessé de croître depuis 1830, sauf pendant la décade de 1890 à 1900. Elle s'est élevée d'une moyenne annuelle inférieure à 300000 à une moyenne de 400000. Actuellement, elle tend à augmenter de nouveau : en 1907, on n'a pas compté moins de 634000 émigrants. C'est que les Îles Britanniques sont surpeuplées; la densité moyenne de l'archipel dépasse 132 habitants par kilomètre carré, et c'est la plus haute qui existe parmi les grands États européens.

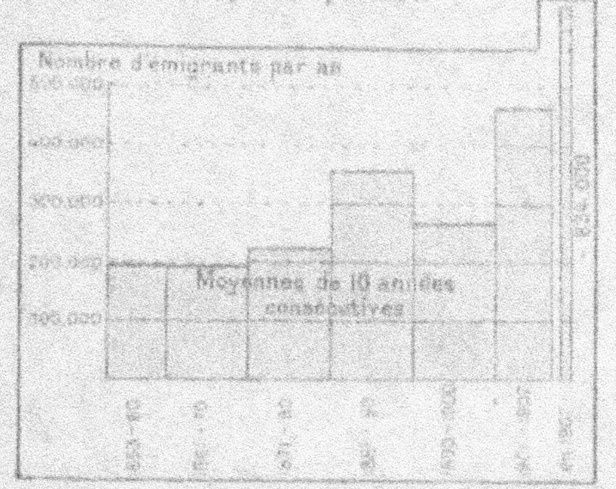


Etats-Unis ... 366.500 émigrants

Amérique du N. Britannique... 185.000

Australasie... 25.000

Afrique du Sud ....23.000

Autres pays....35.000

#### 3. OÙ VA L'ÉMIGRATION BRITANNIQUE (1907)

Plus de la moitié des émigrants se dirige vers les États-Unis, un tiers vers le Canada; le reste se partage entre l'Australasie (Australie, Nouvelle-Zélande) et l'Afrique australe (Le Cap, Transvaal).

# III. — LA PÉNINSULE SCANDINAVE

## *A.* — Dualisme physique de la péninsule scandinave.

Le sol de la péninsule scandinave comprend deux régions, qui s'opposent par le relief et la nature des côtes, le climat et l'hydrographie, les ressources maritimes, végétales et animales.

1. *Le sol de la péninsule scandinave comprend deux régions : les Alpes scandinaves et le plateau baltique.* — La péninsule scandinave (780.000 kil. carrés) est la péninsule la plus étendue de l'Europe. Elle comprend deux régions nettement opposées par le relief :

> 1° A l'Ouest, les *Alpes scandinaves*;
> 2° A l'Est, le *plateau baltique*.

1° Les **Alpes scandinaves** ont été formées, dès le début de l'ère primaire, par les plissements calédoniens, en même temps et dans le même ensemble que les monts d'Écosse, dont elles furent séparées postérieurement par l'effondrement de la mer du Nord.

Constituées de schistes et de granites, ce sont des montagnes vieilles, usées par l'érosion des eaux et des glaciers. Point de pics aigus, point de larges vallées : les sommets, dont le plus haut n'atteint que 2560 mètres, forment des plateaux dénudés, ou *kiölen*, dont plusieurs couverts de glaciers et de champs de neige, ou *fields*. Ils surplombent en abrupt la mer du Nord; au contraire, ils descendent vers l'Est par des plateaux étagés, qui se raccordent théoriquement, au delà de la Baltique, à la Finlande.

2° Le **plateau baltique**, bas et de relief monotone, a subi fortement l'empreinte d'un immense glacier, qui, à l'époque glaciaire, le recouvrit complètement. L'énorme masse de glace, analogue à celle qui recouvre à l'heure actuelle le Groenland, a, sans doute, agi sur les Alpes scandinaves; mais elle a imprimé encore plus puissamment son action sur le relief du plateau.

PÉNINSULE SCANDINAVE.

*a)* En l'usant avec énergie ;

*b)* En y creusant des vasques multiples, où se sont logés, après le retrait du glacier, une série de *lacs*, qui émaillent aujourd'hui le plateau baltique : les principaux sont les lacs *Venern*, *Vettern*, *Hielmaren*, *Malaren*;

c) En y laissant des *moraines* et des *œsar*, ou traînées de cailloux formées sous la glace, qui constituent aujourd'hui les seuls accidents dans le relief du plateau.

**2. *A ces deux régions correspondent deux systèmes de côtes*.** — Les côtes du versant occidental, qui correspondent aux Alpes scandinaves et regardent la mer du Nord, s'opposent aux côtes du versant oriental, qui correspondent au plateau et regardent la Baltique.

1° Les **côtes du versant occidental** sont très découpées, et d'une façon originale. Elles sont l'œuvre des affaissements du sol et des glaciers. Ces affaissements, dont les premiers avaient produit la mer du Nord et isolé les Alpes scandinaves des montagnes d'Écosse, se sont prolongés longtemps après l'époque glaciaire. Les parties basses des vallées, surcreusées et approfondies par les glaciers, ont été envahies par la mer. De là la côte norvégienne, sillonnée par une série de golfes profonds et étroits, qui s'enfoncent dans l'intérieur et se ramifient à l'infini; ce sont les *fjords*.

Les plus longs sont le *Nord Fjord*, le *fjord de Trondjhem*, le *fjord de Kristiania*, enfin le *Sogne Fjord*, qui n'a pas moins de 170 kilomètres de longueur.

Ces fjords sont donc d'anciennes vallées noyées : leurs très hautes berges, qui les caractérisent autant que leurs eaux profondes et leurs chenaux étroits, sont les anciennes montagnes qui les surplombaient. Le chapelet d'îles qui les bordent, et que l'on appelle le *Skiargaard*, est le témoin de l'ancienne côte avant l'envahissement par la mer.

2° Les **côtes du versant oriental** sont également l'œuvre d'un affaissement, qui a produit la Baltique, isolé le plateau suédois du plateau finlandais (un seul témoin restant de l'ancienne union, l'île de Bornholm), isolé le Jutland de la Scandinavie, fragmenté la terre intermédiaire qui substituait entre eux en une série de grandes îles, Seeland, Laaland, Falster.

Mais ici la mer n'a pas atteint la montagne et ses vallées profondes; la côte est assez découpée, par l'effet des envahissements marins; mais c'est une côte basse, bordant une mer sans profondeur.

**3. *Deux régimes de climats, deux régimes de cours d'eau*.** — L'**Ouest** a un climat rude, à cause de la latitude élevée, mais tempéré par le voisinage de l'Atlantique, égal et très humide. Le froid et l'humidité y ont déterminé de nombreuses formations glaciaires, soit *glaciers de montagnes*, soit *champs de glace*, qui, aux époques de fonte, alimentent, sur le versant atlantique, des torrents courts, à pente raide, à régime irrégulier : le principal est le *Glommen*.

L'**Est** a un climat continental, plus sec et surtout excessif (hivers très rudes). Les fleuves, assez irréguliers, plus longs que ceux de l'Ouest, coulent presque tous parallèles et sans affluents, du Nord-Ouest au Sud-Est, coupés par des lacs. Les principaux sont le *Dal Elf* et le *Gotz Elf*.

**4. *A ces deux zones correspondent deux régions où la vie humaine est possible*.** — La péninsule scandinave comprend **deux zones inhabitables** :

1° Aux hautes latitudes : la zone des *toundras* polaires, marécages glacés ;

2° Aux hautes altitudes : la zone des *fjelds*, glaciers et champs de neige, sans végétation.

Elle comprend **deux zones habitables** :

1° La région des forêts (*hêtres, bouleaux, sapins*), qui comprend la région des Alpes scandinaves, jusqu'à 700 mètres environ, et le Nord de la plaine suédoise ;

2° La région des cultures (du Sud au Nord : *blé, seigle, orge, pâturage*), qui comprend le Sud et le Centre de la plaine suédoise.

En somme, les trois cinquièmes de la péninsule sont inutilisables.

Les **richesses minérales** sont très abondantes sur le plateau baltique : *fer, cuivre, nickel*. Mais la houille manque presque absolument.

## B. — Dualisme politique et économique
## de la péninsule.

**Malgré l'unité de la race, le sol condamne la population de la péninsule scandinave au dualisme économique et politique.**

1. *Au cours de l'histoire, le régime territorial de la Scandinavie a subi de nombreuses vicissitudes.* — La Baltique est une mer peu profonde : elle est réduite, à son débouché occidental, à des détroits couverts en hiver par une banquise accessible aux piétons. Elle ne constitue donc pas une véritable séparation entre la péninsule scandinave et le Jutland. D'autre part, la péninsule scandinave n'a pas d'unité physique : il y a plus d'opposition entre ses deux versants, occidental et oriental, qu'entre son extrémité méridionale et le Danemark.

De là l'indécision des limites et des formations politiques entre le Danemark, la Suède et la Norvège. Longtemps, la Norvège et le Danemark n'ont formé qu'un seul royaume, tandis que la Suède s'étendait, d'autre part, sur les « provinces baltiques » de l'Allemagne (Mecklembourg), de la Pologne (Livonie, Courlande), de la Russie (Esthonie, Finlande). Puis, en 1814, la Norvège et la Suède, privées successivement, au cours du xviie et du xviiie siècle, de toutes leurs annexes d'outre-mer, ne formèrent qu'un seul État. Enfin, depuis 1905, elles forment deux royaumes distincts.

2. *Malgré l'unité de la race, la Scandinavie était fatalement destinée au dualisme politique et économique.* — A côté des *Lapons*, dans les régions boréales, et des *Finnois*, dans la région voisine de la Finlande, les **Scandinaves** constituent l'immense majorité de la population : 7 850 000 hab. sur 7 914 000 de population totale, soit à peine 10 au kilomètre carré. Malgré l'uniformité de leur type (haute taille, yeux bleus, cheveux blonds) et de leur religion (*luthéranisme*) (seule exception : les *Dalécarliens*, descendants d'autochtones), la disparité des régions qu'ils habitent a toujours rendu précaire leur unité politique, qui, en 1905, s'est définitivement rompue en deux États :

1° Le **royaume de Suède** (5 521 000 hab.), dont les limites

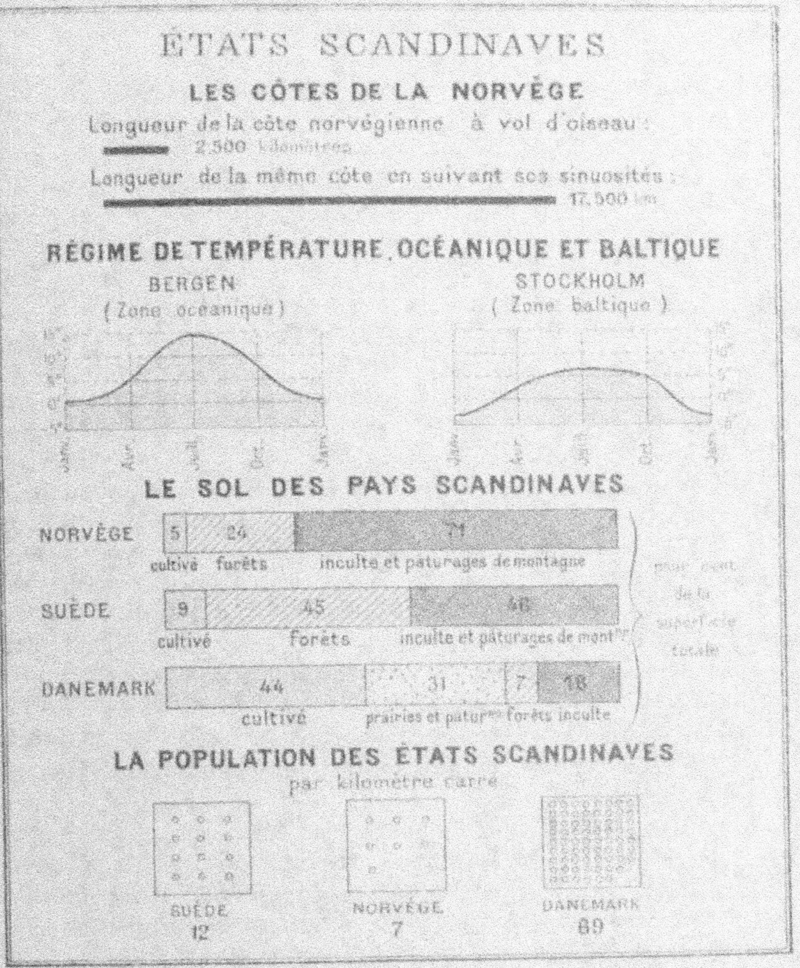

ÉTATS SCANDINAVES.

sont à peu près celles de la plaine (plus les avant-monts du versant doux oriental);

2° Le **royaume de Norvège** (2 393 000 hab.), dont les limites sont à peu près celles des Alpes (moins les avant-monts du versant doux oriental).

Ce dualisme politique est l'expression d'un dualisme économique réel, d'une profonde opposition entre les ressources, le genre de vie et les mœurs des deux peuples.

**3.** ***La vie en Norvège résulte de la connexion intime de la mer et du sol***. — Par les fjords, la mer pénètre profondément la Norvège. Elle influe sur la vie des habitants :

1° **Par le climat**. — Ce climat est plus maritime que celui de la Suède, plus humide, mais plus doux. La limite septentrionale des cultures de céréales, orge, avoine, monte plus au Nord qu'en Suède. Mais, la Norvège étant toute en montagne, ces cultures ne sont possibles que dans les fonds des vallées.

Sur les pentes des montagnes, au-dessous des *fields* et des *kiölen*, l'humidité du climat détermine de belles **forêts** (*hêtres*, *bouleaux* et surtout *sapins*). Les Kiölen ne comportent que des pâturages d'été, analogues aux alpages de nos montagnes. Aussi la principale ressource végétale des Norvégiens est-elle, avec l'exploitation des bois, l'**élevage** et les *industries laitières* (beurre);

2° **Par le poisson**. — Les mers du Nord sont très poissonneuses (*morues*, *harengs*, etc.). Les bancs de poissons sont amenés dans les eaux norvégiennes par les courants qui sillonnent la côte. Ils remontent des profondeurs vers la surface au voisinage de la côte, dont la bordure extérieure est plate, et ils s'égarent dans les profondeurs des fjords et des détroits de Skiargaard. Aussi la **pêche** en est-elle facile. La Norvège possède 150000 pêcheurs. L'*industrie des salaisons* est la plus prospère de la Norvège.

L'élevage, les forêts et la pêche sont les principaux aliments du commerce norvégien, dont les exportations portent surtout sur les *bois*, le *goudron*, les *salaisons* et les *produits laitiers*. C'est là ce qui fait, si près du cercle polaire, la prospérité relative des Norvégiens. Mais cette prospérité, et la densité de population qui en résulte, se limitent tout près de la côte; en arrière, la montagne devient très rapidement déserte.

La **population** vit groupée au fond de ses fjords. Disséminée ainsi par la nature, elle est particularisée et éprise de liberté, formant autant de petites communautés, où ont fleuri de bonne heure les mœurs démocratiques. Quelques villes seulement, et peu importantes : **Kristiania** (243000 hab.), la capitale; *Bergen*, *Trondjhem*, *Hammerfest*.

**4. *La Suède est au contraire de vie plutôt continentale*.** — La Suède est beaucoup plus continentale que la Norvège :

1° **Par le climat**. — Les influences maritimes s'exercent ici avec une moindre énergie et seulement sur la côte. L'humidité est moins abondante, la température plus excessive : étés plus chauds, hivers beaucoup plus froids ;

2° **Par le sol**. — Sur le plateau, le grand glacier de jadis a étalé, avant de se retirer, des couches d'argiles glaciaires relativement fertiles, où prospèrent les céréales (*orge, avoine, blé*) et de grasses *prairies*, les premières plus abondantes au Sud, les secondes au Centre. Seul, le Nord est stérile et glacé. D'autre part, ce sol possède deux matières premières pour l'industrie : le bois et le minerai ;

3° **Par la côte même**. — Cette côte est plus plate, moins hospitalière que la côte norvégienne, et la mer Baltique est moins poissonneuse que la mer du Nord.

Aussi les sources de la vie suédoise sont-elles essentiellement, non point la pêche, mais le **bois**, le **fer** et l'**agriculture**. Pour les produits alimentaires, la Suède se suffit presque à elle-même, et elle exporte en abondance des *produits laitiers* ; elle exporte en plus grande quantité encore, des *matières premières* utiles à l'industrie, le fer et le bois.

La **population**, uniquement groupée dans le Centre et le Sud, est relativement riche. A sa tête, se tiennent de gros propriétaires terriens ; de là le caractère aristocratique de la société, (caractère commun à tant de pays où dominent les gros propriétaires ruraux), la division en classes hiérarchisées, plus sensible encore dans les mœurs que dans la vie politique.

Les villes sont assez nombreuses : **Stockholm** (342 000 hab.) est une très grande ville, la Venise du Nord, bâtie sur sept îles, au débouché de la route qui, par les lacs, mène au Kattegat et à la mer du Nord ; *Göteborg, Malmö, Norrköping.*

La Suède, pas plus que la Norvège, ne semble devoir jamais devenir un pays très important, ni sur le terrain politique, ni dans le domaine économique. Elle est trop excentrique et trop froide. Si parfois, comme au XVII° siècle, elle a pu se mêler aux grandes affaires européennes, ses succès n'ont jamais été que passagers.

1. LE FOLGEFON. — 2. FOND DU FJORD D'HELLESYLT.

La Scandinavie est formée de roches très anciennes qui ont subi des érosions prolongées ; les saillies ont été progressivement nivelées, et les anciens soulèvements, qui furent jadis considérables, se présentent aujourd'hui sous la forme de vastes plateaux sans saillies très proéminentes. Si les Alpes scandinaves portent des neiges persistantes et des glaciers, ce n'est pas à cause de leur altitude, c'est à cause de la rigueur du climat à ces latitudes élevées. Les fjords, on l'a vu, sont des espèces de bras marins qui découpent le versant occidental des Alpes scandinaves.

3. LE NÉRODAL.

4. LA VALLÉE DE STALHEIM.

Phot. de M. de Walcke.

Vallées de la Norvège méridionale. Étroites et encaissées, sortes de longs et profonds couloirs, elles sont très pittoresques, et de nombreux étrangers les visitent chaque année ; la vallée de Stalheim a été visitée maintes fois par l'empereur d'Allemagne, Guillaume II. Ces vallées sont trop peu larges pour que la vie puisse s'y développer beaucoup, et, sauf dans quelques parties élargies ou voisines de la mer, elles ne comptent presque pas d'habitants.

5. LES BORDS DU RASENFJORD. — 6. CAMPEMENT DE BÛCHERONS EN NORVÈGE.

On a vu plus haut (p. 17) l'aspect d'ensemble présenté par un fjord. Ces enfoncements étroits et allongés forment la partie vivante du pays, et la population norvégienne vit concentrée sur leurs bords. Outre la ressource de la pêche, on y trouve un climat plus doux, des prairies, quelques champs ; la pêche, l'élevage et les industries laitières qui en dérivent, forment, avec l'exploitation des forêts, les ressources principales des Norvégiens.

7. UNE KARRIOLE.

La Norvège est presque entièrement couverte par la masse des Alpes Scandinaves. Leur relief abrupt y rend les communications assez difficiles.

Les voies ferrées sont encore peu nombreuses à travers le pays; on y circule surtout en karriole. La karriole est la voiture nationale des Norvégiens; c'est un véhicule assez primitif et modérément confortable, sorte de fauteuil primitif juché sur une paire de roues gigantesques.

9. LE SOLEIL DE MINUIT.

De plus en plus nombreux sont les touristes qui vont chaque année dans la Norvège septentrionale, à la fin du mois de juin, contempler un spectacle visible au delà du cercle polaire : celui du Soleil de minuit. La photographie ci-dessus a été prise à minuit près du cap Nord. Le soleil brille encore au-dessus de l'horizon; au lieu de « se coucher », il va remonter dans le ciel, et le jour suivant succédera à celui de la veille sans que le soleil ait un seul instant disparu derrière l'horizon. Aux abords même du pôle, le soleil reste ainsi pendant plusieurs mois consécutifs au-dessus de l'horizon pendant l'été; par contre, pendant l'hiver, il reste plusieurs mois consécutifs au-dessous de l'horizon, et la région polaire se trouve alors plongée dans une longue nuit.

9. BERGEN. — 10. HAMMERFEST.

Bergen est, après la capitale Kristiania, la ville la plus peuplée de la Norvège ; Hammerfest en est la plus septentrionale. L'une et l'autre, comme du reste toutes les villes norvégiennes importantes, sont des ports et sont situées sur un fjord. Les villes norvégiennes sont des ports, ports d'exportation pour le bois (bois du Nord), ports de pêche car le poisson abonde dans les mers septentrionales (morues, harengs). Elles sont situées sur des fjords, parce que les fjords forment les parties les plus abritées et les plus sûres de la côte. Les villes norvégiennes sont construites en bois, ce qui est naturel en ce pays de forêts, et la plupart des incendies deviennent de véritables fléaux qui en détruisent des quartiers entiers. En prévision d'un incendie possible, il y a devant chaque maison une grande cuve toujours pleine d'eau.

1. LACS DE MOSKUJARV. — 2. RAPIDES PRÈS DE JOCKMOCK.

*L'action glaciaire a donné naissance aux fjords en Norvège. En Suède, elle a surcreusé et approfondi certaines vallées, y laissant en certains points des barrages rocheux. Ces vallées, encombrées de rochers qui arrêtent les eaux, sont occupées par des lacs et par des rivières à cascades. Dans la Suède septentrionale, ces lacs et ces rivières, qui abondent en poissons (saumons) et ont leurs bords couverts de vastes forêts, concentrent sur leurs rives la majeure partie de la population, comme font les fjords du versant norvégien des Alpes scandinaves. Les rivières sont ici les seules voies de communication.*

3. MINE DE FER A GELLIVARA. — 4. MINE DE CUIVRE A FALUN.

La péninsule scandinave est très riche en minerais. A Gellivara, dans l'extrême nord de la péninsule, des minerais de fer très phosphorescent forment des montagnes entières qu'on enlève par d'immenses excavations à ciel ouvert et des tranchées disséminées dans tout le pays. La Suède est le seul pays d'Europe où se trouvent ces masses de fer magnétique représentant pour elle une grosse richesse. Autour de ces mines, pour loger leurs 1600 ouvriers et leurs familles, a poussé une originale petite ville de près de 6000 habitants qu'on a nommée Malmberget (la montagne de minerais). Falun, qui est situé beaucoup plus au sud, est célèbre par ses mines de cuivre qui donnent un métal presque pur très recherché.

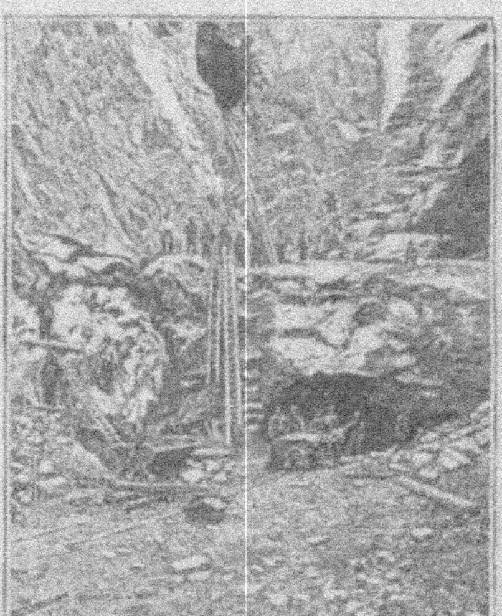

Malgré ces richesses minières très appréciables, la Suède, qui manque de houille, est restée jusqu'à nos jours un pays industriel faiblement important. Les chutes d'eau très nombreuses, que forment ses rivières, lui fournissent, par contre, une force motrice considérable; l'utilisation de la houille blanche peut lui permettre de réaliser dans l'industrie des progrès énormes. A cet égard, il n'est pas beaucoup de pays qui soient mieux doués en Europe.

5. LULÉA.

Luléa, au fond du golfe de Botnie et à l'embouchure de la rivière Luléa, est le principal port de la Suède septentrionale : c'est par lui que s'exportent les minerais de Gellivara à destination des hauts fourneaux d'Allemagne ou d'Angleterre qui les fondent.

6. STOCKHOLM.

Stockholm, capitale de la Suède, a été surnommée la Venise du Nord. Elle est bâtie sur sept îles situées à l'entrée du golfe ou lac Mälaren.

7. HUTTES DE LAPONS.

Le nord de la péninsule scandinave forme la Laponie; il est habité exclusivement par les Lapons (du reste peu nombreux, 50000 environ), population de race jaune, petite, nomade, vivant assez misérablement dans des huttes ou dans des cabanes de bois qu'ils déplacent suivant la saison. Ils sont à peu près complètement indépendants dans leurs solitudes glacées.

8. TROUPEAU DE RENNES.

Les Lapons ne connaissent pas la culture; ils vivent principalement de l'élevage du renne qui leur donne du lait et leur sert d'animal de trait.

# IV. — LE DANEMARK

**Le Danemark doit à la Baltique et à la mer du Nord son sol, son climat et ses trois principales ressources : l'élevage, la pêche et le commerce.**

**1. *Les territoires qui composent le Danemark sont des témoins de l'état de choses préexistant à l'affaissement de la Baltique*.** — La mer Baltique est de formation récente. Les territoires qui en occupaient l'emplacement à la

DANEMARK.

fin de l'ère tertiaire ont subi l'action érosive du grand glacier scandinave, comme la Suède (ci-dessus, p. 72) et l'Allemagne du Nord (ci-dessous, p. 125). Or, après l'affaissement qui a produit la mer Baltique, les seuls témoins de ces territoires sont la *péninsule du Jutland*, les *îles danoises* et la *Scanie*, c'est-à-dire exactement le territoire du royaume de Danemark, si l'on excepte la Scanie, rattachée à la péninsule scandinave, mais identique par le sol et le relief à l'île de Bornholm, sa voisine.

**2. *Presqu'île et archipel, tout le Danemark est un***

**pays de plaines, œuvre de la Baltique et des glaciers.**
— Le royaume de Danemark a un territoire de 38 000 kilomètres
carrés de superficie. Il comprend :

1° Une péninsule continentale, le **Jutland** (sauf, au Sud, le
*Slesvig* et le *Holstein*, qui font partie de l'Empire allemand);

2° **Un archipel**, dont les îles principales sont *Seeland,
Fionie, Laaland, Bornholm*, séparées de Jutland et de la
Scandinavie par les cinq détroits baltiques : le *Sund*, le *Grand
Belt*, le *Petit Belt*, le *Skagerrak* et le *Kattegat*.

Dans les îles comme dans le Jutland, le relief est plat, usé
par les anciens glaciers, où les seules collines (max. : 170 mètres)
sont d'*anciennes moraines*.

La **nature du sol** diffère dans la partie orientale et dans la
partie occidentale.

*A l'Est*, les îles et la partie orientale du Jutland, situées
sur le point où jadis s'étendait la partie centrale du grand
glacier scandinave, sont recouvertes d'une argile glaciaire
fertile, propre aux cultures et encore plus aux pâturages
d'herbe riche, bonne pour les bêtes à cornes. Or, cela
représente près de la moitié de la superficie du royaume.

*A l'Ouest*, l'intérieur du Jutland est, au contraire, constitué par
des sables et des graviers apportés jadis par les eaux de fonte
du grand glacier; ils sont infertiles et couverts de landes
propres seulement à l'élevage du mouton. La côte occidentale
est sableuse et marécageuse; c'est la suite naturelle de la côte
frisonne, aussi peu hospitalière, aussi aride.

Le **climat** est relativement maritime, humide, assez doux : la
température moyenne des hivers est à peine inférieure à celle
du Nord de la France; celle des étés se tient aux environs de
15 degrés. Les pluies sont très fréquentes, mais fines et relativement peu abondantes; la partie orientale du Jutland, la
plus continentale, ne reçoit pas 50 centimètres de pluie
par an.


**5. Le Danemark doit à son climat maritime d'être
la terre d'élection de l'élevage.** — Le Danemark a une
grande prospérité agricole. Il la doit :

1° A *son climat*, assez doux, moyennement humide;

2° A *son sol*, riche surtout dans la zone orientale;

3° A *l'énergie de ses habitants*. Grâce à leur travail, il n'y a
pas d'année où ils ne gagnent, par drainage, défrichement et

amendement, une portion de sol cultivable sur les landes et les marais.

Aussi le peuple danois compte-t-il un grand nombre de riches cultivateurs. À côté des champs d'*avoine* et d'*orge*, des *vergers* qui rappellent la Hollande, ce sont les **prairies** qui occupent, de beaucoup, la partie la plus importante des terres en cultures. Le Danemark est un des premiers pays d'Europe pour l'élevage des *chevaux*, des *bœufs* et des *vaches laitières*; c'est lui qui possède le nombre proportionnel le plus fort de bêtes à cornes (70 pour 100 habitants; Suisse, 42; Pays-Bas, 38).

Agriculture et élevage ont eu comme conséquences la naissance et le développement de certaines industries agricoles, comme les *distilleries*, les *sucreries*, mais surtout des **industries laitières** : *beurre, lait condensé*, etc.

Des *forêts* sont assez bien exploitées dans la portion orientale.

**4. *Le Danemark doit à la mer ses deux autres ressources : la pêche et le commerce*.** — Le Danemark doit à ses côtes étendues, sur des *mers poissonneuses* et *très fréquentées*, ses deux autres ressources :

1° La **pêche**. — C'est même dans le but de rechercher d'autres pêcheries que les Danois ont colonisé le *Groenland*, les îles *Fär-Öer* et l'*Islande*, île volcanique, immense, mais aride et désolée, dont la population vit surtout de la *pêche de la morue*;

2° Le **commerce**. — Le Danemark exporte en grande quantité des produits alimentaires et surtout du *beurre*, en Grande-Bretagne et en Allemagne; il importe surtout, des mêmes pays, des *produits miniers* et *manufacturés*. La valeur de son trafic est presque égale à celui de la Suède, le double de celui de la Norvège.

**5. *Le Danemark est un petit pays très prospère*.** — Le royaume constitutionnel de Danemark forme un État assez prospère et très civilisé (grand développement de l'instruction publique). Il a 2 757 000 hab., soit 69 par kilomètre carré.

Les îles sont plus peuplées que la péninsule. V. p. : **Copenhague** (462 000 hab.), un des grands ports de l'Europe, dans Seeland; *Odensee*, dans l'île de Fionie; *Aarhus*, dans le Jutland.

Son **empire colonial** (*Islande, îles Fär-Öer, Groenland*), de situation très arctique, ne lui sert que de stations de pêche.

**6. *Le Danemark trouve sa sécurité et sa prospérité dans sa faiblesse même et dans l'importance de sa situation sur la Baltique*.** — Le Danemark fut, au Moyen Age, le premier des États scandinaves : son territoire s'étendit sur la péninsule scandinave par la Norvège et la Suède méridionale, sur l'Allemagne par le Sleswig et le Holstein. Il a successivement perdu tous ces territoires dans les temps modernes.

Pourtant, le Danemark est, on l'a vu, très prospère. D'autre part, son indépendance, malgré le voisinage de la grande Allemagne, semble garantie. Or, c'est dans la même circonstance qu'il trouve la principale source de sa prospérité et la meilleure garantie de son indépendance : c'est dans sa **situation sur les détroits**. Ceux-ci font, en effet, du Danemark :

1° Le **courtier de la Baltique en temps de paix**. — La route des détroits a longtemps été le seul débouché possible, elle est encore aujourd'hui le meilleur débouché de la Baltique sur la mer du Nord.

La route la plus fréquentée des navires passe par le *Skagerrak* et le *Kattegat*, puis par le *Sund* ; en effet, le *Petit Belt* manque de profondeur, et le *Grand Belt* est encombré d'écueils ; au contraire, le Sund est partout large de plus de 4 kilomètres et profond de plus de 10 mètres. Il a donc assez de profondeur pour permettre le passage des grands steamers, et, d'autre part, la proximité de la côte scandinave a permis d'établir un système de bacs à vapeur, ou *ferry-boats*, transbordant les trains entre la côte scandinave et la côte danoise. De là est née la prospérité du port de Copenhague.

2° **Le portier de la Baltique en cas de conflit**. — Gardien impuissant de l'entrée de la Baltique, le Danemark serait bien incapable de lutter contre ses grands voisins, si sa faiblesse même et l'importance des détroits n'obligeaient la Russie, l'Allemagne et l'Angleterre à tout faire pour qu'aucune d'entre elles ne confisque le Sund aux dépens des autres. C'est, d'ailleurs, pour n'être point dans l'obligation de franchir le Sund, de doubler le Jutland et d'entrer dans la Baltique par une porte danoise, que l'Allemagne a fait creuser *de Kiel à l'Elbe* un *canal maritime* de grande communication, aux doubles fins, stratégiques et commerciales.

1. LE HIMMELSBERG.

Le *Himmelsberg*, ou montagne du Ciel, a 150 mètres d'altitude ; il est situé dans la péninsule du Jutland, qui jadis appartint toute au Danemark et qui est encore danoise dans sa partie septentrionale. Le *Himmelsberg* est un des points culminants du Danemark ; on devine par là que c'est un pays peu accidenté.

2. PAYSAGE DU JUTLAND SEPTENTRIONAL.

La partie danoise du Jutland est composée de grandes plaines en majeure partie formées de sables et de dépôts glaciaires. Peu d'ondulations ; l'aspect est celui de vastes plaines presque horizontales. Des prairies plates, des mares nombreuses donnent au pays un caractère tranquille mais monotone. C'est la partie la moins riche et la moins peuplée de tout le Danemark.

3. LE PETIT BELT.
4. LE LAC DE GURRE, PRÈS D'ELSENEUR.
5. VACHE DANOISE.

Entouré par la mer, l'archipel danois a un climat humide et tempéré qui fait prédominer, comme forme végétale, la prairie. Le Danemark est un pays frais et vert. L'élevage y est remarquablement développé, surtout l'élevage des bêtes à cornes, qui a donné naissance à une industrie laitière extrêmement prospère; le Danemark est un des pays qui approvisionnent le marché anglais de beurre et de lait condensé.

6. CATHÉDRALE DE ROESKILDE.

Roeskilde, dans l'île de Fionie, est l'ancienne capitale du Danemark. Sa cathédrale sert de sépulture aux membres de la famille royale.

7. COPENHAGUE.

Copenhague doit sa fortune
à sa situation sur le Sund,
porte d'entrée de la Baltique et lieu de passage important. Son nom signifie
« le havre des marchands »; c'est un port extrêmement actif. Copenhague renferme presque le cinquième de la population totale du Danemark.

# V. — LES PAYS-BAS

**Le royaume des Pays-Bas doit à la mer, à ses fleuves et au travail acharné de l'homme, ses ressources agricoles, sa prospérité commerciale et son empire colonial.**

1. *Le sol des Pays-Bas est de formation très récente.* — Les **Pays-Bas**, **Hollande** ou **Néerlande**, ont une superficie de 33 000 kilomètres carrés. Ils forment une basse plaine, dont certaines parties sont au-dessous du niveau de la mer du Nord.

A la différence de la plupart des terres continentales, les grandes lignes de la constitution géologique des Pays-Bas ne datent pas toutes de la préhistoire : la plupart sont contemporaines de l'existence de l'homme, et l'homme lui-même, jusque dans les temps modernes, y a collaboré.

2. *Le sol des Pays-Bas est, dans ses grands traits, l'œuvre des eaux, marines et terrestres.* — Le sol bas et plat de ce pays est de constitution très récente. Il résulte de la lutte de ces trois éléments : la terre, la mer et les fleuves :

1° La **terre**, extrémité de la *grande plaine européenne*, de relief nul, est constituée surtout par des argiles et des sables meubles, facilement attaquables par l'érosion; jadis plus élevée, elle s'affaisse lentement depuis des siècles;

2° La **mer**, c'est-à-dire la *mer du Nord*, mer à fond plat, mais très agitée, avec des *marées* très fortes, des *courants* nombreux, est capable d'exercer une action puissante sur un littoral peu résistant;

3° Les **fleuves**, c'est-à-dire la *Meuse* et surtout le *Rhin*, fleuves au débit puissant, roulent dans leurs eaux d'énormes quantités d'alluvions, capables tout ensemble de se tailler de larges vallées et de les combler de leurs apports.

C'est la lutte de ces trois forces de la nature qui a constitué le sol des Pays-Bas :

1° **Lutte de la mer et de la terre**. — Lorsque la côte était plus élevée, la mer a édifié contre elle des cordons littoraux épais et continus. Puis, quand le sol intérieur s'est affaissé jusqu'à arriver au niveau de la mer, celle-ci, devenant plus agressive, a brisé ses cordons littoraux et les a fragmentés en

Massif hercynien
Bassins houillers
Plateaux limoneux
Geest; terre sableuse, infertile
Geest amendée et fertilisée
Plaine maritime et marschen
MER DU NORD
ILES FRISONNES
Dunes
GRONINGUE
FRISE
DRENTHE
Zuiderzée
HOLLANDE
AMSTERDAM
OVER YSSEL
GUELDRE
UTRECHT
ROTTERDAM
Rhin
ZELANDE
Dunes
CAMPINE
Meuse
ANVERS
FLANDRE
WAES
Escaut
Lys
BRUXELLES
HAINAUT
BRABANT
HESBAYE
BORINAGE
ARDENNE
Sambre
Moselle
Oise
Aisne
Meuse
Ch. B.
PAYS-BAS ET BELGIQUE

îles qui bordent le continent : *Archipel de la Zeelande, Iles Frisonnes*. Elle a envahi une partie du sol continental, y transformant en golfes d'anciens lacs : par exemple, le *Zuyderzee*.

2° **Lutte des fleuves et de la terre**. — A l'époque glaciaire, le territoire actuel de la Hollande se trouvait en bordure du grand glacier qui s'étendait de la Scandinavie à l'Allemagne du Nord (p. 72) : les eaux de fonte du glacier, et en particulier la rivière qui se trouvait sur l'emplacement du Rhin actuel, couvrirent ce territoire des débris provenant de l'action érosive du glacier, cailloux, graviers et sables. De là une zone de terres sableuses et infertiles, que l'on appelle la *Geest*.

Postérieurement, après la fonte des grands glaciers, des fleuves se formèrent sur le sol hollandais, et particulièrement les multiples bras du *Rhin inférieur*, qui, divaguant dans la plaine, ont creusé de larges vallées, puis y ont étalé des alluvions épaisses, plus grasses et plus fertiles que les graviers glaciaires. Ces bonnes terres portent dans le pays le nom de *Marschen*.

**5. *Le sol des Pays-Bas est, dans ses détails, l'œuvre de l'homme*.** — L'homme, depuis vingt siècles, est intervenu dans cette lutte indécise entre la terre, les eaux marines et les eaux douces. Une race d'hommes, en particulier, les *Flamands*, venus du Nord jusqu'à la France le long de la côte, semble s'être consacrée à l'appropriation de ces terres amphibies. Leur œuvre, qui se poursuit continûment depuis le Moyen Age en Flandre, en Hollande, en Frise, est triple :

1° **Lutte contre la mer** : édification de *digues* marines, consolidation des *dunes* naturelles, union de ces dunes entre elles par des digues partielles, pour prévenir à jamais l'invasion de la mer. L'embouchure des fleuves eux-mêmes a été fermée par de puissantes *écluses*;

2° **Lutte contre les fleuves** : édification de *digues* parallèles aux fleuves, pour combattre éventuellement leurs inondations et surtout les invasions de la mer par voie fluviale; *dragage* des chenaux navigables; tracé de *canaux* unissant les rivières entre elles;

3° **Lutte contre le sol** : assèchement des parties détrempées du sol; transformation des anciens golfes en *polders*, ou plaines asséchées et solidifiées, propres à l'élevage; utilisation des bonnes terres constituées par des alluvions fertiles des fleuves (régions de *Marschen*); défrichement et amendement des mauvaises terres, landes constituées par les sables marins ou les graviers d'origine glaciaire (régions de *Geest*).

La vie des populations flamandes réside tout entière dans cette œuvre alternée : lutte contre l'eau, utilisation de l'eau.

**4. L'humidité, tel est le caractère essentiel du climat, comme du sol des Pays-Bas.** — De faible étendue, de relief uniforme, partout également exposés à l'influence de la mer, les Pays-Bas ont, dans toutes leurs parties, un climat à peu près identique. Le trait essentiel de ce climat est l'**humidité** : elle tient au voisinage de la mer et à la prédominance des vents d'Ouest.

La **quantité de pluies** qui tombent annuellement est moyenne : elle ne dépasse guère 70 centimètres par an (autant qu'à Paris). Mais il pleut plus de 200 jours par an. Et la nébulosité est presque constante : il n'y a pas 50 jours par an sans brume.

Le **régime de la température** est assez rigoureux : l'influence des courants tièdes de l'Océan est partiellement arrêtée par l'écran des Iles Britanniques. Les hivers sont rudes : golfes, rivières et canaux gèlent chaque année.

**5. Les Pays-Bas n'ont d'autres aptitudes naturelles que la pêche et l'agriculture.** — Le sol des Pays-Bas est absolument dénué de ressources minières.

Situé au bord d'une mer très poissonneuse, la **pêche** est une de ses grandes ressources : *harengs, morues, anchois*. D'Amsterdam, la grande pêche, par grands voiliers et aujourd'hui par vapeurs, est organisée dans toute la Mer du Nord et vers l'Islande.

L'**agriculture** est beaucoup moins prospère sur la Geest sableuse de l'Est (provinces de la *Drenthe*, de l'*Over-Yssel*, de la *Gueldre*, de la *Campine*), occupée surtout par des landes et des pâturages maigres, que sur les Marschen de l'Ouest (provinces de la *Frise*, de *Groningue*, de la *Hollande*, de la *Zeelande*, d'*Utrecht*).

Le climat, doux et très humide, y favorise moins les cultures proprement dites (*blé, orge, betterave, tabac, lin*) que l'**élevage des moutons** et surtout des **bêtes à cornes** et les industries laitières qui en dérivent (*beurres* et *fromages*).

L'**industrie** comprend uniquement des industries agricoles : *industries textiles* (*velours d'Utrecht, toiles de Hollande*) aujour d'hui en recul, concurrencées par celles des grands pays industriels voisins; *industries alimentaires*, par importation de denrées coloniales : *liqueurs*, *chocolat*, etc.

**6. Les Pays-Bas sont avant tout une puissance commerçante.** — Trop riche en produits de l'élevage et de la pêche, trop pauvre en céréales et en produits manufacturés, ayant la plus florissante de ses industries alimentée par des matières de provenance lointaine, pénétré de toutes parts par la mer, servant enfin, grâce au Rhin, de voie d'écoulement pour une partie des produits de l'Allemagne industrielle, — le *Royaume constitutionnel des Pays-Bas* est devenu nécessairement et facilement un grand État commerçant.

Le **commerce intérieur** se fait surtout par *voies navigables* : les Pays-Bas en ont 5200 kilomètres; les *voies ferrées*, moins abondantes, servent surtout au transit international.

Le **commerce extérieur** se fait par *Amsterdam*, en déclin, et *Rotterdam*, en grand progrès, port de transit, par le Rhin, vers l'Allemagne du Sud, port de transit vers Hambourg et vers l'Allemagne du Nord.

**7. Le Rhin joue, dans le commerce moderne de la Hollande, un rôle prépondérant.** — Le Rhin inférieur a joué dans la constitution du sol hollandais, et en particulier du sol fertile (*Marschen*), un rôle prépondérant. Pourtant, isolé aujourd'hui du pays par des digues parallèles à son cours, qui garantissent le pays contre les inondations, on a pu dire qu'il traverse « en étranger » ce pays, qui est en partie son œuvre. Mais c'est le Rhin qui fait la prospérité commerciale de la Hollande moderne.

1° **Depuis le XVII° siècle**, la Hollande a été, grâce à ses nombreuses voies navigables, le grand marché d'introduction dans toute l'Europe des épices qui venaient des régions tropicales, ou, comme on disait, des « Indes ». De là la prospérité des vieilles villes hollandaises, et particulièrement d'*Amsterdam*, unie à la mer par un grand canal;

2° **De nos jours**, grâce aux travaux de l'homme, la navigabilité du Rhin inférieur s'améliorant, le grand port du Rhin inférieur, *Rotterdam*, s'est développé aux dépens d'Amsterdam, dont le canal, malgré des améliorations considérables, ne répond plus complètement aux exigences du grand trafic moderne.

De plus, cette grande voie navigable a pris une importance nouvelle depuis le développement formidable de l'industrie dans la *région rhénane de l'Allemagne* (p. 149). Dès lors, le Rhin est devenu une grande voie de transit pour les matières premières importables vers les pays rhénans et pour les produits industriels exportés. Grâce au Rhin, la Hollande n'est plus seulement un marché d'épices; *elle est le grand débouché de l'Allemagne industrielle de l'Ouest sur le monde.*

**8. Les Pays-Bas ont une population dense et surtout urbaine**. — Malgré la pauvreté des régions de Geest de l'Est, les Pays-Bas ont la densité de population la plus forte des pays d'Europe, après la Belgique : 5 825 000 habitants, soit *176 au kilomètre carré*.

Cette population est surtout agglomérée dans des villes nombreuses et généralement d'importance moyenne. Les Pays-Bas n'ont que trois très grandes villes dans la région de l'Ouest : **Amsterdam** (565 000 hab.), **Rotterdam** (411 000 hab.), les deux grands ports, et **La Haye** (259 000 hab.), la capitale politique. Autres villes importantes : *Utrecht, Haarlem, Leyde, Nimègue, Arnheim, Groningue.*

**9. Le royaume des Pays-Bas est la troisième puissance coloniale du monde**. — Le commerce du royaume a pour base d'alimentation son empire colonial. Beaucoup moins étendu qu'au xviiᵉ siècle, il a encore 2 100 000 kilomètres carrés de superficie et 59 millions d'habitants. C'est l'empire colonial le plus important, après ceux du Royaume-Uni et de la France.

Il comprend les *Indes Occidentales* (Guyane hollandaise, Gouvernement de Curaçao), une portion de la *Nouvelle-Guinée*, et surtout les **Indes Néerlandaises**, grand archipel de l'Océan Indien.

De cet archipel, l'**île de Java** est la plus peuplée (50 millions d'hab., 325 *au kilom. carré*) et la seule mise en culture. Sous la domination de 80 000 Européens, les indigènes, Indonésiens et Malais, cultivent les **denrées coloniales** (*cacao, café, thé, épices, coton, caoutchouc*), dont l'importation et la manipulation sont le principal élément de richesse des Pays-Bas.

1. LES PARTIES DES PAYS-BAS QUE MENACE LA MER.

Une partie du royaume des Pays-Bas vit sous la menace constante de l'invasion des flots : elle comprend dans la carte ci-dessus, toute la partie qui est couverte de grisé, notamment la province de Zeelande (ou pays de la mer) et la province de Hollande (ou terre creuse).

A vrai dire, il n'est pas tout à fait exact de répéter que ces provinces sont au-dessous du niveau de la mer ; elles sont au-dessus du niveau de la basse mer et au-dessous seulement du niveau des hautes marées qui les envahiraient si l'homme n'avait pris garde de se défendre contre elles en les ceignant d'une ligne ininterrompue de digues. Les habitants des Pays-Bas vivent ainsi perpétuellement sur le pied de guerre avec la mer, et c'est grâce à une inlassable énergie qui leur fait honneur qu'ils ont réussi, non seulement à mettre leur pays en sûreté, mais encore à en faire un des États les plus peuplés et les plus prospères de l'Europe entière.

Photographies Hamon.

2. UNE DIGUE LE LONG DE LA MER A WESTKAPELLE.
3. DIGUE LE LONG D'UN FLEUVE.

Pour empêcher les flots des hautes mers, ou des mers soulevées par la tempête, d'envahir leur sol, les habitants des Pays-Bas ont dû 1° construire le long de la mer un rempart continu de pieux et de digues (en fascinage, en bois, en pierres, en terre) hautes parfois d'une douzaine de mètres ; 2° construire des digues semblables le long des fleuves et de tous les cours d'eau pour les empêcher de se répandre sur tout le pays ; 3° barrer les embouchures des fleuves dans la mer par de grandes écluses, qu'on ouvre à marée basse pour laisser les eaux fluviales s'écouler, et qu'on ferme à marée haute pour empêcher les eaux marines de tourner par les fleuves les digues littorales. — On a déjà vu plus haut (p. 18, dunes de Zouteland) l'aspect des digues naturelles que forment sur certains points les sables accumulés en dunes sur le rivage.

Phot. Braun Clément et Cie

4. LA MER DE HAARLEM AU XVII° SIÈCLE. — 5. CHAMP DE TULIPES A HAARLEM.

La vue d'en haut est une photographie d'un tableau d'un peintre hollandais du XVII° siècle, Van Goyen; elle représente l'aspect qu'avaient alors les environs de la ville de Haarlem, à l'Ouest d'Amsterdam; une mer d'une superficie de plusieurs milliers d'hectares les recouvrait. De grands travaux ont permis, vers le milieu du dernier siècle, d'assécher complètement la mer de Haarlem. A sa place s'étendent aujourd'hui des polders, riches pâturages, jardins maraîchers, champs de fleurs (tulipes, narcisses).

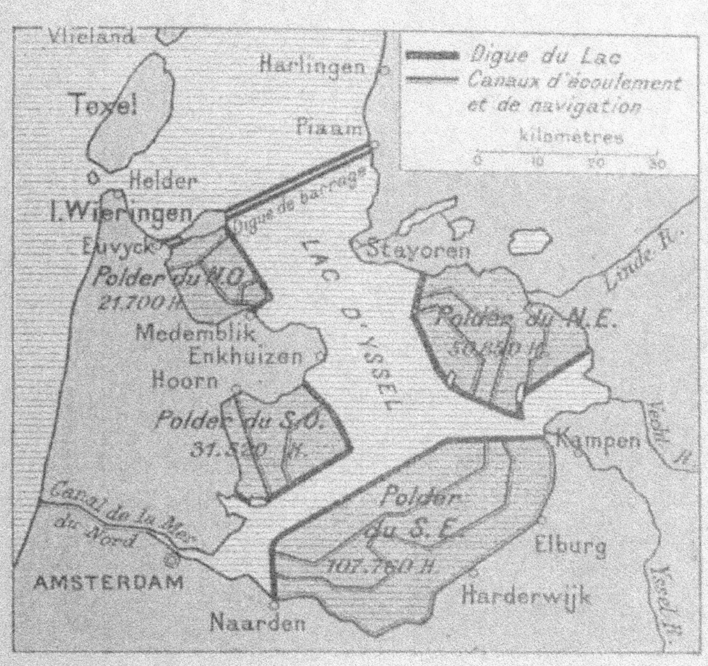


6. PROJET DE DESSÈCHEMENT DU ZUIDERZÉE.

Le Zuiderzée, ou mer du Sud (par opposition à la mer du Nord), est d'origine relativement toute récente. C'est pendant le xiiie siècle, qu'au cours d'une violente tempête, la mer du Nord envahit un grand lac qui s'étendait en ces parages et le transforma en un golfe marin.

Le succès du desséchement de la mer de Haarlem a donné l'idée de reconquérir le Zuiderzée sur la mer. Une digue de barrage, construite près de l'entrée, isolerait de la mer une étendue de 300 000 hectares environ, d'ailleurs aujourd'hui peu profondément immergés. On l'assécherait ensuite par les moyens ordinaires, et on créerait des polders dans les parties qui seraient ainsi conquises. Ces polders mesureraient une étendue totale de plus de 200 000 hectares qui seraient mis en valeur. Afin de permettre aux navires d'atteindre le port d'Amsterdam, qui autrement serait ruiné, on maintiendrait entre ces polders un canal intérieur, le canal d'Yssel.

Le travail serait long et coûteux; on estime que l'exécution n'en exigerait pas moins de 32 années et coûterait au minimum 400 millions de francs. Mais le produit des terrains de culture et d'élevage ainsi gagnés sur la mer suffirait pour couvrir en quelques années cet effort et cette dépense considérables. Par contre, il n'est pas douteux que l'activité maritime et commerciale d'Amsterdam souffrirait malgré tout de la réalisation de ce projet. C'est pourquoi il est encore à réaliser. Voici plusieurs années déjà que tous les plans sont dressés, et aucune tentative d'exécution n'a encore été faite.

Phot. Lévy.

1. PAYSAGE HOLLANDAIS.

*Les trois traits caractéristiques du paysage hollandais sont des eaux, des moulins à vent, des pâturages : 1° des eaux, cours d'eau ramifiés en bras multiples, infiltrations marines, flaques laissées par les rivières débordées ; 2° des moulins à vent, qui pompent sans cesse pour épuiser l'eau des mares et des flaques, et les déverser dans les rivières et dans la mer ; 3° des pâturages qui restent toujours verts sur ces terres alluviales gorgées d'eau, et nourrissent des troupeaux renommés (industries laitières, fromages de Hollande).*

Phot. Hamon.

2. COMMENT ON CIRCULE EN HOLLANDE.

*Sur ces terres amphibies de Hollande, les routes sont peu nombreuses. On y circule en barques sur les bras des cours d'eau. Quand l'hiver les a gelés, c'est toujours par les cours d'eau, en patinant, qu'on se rend à la ville.*

3. LE PETIT VILLAGE DE MARKEN.

*Marken est bâti dans une petite île du Zuiderzée. C'est le type des villages hollandais ; maisons de bois qu'on calfate comme des barques et qu'on rend imperméables à l'humidité ; elles sont généralement peintes de couleurs claires, et d'une propreté méticuleuse. Chaque semaine, les ménagères hollandaises font la toilette de leurs maisons, non seulement à l'intérieur, mais même à l'extérieur.*

Phot. Lévy.

4. UN INTÉRIEUR HOLLANDAIS.

*Les peintres hollandais se sont plu à peindre ces intérieurs hollandais, si méticuleusement entretenus. La vue ci-dessus est une photographie d'une maison de pêcheurs hollandais.*

Phot. Braun Clément et Cie

5. AMSTERDAM.

Si La Haye est la capitale officielle, Amsterdam est la plus grande ville des Pays-Bas. Située sur le golfe de l'Y, au fond du Zuiderzée, et unie à la mer du Nord par un canal maritime, elle a un commerce important; sa principale industrie est celle de la taille des diamants. L'importance d'Amsterdam comme port décline : sa situation est trop septentrionale.

6. ROTTERDAM.

Rotterdam tend à supplanter Amsterdam. Établi sur un bras du Rhin-Meuse, son port occupe, en effet, une remarquable situation au débouché de la principale région industrielle de toute l'Allemagne, la région rhénane. Rotterdam a en outre quelques industries (chocolat, liqueurs), et c'est un grand entrepôt pour les produits coloniaux (sucre, café, tabac).

# VI. — LA BELGIQUE

**La Belgique, malgré sa faible étendue, tient un rang très honorable dans le monde, grâce à la densité de sa population et à l'activité de son industrie. Elle peut être comptée parmi les grands États commerciaux et coloniaux.**

*1. La Belgique comprend trois régions naturelles, qui n'ont qu'un caractère commun : l'humidité du climat.* — La superficie de la Belgique n'atteint pas 30 000 kilomètres carrés. Elle subit tout entière l'influence de la Mer du Nord et a un climat maritime, très humide. Mais la Belgique est trop peu étendue pour comprendre des régions naturelles entières, indépendantes des États voisins. Elle comprend une faible portion de ces deux grandes régions physiques qui constituent toute l'Europe du Nord : 1° les vieux *massifs hercyniens*, qui lui donnent l'Ardenne ; 2° l'extrémité de la grande *plaine du Nord*, qui s'étend de la Mer du Nord à la Russie.

Aussi, l'altitude et la nature du sol permettent de distinguer, du Sud-Est au Nord-Ouest, trois régions différentes :

1° La *Haute Belgique* ;
2° La *Moyenne Belgique* ;
3° La *Basse Belgique*.

*2. La Haute Belgique n'est riche et peuplée que dans ses vallées.* — La Haute Belgique (*Ardenne, Condroz, Herve*), reste des plissements hercyniens réduits par l'érosion à l'état de plateau, s'abaisse de l'Est (675 m.) à l'Ouest (400 m.). Son sol (schistes, quartz et grès) est pauvre ; son climat, froid et humide. La végétation se compose de forêts, de landes et de maigres pâturages coupés d'étangs, que l'on appelle *fagnes*.

Mais le plateau de la Haute Belgique est profondément découpé par des vallées longues et étroites, dont la plus importante est la *vallée de la Meuse*. Ces vallées comportent toutes deux formes topographiques :

1° Des **parties droites**, où la rivière coule dans un sillon étroit et profond, aux versants abrupts ; sur bien des points, on n'a même pu créer de route le long de la rivière ;

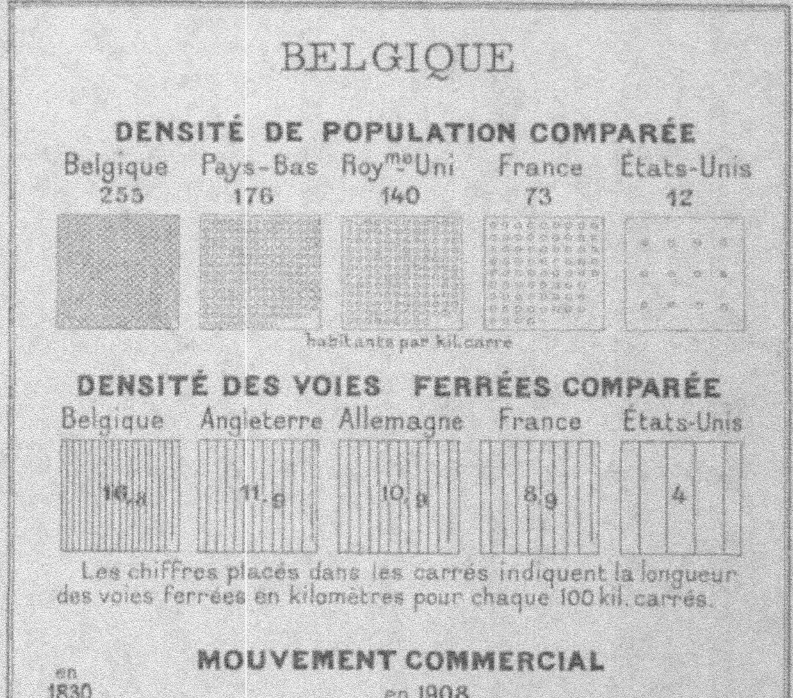
BELGIQUE
DENSITÉ DE POPULATION COMPARÉE
Belgique 255
Pays-Bas 176
Roy^me-Uni 140
France 73
États-Unis 12
habitants par kil.carré
DENSITÉ DES VOIES FERRÉES COMPARÉE
Belgique 16,4
Angleterre 11,9
Allemagne 10,9
France 8,9
États-Unis 4
Les chiffres placés dans les carrés indiquent la longueur des voies ferrées en kilomètres pour chaque 100 kil. carrés.
MOUVEMENT COMMERCIAL
en 1830
201 millions
en 1908
7850 millions de francs
PAYS-BAS
SUPERFICIE DES PAYS-BAS ET DE SON EMPIRE COLONIAL
Pays-Bas
33.000
Empire colonial sauf Java
2.013.000 km.carrés
Java
131.000
POPULATION DES PAYS-BAS ET DE SON EMPIRE COLONIAL
Pays-Bas
5.825000
Emp.colonial
9 millions
sauf Java
Java
30 millions d'habitants

BELGIQUE ET PAYS-BAS.

2° Des **méandres**, formant parfois une boucle presque fermée. La rive concave, sans cesse attaquée par le courant de la rivière, forme au-dessus d'elle une muraille aussi abrupte, aussi inutilisable pour les cultures ou pour l'habitat humain que les rives des parties droites. Au contraire, sur la rive convexe, la rivière dépose ses alluvions et crée une zone plate et fertile, terres à prairies et à culture. Ce sont les seules parties riches de l'Ardenne. Les habitants s'y sont groupés, auprès de leurs champs, à l'abri du climat rude du plateau.

Aussi, à chaque méandre, on trouve une ville ou un village. Tels sont, dans la vallée de la Meuse, *Monthermé*, *Revin* et *Fumay*; dans la vallée de la Vesdre, *Verviers*. Ces villes sont les points vivants de l'Ardenne. On y trouve des industries nées des ressources du sol : *ardoisières*, alimentées par les schistes de l'Ardenne; *industrie métallurgique*, alimentée par la houille et le minerai, qui se trouvent à la limite.

**3. *A la limite de la Haute Belgique, s'allonge un des plus riches bassins miniers de l'Europe.*** — Au pied de l'Ardenne, s'allongent, dans une ancienne dépression hercynienne, une suite de bassins houillers qui constituent la portion orientale du **bassin franco-belge** (voir *La France*, 1ʳᵉ année, p. 100). Ils forment, du Sud-Ouest au Nord-Est, les *bassins de Mons*, ou *Borinage*, dans la vallée de la Haine; *de Charleroi*, dans la vallée de la Sambre; *de Liége*, dans la vallée de la Meuse.

Ces bassins houillers présentent un triple avantage :

1° Ils sont parmi les plus abondants d'Europe et permettent à la petite Belgique de tenir un rang honorable dans la production houillère de l'Europe, derrière l'Angleterre et l'Allemagne, tout près de la France;

2° Ils sont reliés, par l'*Escaut* et par la *Sambre*, par leurs affluents et par de nombreux *canaux*, aux grandes régions industrielles voisines, à Bruxelles et à Paris;

3° Ils se trouvent au voisinage de mines de *fer* et de *zinc*.

Aussi, dans toute cette région, l'**industrie métallurgique** est-elle très prospère, et le pays est surpeuplé : la densité moyenne atteint *1000 habitants au kilomètre carré*. Les principales villes houillères et métallurgiques sont *Mons*, *Charleroi*, *Namur* et surtout **Liége**, entourée de hauts fourneaux et d'usines.

**4. La Moyenne Belgique est une zone de plaines agricoles et une des grandes routes européennes**. — La Moyenne Belgique est formée par les hautes plaines vallonnées de la *Hesbaye*, du *Hainaut* et du *Brabant*. De climat moins rude que la Haute Belgique, moins humide que la Basse Belgique, elle a, en outre, un sol recouvert par une épaisse couche de *limons*. Elle est drainée par l'*Escaut moyen* et par ses affluents : *Dendre*, *Rupel*, etc.

Aussi est-ce la grande **zone de cultures** de la Belgique : *blé* et autres *céréales*, *betterave sucrière*, etc. Les principales industries qu'on y trouve sont les **industries alimentaires**, et en particulier les *sucreries*. Très riche et très peuplée dès le Moyen Age, elle comporte de nombreux bourgs agricoles et des villes d'importance moyenne, vieux marchés agricoles : *Tournai*, *Malines*. Une seule grande ville : **Bruxelles**, la capitale.

Recherché de tout temps par les peuples pour sa fertilité, ce pays est, en outre, une des grandes routes de l'Europe. Entre l'Ardenne, haute et âpre, et la Flandre, humide et détrempée, elle fut traversée par toutes les invasions franques. Le plus grand nombre des conflits entre la France et l'Europe germanique se sont résolus là, comme l'indiquent ces noms de batailles : *Fleurus*, *Steinkerque*, *Nerwinden*, *Seneffe*, *Ligny*, *Waterloo*. Enfin, de nos jours, la grande **voie ferrée de Paris à Liége** est une des routes les plus fréquentées du trafic international.

**5. La Basse Belgique est une petite Hollande**. — La Basse Belgique, comme la Hollande, a un sol bas, situé en certains points au-dessous du niveau de la mer, très humide, comme le climat, et drainé par des rivières abondantes et régulières (l'*Escaut* et son affluent la *Lys*). A l'état naturel, les sables et graviers de la *Geest* y étaient plus abondants que les riches alluvions des *Marschen*.

Mais là, comme en Hollande, l'âpre travail de l'homme a en partie transformé le pays ; et l'on peut y distinguer quatre provinces différentes :

1° Au Nord-Est, la **Campine**, encore livrée à elle-même, couverte de landes et de pâturages maigres ;

2° Au Centre, le **pays de Waës**, transformé par l'homme (cultures maraîchères) ;

3° Au Sud-Ouest, la **Flandre**, depuis longtemps colonisée, drainée, amendée, terre devenue excellente et couverte de cultures industrielles (*lin, betteraves*) et de pâturages riches;

4° À l'Ouest, la **Plaine maritime**, en bordure, conquise sur la mer par drainage (*wateringues*) et assèchement (*dunes* et *digues*), pays d'élevage.

Dans toutes les parties « colonisées » de cette région, et particulièrement en Flandre, la laine et le lin indigènes ont déterminé, dès le Moyen Age, les **industries textiles**, *draps* et *toiles*, qui, aujourd'hui, avec l'adjonction des *cotonnades*, sont encore très prospères et font la richesse des villes industrielles comme *Gand, Bruges, Courtrai, Ypres*.

Mais la côte, rectiligne et basse, est pauvre en ports naturels : *Ostende* n'est qu'une ville d'eau. Le seul grand port est à l'embouchure de l'Escaut : **Anvers**.

**6. *La Belgique est surpeuplée. C'est, par excellence, le pays des villes et de la circulation*.** — Route naturelle entre le Nord et le Midi, de bonne heure la Belgique fut habitée et son sol mis en valeur. Deux races s'y sont fixées : les **Flamands**, au Nord, les **Wallons**, au Sud.

De tous temps très peuplée, la Belgique a aujourd'hui, grâce à son développement industriel, la densité de population la plus forte en Europe : 7 516 000 hab., soit 255 *au kilomètre carré*.

Cette population, rare dans l'Ardenne, où seules les vallées sont peuplées, se groupe, du bassin houiller jusqu'à la mer, dans de gros villages et surtout dans des villes : **Liége** (172 000 hab.), *Namur, Mons* et *Charleroi*, villes de la houille; **Bruxelles** (195 000 hab., 718 000 avec les faubourgs), la capitale; *Tournai* et *Malines*, marchés agricoles; *Bruges*, **Gand** (163 000 hab.) et **Anvers** (320 000 hab.), un des plus grands ports du monde.

Ces villes sont reliées par un réseau serré de voies navigables, rivières et canaux, et de voies ferrées : 4800 kil., 15 kil. pour 100 kil. carrés.

**7. *L'industrie est beaucoup plus développée que l'agriculture*.** — Malgré la richesse naturelle de la Moyenne Belgique et l'appropriation de la Basse Belgique, l'agriculture proprement dite est en déclin, peu favorisée par le climat humide, par le prix élevé de la terre et par la concurrence des pays neufs. Seuls se développent l'*élevage* (bêtes à cornes), avec l'industrie laitière et les *cultures industrielles* : *lin* des vallées humides, *betteraves* des plateaux limoneux.

Mais l'**industrie** est une des premières du monde : *industrie métallurgique*, dans la région houillère de la Haute Belgique ; *industries alimentaires, féculeries, sucreries*, dans la zone agricole de la Moyenne Belgique ; *industries textiles*, dans la Basse Belgique, alimentées par le lin indigène, le coton importé, les laines indigènes et surtout importées, etc.

**8. *La Belgique tient une place très honorable sur le marché du monde*.** — Très actif, favorisé par ses mines et par sa situation au milieu des plus grands États industriels d'Europe, le jeune royaume constitutionnel de Belgique (1830) est un grand État commerçant. Son commerce annuel (près de 8 milliards de francs avec le commerce de transit) dépasse celui de la Russie.

Ses ports et ses voies ferrées servent à un transit important entre les Iles Britanniques et le Midi.

**Il importe :** des *matières premières* (coton, laine, caoutchouc) et des *matières alimentaires*. **Il exporte :** de la *houille* et des *produits manufacturés*. Ses meilleurs clients sont ses grands voisins : *Royaume-Uni, Allemagne, France*.

Le grand port de la Belgique est **Anvers**, le rival de Hambourg, qui, outre le commerce belge, sert à la plupart des *importations anglaises* sur le continent, grâce au réseau de voies ferrées et de voies d'eau (*Escaut*) qui le dessert. L'importance d'Anvers comme *port européen* est une des meilleures garanties de l'indépendance de la Belgique, entourée de puissants voisins, qui n'admettront jamais que l'un d'entre eux s'en empare.

La Belgique a des établissements industriels et des comptoirs commerciaux dans le monde entier, surtout en Extrême-Orient.

**9. *La Belgique possède la plus grande partie du Bassin du Congo*.** — Constituée d'abord en 1885 comme État Indépendant du Congo sous la souveraineté du roi des Belges, la Colonie du Congo appartient maintenant à la Belgique.

Cette vaste colonie, qui occupe presque tout le Bassin du Congo, est la colonie européenne la plus riche des régions équatoriales. Colonie d'exploitation et non de peuplement, elle fait de la Belgique un des premiers marchés du monde pour deux grands produits : l'*ivoire* et surtout le **caoutchouc**. Anvers est le premier marché de caoutchouc du monde.

*Outre une région de transition, la Belgique comprend essentiellement deux régions physiques, l'Ardenne et la Flandre, A chacune d'elles correspond une race d'hommes particulière. L'Ardenne montagneuse est habitée par les Wallons, d'origine latine et parlant le français. La Flandre, plaine maritime, est habitée par les Flamands, d'origine germanique et parlant un idiome apparenté à l'Allemand. Les deux éléments sont numériquement d'une importance à peu près égale.*

*Bruxelles, la capitale, est placée au point de contact des deux grandes régions belges. C'est cette situation intermédiaire, qui lui a valu son rôle de capitale.*

1. — HÔTEL DE VILLE DE BRUXELLES. 2. — WALLONS ET FLAMANDS EN BELGIQUE.

1. VALLÉE DE LA SEMOY (Phot. Nels). — 2. UNE FERME DE L'ARDENNE.

L'Ardenne est un plateau, socle subsistant d'anciennes montagnes de l'époque hercynienne, usées par une érosion prolongée. La surface du plateau ondule sans saillie ; végétation pauvre, bois de petits arbres, prairies tourbeuses, maigres champs. La forêt d'Ardenne, si fameuse au moyen âge, a fait place à des taillis de petits chênes d'apparence presque chétive. Peu d'habitations et d'aspect pauvre, aux murs recouverts de bauché, c'est-à-dire d'écailles de bois destinées à les protéger contre l'humidité qui est grande. Les vallées, qui sont creusées dans l'épaisseur du plateau et qui sont généralement profondes entre des talus à pic, sont, dans l'Ardenne, l'obstacle principal aux communications (voir 1ʳᵉ année, p. 194-196).

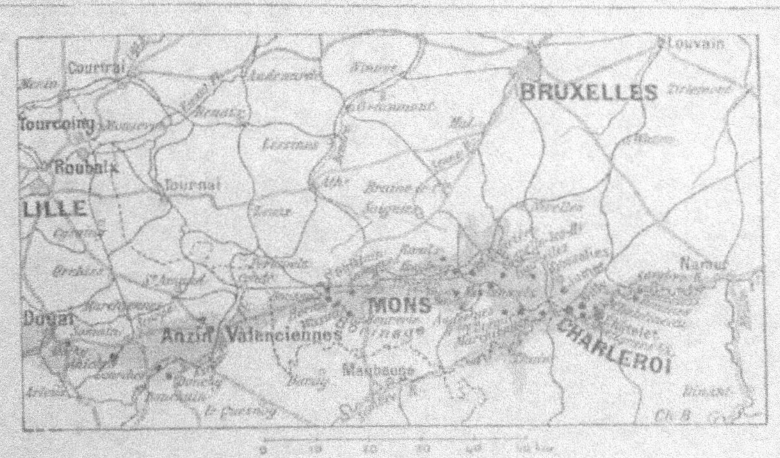

Phot. Meyers-Hesbains.

3. LE BASSIN HOUILLER. — 4. EXPLOITATION HOUILLÈRE A CHARLEROI.

Le bassin houiller belge fait partie d'une longue traînée de gisements houillers qui va de l'Allemagne rhénane à l'Angleterre par la Belgique et la France du Nord, sur le contour d'un ancien continent primaire. En Belgique, il se développe le long de la Meuse et le long de la Sambre; les deux centres principaux d'extraction sont Charleroi et Mons (bassin du Borinage). Sur une longueur de plus de 60 kilomètres, ce ne sont que puits de mine, hautes cheminées, terres formées par l'entassement des débris extraits du sol, et aussi affaissements de la surface où les eaux s'accumulent et forment des marécages à la place de champs jadis fertiles. Grâce à ces gisements houillers, dont la production égale presque celle de la France entière, la Belgique est devenue un pays industriel extrêmement important où prospèrent toutes les industries (industries métallurgiques, textiles, etc.).

Phot. Neurdein fr.

1. LA PLAINE DE WATERLOO.

Appartient à la Belgique moyenne ou zone de transition entre l'Ardenne et
la Flandre. Cette Belgique moyenne est une grande plaine peu ondulée, couverte de limon et très riche, région de céréales et de cultures fourragères ou
industrielles, une Beauce. Là se joua, en 1815, le sort de la France napoléo-
nienne. Un monument, qu'on aperçoit au centre de la photographie, le rappelle.

Phot. Blanchard.

2. LA PLAINE DE FLANDRE

Terre basse, à peine située au-dessus du niveau de la mer, formée d'alluvions.
A l'état de nature, c'était un marais; l'homme l'a conquis sur les eaux et l'a
fécondé, mais l'aspect général est toujours monotone. Les arbres en cordons
qui bordent les grandes routes mettent seuls quelque variété dans ces grandes
prairies d'élevage, souvent encore submergées pendant l'hiver.

Photo Blanchard.

3. L'ESCAUT A AUDENARDE.

Le principal cours d'eau de la Flandre est l'Escaut, vrai canal naturel, lent, de débit égal, navigable. L'Escaut contribue beaucoup à la prospérité de la Flandre ; c'est par lui qu'arrivent à Gand et à Audenarde, la houille, le coton, la laine, c'est-à-dire les matières premières nécessaires aux industries textiles, richesse de la Flandre, et le charbon qui sert à les transformer en étoffes.

Pho Blanchard.

4. DUNES LE LONG DE LA MER DU NORD.

La Flandre se termine sur la mer du Nord par une ligne de dunes, rarement hautes de plus de quelques mètres. Ces dunes, qui rendent la côte tout à fait inhospitalière, se déplacaient ; on les a fixées à l'aide de pieux, de fascinages et de plantations de joncs oyat (Voir Dunes de Zoutelande p. 18).

1. UN CANAL A BRUGES. — 2. LE CANAL MARITIME DE BRUGES.

*Bruges fut une cité très prospère au moyen âge; son port recevait les navires de mer et alimentait un commerce et une industrie actifs. Puis le port s'ensabla; les navires de commerce prirent des dimensions qui ne leur permirent plus de remonter jusqu'à Bruges; l'activité commerciale et industrielle se déplaça; Bruges devint Bruges-la-Morte, mirant les vieux visages de ses palais dans les canaux remplis d'un silence éternel ». Un canal maritime, accessible à des navires de fort tonnage, a été creusé récemment pour rendre à Bruges sa prospérité d'antan.*

Phot. Lagaert.

3. OSTENDE.

*La côte de la mer du Nord ne comporte que des ports artificiels. Ostende, qui est principalement un grand port de passage entre l'Angleterre et l'Europe centrale, est un port construit de toutes pièces comme Dunkerque ou Calais.*

4. ANVERS.

*Anvers est le grand port de la Belgique. La ville est bâtie sur l'estuaire de l'Escaut, au milieu des plaines alluviales que le fleuve forme à son embouchure; sa profondeur permet aux très gros navires d'y remonter. Le port d'Anvers se classe parmi les plus grands de l'Europe. Deux causes ont surtout favorisé son essor : 1° sa situation au débouché de la Belgique industrielle; 2° l'établissement de la puissance coloniale de la Belgique (Congo).*

# VII. — L'EMPIRE ALLEMAND

## A. — Le sol.

**Le sol est très morcelé dans l'Allemagne du Sud, très homogène dans l'Allemagne du Nord.**

**1.** *Quatre faits expliquent la constitution du sol allemand.* — La constitution physique de l'Allemagne s'explique par les traits suivants de son histoire géologique :

1° A la fin de l'ère primaire, les **plissements hercyniens** déterminent dans le Sud des soulèvements, qui s'effondrent partiellement dans la suite, ne laissant que des massifs morcelés : *Vosges* et *Forêt-Noire, Bohême, Thüringerwald, Harz.*

2° Entre ces massifs, les **sédiments** secondaires et tertiaires se déposent : ils sont ensuite redressés par le contrecoup des *plissements alpins* (tertiaires) ou découpés en plateaux par l'érosion.

3° De grands **glaciers** couvrent, au Sud, le *plateau bavarois*, et surtout, au Nord, la *plaine de l'Allemagne du Nord*, laissant, après leur retrait, des lacs, des moraines, des graviers.

4° Un affaissement produit la mer Baltique, à la fin de l'ère tertiaire, séparant Allemagne du Nord et Scandinavie.

**2.** *L'Allemagne n'a ni unité physique, ni frontières naturelles.* — L'Allemagne a 540 000 kilomètres carrés, soit un peu plus que la France. Elle se décompose en deux régions, chacune n'étant qu'une partie d'une région plus grande qui se continue à l'Est et à l'Ouest, hors du territoire allemand.

1° L'**Allemagne du Sud**, région de montagnes et de plateaux, se continuant, à l'Est, par la *Bohême* autrichienne; à l'Ouest, par les *Vosges* et la *Lorraine* françaises.

2° L'**Allemagne du Nord**, qui n'est que la portion centrale de la *grande plaine européenne*, qui s'étend de la mer du Nord à l'Oural.

De ces deux grandes régions, la première comprend un certain nombre de sous-régions très différentes; la seconde est, au contraire, très homogène; mais elle n'a aucune frontière naturelle.

## I. — ALLEMAGNE DU SUD.

**1. *Le relief de l'Allemagne du Sud forme six régions principales*.** — L'Allemagne a un relief et un sol très variés. On peut y distinguer six régions.

1° Au Sud, le **Plateau bavarois** est une plateforme occupée jadis, au Sud, par les glaciers descendus des Alpes. Les moraines qu'ils y ont laissées arrêtent encore, en certains points, les eaux, qui forment des lacs : *Ammer See*, *Wurm See*. Elle est couverte, au Nord, par les graviers infertiles de ces glaciers, amenés par les eaux de fonte. Seule, la région riveraine du Danube, qui n'a pas été recouverte par les glaciers, est fertile.

2° A l'Ouest, le **Massif Vosges-Forêt-Noire** constitue deux masses montagneuses cristallines et symétriques (pas moins de 1 500 m.), séparées par la *plaine du Rhin* ou *d'Alsace*, produite par un effondrement de l'ère tertiaire. Celle-ci, couverte par les alluvions du fleuve et de ses affluents, est fertile.

3° Entre ces deux régions et la Bohême, le **Plateau souabe-franconien** forme une série de paliers étagés, les plus bas vers la Forêt-Noire, les plus hauts tombant en abrupt sur le Danube (*Rauhe Alp*, *Jura franconien*). Ils sont constitués soit par des grès, infertiles, soit par des calcaires, fertiles.

4° Au Nord du Massif Vosges-Forêt-Noire, le **Massif schisteux rhénan** est un plateau primaire, infertile, analogue à l'Ardenne qui le prolonge au Sud-Ouest. Il comprend le *Hardt*, l'*Eifel*, le *Hunsrück*, le *Taunus*. Il est entaillé par les *vallées du Rhin*, *de la Moselle*, *de la Sarre*. Il possède à son pied les grands *bassins houillers de la Sarre* et *de la Ruhr*.

5° Entre le massif schisteux rhénan et la Bohême, la région de la **Hesse-Thuringe** est formée par des massifs primaires, *Thüringerwald*, *Harts*, qui ont été fragmentés par des effondrements, et par des massifs volcaniques, *Rhœn*, *Vogelsberg*, résultats d'éruptions produites à la suite de ces effondrements. Les uns et les autres sont séparés par des dépressions couvertes de limons fertiles : *plaines de Hesse* et *plaine de Thuringe*.

6° La **bordure extérieure de la Bohême** (*Böhmerwald*, *Erz Gebirge*, *Riesen Gebirge*, *Sudètes*) appartient en partie à l'Allemagne, en partie à l'Autriche-Hongrie. Elle possède d'importants bassins houillers.

   2. **L'Allemagne du Sud a un climat demi continental
et très humide**. — L'Allemagne du Sud a des températures
excessives, dues à sa situation demi continentale, et des hivers

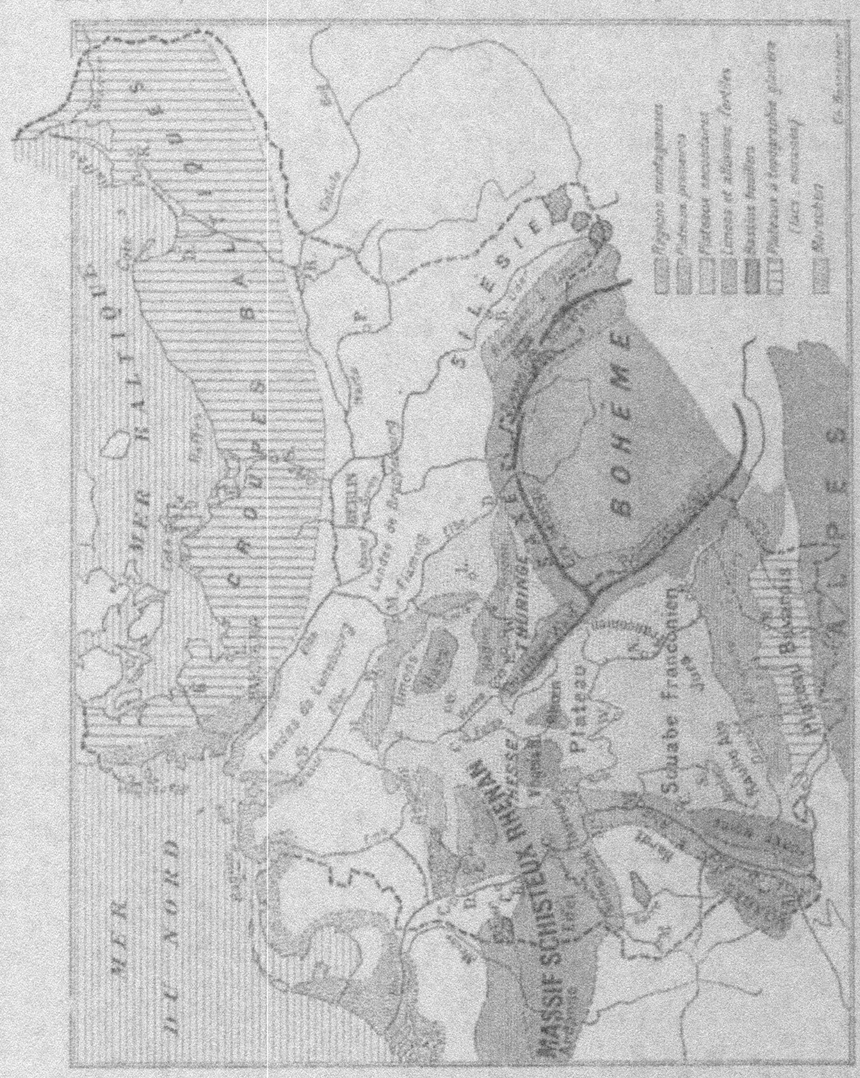

froids, dus à son altitude. Ces deux caractères s'accentuent vers
le Sud-Est qui est plus élevé et plus éloigné de la mer.
   Elle a des fortes pluies, dues à son exposition par rapport à

l'Océan et à son altitude. Ce caractère s'atténue vers le Sud-Est qui est plus éloigné de la mer.

**3. L'Allemagne du Sud envoie ses eaux aux deux grands fleuves européens**. — L'Allemagne du Sud possède une fraction des deux fleuves internationaux de l'Europe :

1° le **Rhin moyen**, large, abondant et rapide dans la *plaine d'Alsace* et dans la *plaine de Mayence*, étranglé, encaissé et plus rapide encore dans le *Massif schisteux*, étalé et assagi dans la *plaine de Cologne*. Il reçoit, par de petits affluents, les eaux des Vosges et de la Forêt-Noire ; par la *Moselle (Sarre)*, les eaux du plateau lorrain ; par le *Neckar* et le *Main*, les eaux du plateau souabe-franconien.

2° le **Danube supérieur**, qui traverse une série de bassins et d'étranglements et reçoit des torrents alpestres, l'*Iller*, le *Lech*, et l'*Isar*, qui rendent son régime très irrégulier.

**4. L'Allemagne du Sud a des aptitudes végétales et minérales très variées**. — Les aptitudes végétales varient avec le sol.

Les **forêts** couvrent les montagnes : plusieurs massifs portent le nom de *Wald* (forêt ou massif boisé). On trouve d'autres forêts dans les portions gréseuses de la Souabe-Franconie.

Les **landes** couvrent le Massif schisteux et les régions glaciaires de la Bavière.

Les **terres à culture** occupent la plaine du Rhin, les portions calcaires de la Souabe-Franconie, les dépressions (limons) de la Hesse-Thuringe et la partie danubienne de la Bavière.

Les **richesses minérales** abondent : *bassins houillers* et *minerai de fer* de la Sarre, de la Ruhr, de la haute Saxe et de la haute Silésie. Tous sont en bordure, à proximité, soit du Rhin, soit des grands fleuves de l'Allemagne du Nord.

II — ALLEMAGNE DU NORD

**1. La plaine du Nord, de relief uniforme, comprend, du Nord au Sud, plusieurs bandes de sols différents**. — La plaine de l'Allemagne du Nord, de relief très uniforme, est le résultat de l'érosion et des dépôts des anciens glaciers du Nord. Elle comprend, du Nord-Est au Sud-Ouest :

1° Les **croupes baltiques**, plateaux couverts de *dépôts* glaciaires, semés de lacs qui se sont logés dans des cavités creusées par les anciens glaciers, et limités au Sud par d'anciennes moraines.

2° La **dépression centrale**, s'étendant de la Pologne à la Mer du Nord, ayant reçu les eaux et les alluvions des glaciers du Nord, drainée jadis par un long fleuve longitudinal, qui a été morcelé par l'établissement du réseau actuel, mais dont la grande vallée a subsisté intacte, unissant l'Est à l'Ouest (voir ci-dessous, § 4). La région, constituée par des sables et des boues glaciaires, est couverte de landes stériles : *landes de Lunebourg, Fläming, landes de Brandebourg.* Avec ces landes alternent des régions marécageuses, dont la plus importante est le *marais de Bourtange.*

3° Les **régions à limons** du Sud, adossées aux massifs de l'Allemagne méridionale et couvertes de limons analogues aux limons de la Moyenne Belgique (p. 112) et du Nord de la France. Telles sont les régions fertiles de la *Silésie*, de la *Lusace*, de la *Saxe*, et du *Hanovre*.

**2. *La côte diffère sur la Baltique et sur la Mer du Nord*.** — L'Allemagne du Nord est la seule portion de l'Empire qui ouvre sur la mer. Il y a quelque différence entre la côte de la Baltique et la côte de la Mer du Nord.

La **côte de la Baltique**, correspondant aux croupes baltiques, est plate, échancrée seulement par des baies peu profondes, ou *haffs*, entièrement ou partiellement isolées de la mer par des lignes de *dunes*, que la mer, peu violente, n'a pas la force de briser. Elle est infertile.

La **côte de la Mer du Nord** est encore plus plate et rectiligne. La Mer du Nord, plus violente que la Baltique a, ici comme en Hollande, brisé les cordons littoraux et noyé les anciens accidents côtiers. Mais elle est comprise dans la région des *Marschen* (v. p. 98), ou régions à polders, propres à l'élevage.

Ces deux côtes étant également inhospitalières, les seuls ports naturels sont les estuaires des fleuves.

**3. *Le climat est de plus en plus continental de l'Ouest à l'Est*.** — De relief uniforme, déjà engagée dans le continent, l'Allemagne du Nord a un climat presque partout continental : hivers très froids, étés très chauds, pluies rares, tombant en été.

Toutefois, la région côtière de la Mer du Nord a un climat relativement océanique, et le climat franchement continental n'existe que dans l'Est, en Prusse.

**4. *La plaine du Nord a un réseau hydrographique très homogène*.** — Les fleuves qui traversent l'Allemagne du Nord sont : la **Vistule** (*Bug*), l'**Oder** (*Wartha*), l'**Elbe** (*Havel-Sprée*), la **Weser** (*Aller*).

1° La **disposition générale du réseau** est remarquable. L'ancien glacier de l'Allemagne du Nord laissant jadis s'écouler le long de sa moraine méridionale ses eaux de fonte, elles formaient un grand canal d'écoulement, qui prenait en écharpe la plaine actuelle de l'Allemagne du Nord, du Sud-Est vers le Nord-Ouest. Le glacier disparu, le canal a dû longtemps subsister, puis il s'est morcelé, par suite de la formation des fleuves actuels. Mais son existence s'affirme encore par un sillon presque ininterrompu de rivières qui suit le pied méridional du plateau lacustre de la Baltique : *Netze, basse Wartha, Sprée, Havel, Elbe inférieure*. Entre la Sprée et l'Oder, entre la Netze et la Vistule, il n'existe que des isthmes de 50 à 60 kilomètres, séparant à peine ainsi les bassins de l'Elbe, de l'Oder et de la Vistule.

2° Le **régime** est moins satisfaisant. Ce sont des fleuves de plaine, à pente faible. Accessibles à la marée dans leur cours inférieur jusqu'à une grande distance de la mer, ils ont un débit assez pauvre, parce qu'ils prennent leur source dans des montagnes moyennes et traversent une plaine.

En somme : un réseau presque complètement coordonné de rivières médiocrement navigables à l'état naturel.

**5. *La plaine du Nord a des aptitudes végétales très inégales et des aptitudes minérales nulles*.** — Plaine alluviale, l'Allemagne du Nord n'a pas de richesse minérale.

Les *croupes baltiques* ne sont bonnes qu'aux cultures maigres et à l'élevage extensif. Les *Marschen* sont, au contraire, favorables au grand élevage.

Les *landes du Centre* sont très pauvres (pomme de terre). Les *régions à limons* sont au contraire propices à toutes les grandes cultures : blé et autres céréales, betteraves, etc.

Ces dernières régions, les plus riches de l'Empire au point de vue agricole, se trouvent contiguës aux bassins miniers de l'Allemagne du Sud, les plus riches de l'Empire au point de vue industriel.

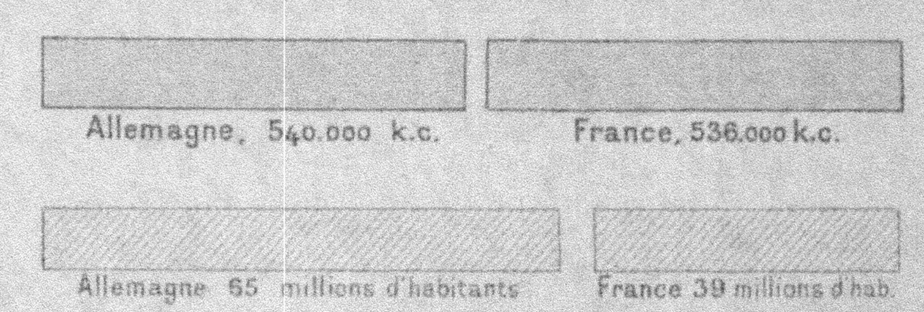



1. ÉTENDUES ET POPULATIONS COMPARÉES DE LA FRANCE ET DE L'ALLEMAGNE.

*L'Allemagne a 540.000 kilomètres carrés et la France en a 536.000 : les deux pays ont donc à peu de chose près la même étendue. Mais l'Allemagne compte plus de 65 millions d'habitants et la France n'en a que 39 millions. Il y a donc trois Allemands pour deux Français.*

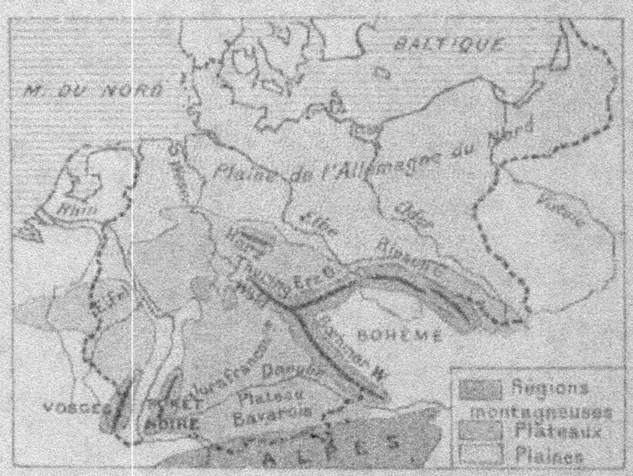



2. LE RELIEF DE L'ALLEMAGNE.

*L'Allemagne n'a de frontière naturelle ni vers l'Ouest ni vers l'Est ; au point de vue géologique comme par son relief, elle continue des régions naturelles qui commencent ou se terminent hors de ses limites (plissements alpins, plissements hercyniens, grande plaine européenne). Au Sud, l'Allemagne est couverte par la zone des plissements hercyniens, plissements jadis très importants que l'usure a transformés en montagnes moyennes et en plateaux (Vosges, Forêt Noire, Jura Franconien, Thuringer Wald, Harz, Erz Gebirge, Riesen Gebirge. Au Nord, elle est occupée par une vaste plaine, formée principalement de sables et d'argiles, de relief très uniforme, résultat de l'érosion et des dépôts des anciens glaciers du Nord. L'Allemagne ne touche à la zone des plissements alpestres, qui sont très élevés, que par son extrémité Sud-Ouest, dans les Alpes bavaroises.*

*L'absence de frontières naturelles en Allemagne explique pourquoi les frontières politiques de ce pays se sont déplacées si souvent au cours de l'histoire, tantôt vers l'Ouest et tantôt vers l'Est.*

### 3. LE CLIMAT DE L'ALLEMAGNE.

Le climat de l'Allemagne est un climat semi-continental formant transition graduelle entre le climat maritime ou semi-maritime de la France et le climat tout à fait continental de la Russie. Les influences maritimes sont importantes principalement dans l'Allemagne occidentale; les influences continentales l'emportent, au contraire, principalement dans l'Allemagne orientale.

**a) Isothermes de janvier.** — Les hivers sont rudes, avec des gelées fortes et persistantes et d'abondantes chutes de neige. Plus de la moitié de l'Allemagne, à l'Est, a une température moyenne de janvier inférieure à 0 degré. L'abaissement du climat se produit régulièrement, non pas du Nord au Sud suivant la latitude, mais de l'Ouest vers l'Est. Il y a à ce fait deux raisons : 1° la situation de l'Allemagne par rapport à l'océan Atlantique, source de chaleur en hiver; 2° la disposition du relief (plaines au Nord, montagnes au Sud), qui contrarie l'effet naturel de la latitude.

**b) Isothermes de juillet.** — Les étés allemands sont chauds, plus chauds que ceux de la France à latitude égale, de plus en plus chauds à latitude égale à mesure qu'on s'avance dans l'Allemagne orientale : suivez, par exemple, la ligne de 20 degrés et celle de 18 degrés, elles remontent vers le Nord à mesure qu'elles s'avancent vers l'Est. Ces étés sont souvent orageux. Comme dans les pays de climat continental, les saisons de transition sont de durée relativement courte; au printemps, des gelées d'arrière-saison y nuisent souvent aux cultures.

**c) Isothermes moyens de l'année.** — Les isothermes de l'année entière montrent que la température annuelle moyenne oscille pour presque toute l'Allemagne entre 8 degrés et 10 degrés (Paris, moyenne annuelle 11 degrés). Seuls, les pays rhénans au Sud-Ouest ont une température moyenne supérieure à 10 degrés (et ils produisent les cultures supérieures, notamment ils permettent la culture de la vigne qui exige des étés chauds et un ciel lumineux). Seuls, les pays de la Baltique, au Nord-Est, ont une température inférieure à 8 degrés (et c'est la partie la plus pauvre comme agriculture de toute l'Allemagne; des pâturages et des forêts d'arbres du Nord en couvrent le sol, avec de maigres cultures, seigle, pommes de terre). En résumé, l'Allemagne a même climat moyen que la France, mais avec des hivers plus rigoureux et avec des étés plus chauds.

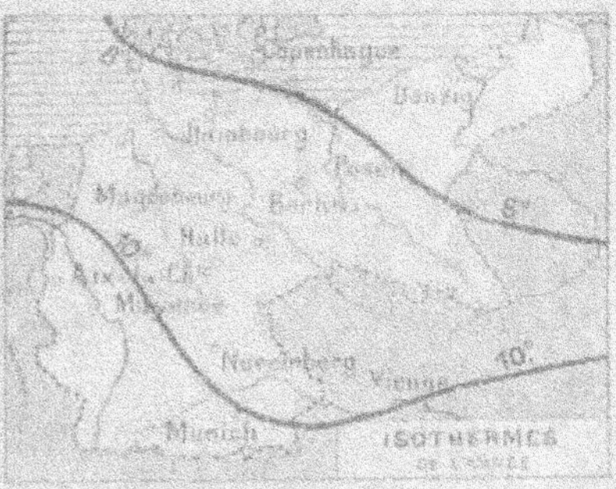

1. LA ZUG SPITZE ET PARTENKIRCHEN. — 2. LE STARNBERG.

*La Zug Spitze (2072 mètres) est le point culminant de toute l'Allemagne; elle se dresse sur sa frontière méridionale dans les Alpes bavaroises, au-dessus du village, représenté ci-dessus, de Partenkirchen. Le Starnberg est situé dans la même région et domine un panorama de montagnes enchâssant des lacs qui sont une des curiosités de la Bavière (voir p. 153, Garmisch et Oberammergau, villages situés dans la même région).*

Phot. Schaller.

3. LE DANUBE A ULM.

Le Danube, qui naît dans la Forêt Noire, arrose l'Allemagne du Sud; il y coule au nord du plateau bavarois, au pied du Jura franconien, puis du Bayrischer Wald. C'est longtemps un cours d'eau assez indigent parce que la Forêt Noire, d'où il descend, ne comprend que des montagnes sans neiges persistantes. A Ulm, dont le nom rappelle une campagne fameuse de Napoléon en 1805, le Danube n'est encore qu'une rivière modeste, d'un faible débit en été.

4. LE DANUBE A PASSAU.

C'est à Passau que le Danube quitte l'Allemagne pour entrer en Autriche-Hongrie. A ce point précis de son cours, il est plus que doublé par les eaux d'un affluent, l'Inn, qui vient des Alpes centrales et qui lui apporte, notamment dans la première moitié de l'été, un fort tribut d'eau provenant de la fonte d'une grande partie des glaciers et des neiges qui couvrent les Alpes centrales. Le Danube est un fleuve de montagnes moyennes, l'Inn est une rivière de grandes montagnes : leurs régimes et leurs débits se complètent.

Phot. Rœbcke.

5. LE TITISEE. — 6. LA VALLÉE DE LA DREISAM.

*Ces deux vues se rapportent au massif montagneux de la Forêt Noire, qui fait le pendant des Vosges par rapport au Rhin, et qui en rappelle les aspects : montagnes anciennes, usées, arrondies, sans sommets bien proéminents, boisées et pastorales, semées de lacs dont l'origine se rattache à des phénomènes glaciaires. Des vallées rendent la Forêt Noire aisément franchissable et mettent en relations la vallée moyenne du Rhin avec la vallée supérieure du Danube. La vallée de la Dreisam est l'une des principales. Elle passe au pied du Feldberg (1495 mètres), point culminant de la Forêt Noire, et débouche, du côté du Rhin, à Fribourg-en-Brisgan.*

7. LE RHIN A VIEUX-BRISACH.

On verra plus loin (p. 184) ce qu'est le Rhin supérieur, torrent coupé de chutes. Il entre en Allemagne en aval de Bâle, et y coule dans une plaine encadrée par la Forêt Noire et par les Vosges. Il y reste d'ailleurs longtemps vif et rapide : ainsi quand il passe au pied de la vieille ville de Brisach qui, bien que sur la rive droite du Rhin, fut longtemps française. Il ne s'apaise qu'en aval de Strasbourg. Le pont qui franchit le Rhin à Vieux-Brisach et qu'on voit figuré ci-dessus est un pont de bateaux.

Phot. Mertens.

8. LE CONFLUENT DU RHIN ET DE LA NAHE.

En aval de Mayence, où conflue le Main, le Rhin traverse d'anciens plissements hercyniens que l'usure a réduits à l'état de plateaux ; son cours entre alors dans une phase tourmentée. La photographie ci-dessus montre bien l'aspect tabulaire du pays formé de plateaux dont les niveaux se prolongent par delà les vallées. La Nahe est un petit affluent du Rhin ; sa vallée a servi maintes fois de passage à des armées allemandes se dirigeant vers la Lorraine.

9. LE RHIN A SOONECK. (Phot. Schonscheidt.) — 10. LE RHIN A COBLENTZ.

Les Allemands appellent « trouée héroïque » la partie du cours du Rhin qui commence en aval de Mayence et se termine vers Cologne, à l'entrée de la plaine de l'Allemagne du Nord. Le Rhin est resserré dans la trouée héroïque, et il a fallu d'importants travaux d'aménagement pour le rendre navigable ; mais ses bords sont des plus pittoresques. Des escarpements rocheux, des villages nichés dans les replis des coteaux, des châteaux, de vieux burgs en ruines, se succèdent à chaque pas. Coblentz, au confluent de la Moselle, est la ville principale du Rhin dans la trouée héroïque ; elle est défendue, sur la rive droite du fleuve, par la forteresse d'Ehrenbreitstein à laquelle elle est reliée par un pont de bateaux. A Cologne, le Rhin redevient un large fleuve de plaine (voir page 160).

Phot. Rabelais.

11. LA VALLÉE DE LA WERRA (THÜRINGER WALD).

Le Thüringer Wald, un des nombreux massifs montagneux forestiers de l'Allemagne moyenne, donne naissance à plusieurs rivières, notamment à la Werra et à la Fulda dont la réunion forme le Weser.

12. LA PORTE DE WESTPHALIE.

En amont de la ville de Minden, le Weser traverse un petit défilé qui marque son passage définitif de la montagne à la plaine : c'est la Porte de Westphalie. Le fleuve, qui avait jusqu'alors coulé entre deux murs de rochers parmi lesquels le grès domine, ne parcourt plus, en aval de cet étranglement, que des terrains marécageux entre des bords plats.

13. LE SCHNEEKOPPE VU DU KOPPENPLAN — 14. LE ZIEGENRUCKEN.

Ces deux montagnes représentent le plus haut sommet (Schneekoppe, ou tête de Neige, 1603 mètres) et l'un des autres principaux sommets (Ziegenrucken, ou dos de la Chèvre) des Monts des Géants ou Riesen Gebirge. L'Elbe prend sa source sur le versant méridional de ces montagnes (voir page 207). Le Riesen Gebirge, qui est formé de granit et de gneiss, forme un territoire ingrat, pauvre en ressources minières et peu favorable à la culture. La neige y séjourne huit ou neuf mois de l'année. La population est peu dense, les villages sont rares. L'élevage du bétail forme la ressource principale.

15. — L'ELBE
A LA BASTEI.
Phot. Tamme

*L'Elbe quitte la Bohême et entre dans la plaine de l'Allemagne du Nord par les défilés de la Bastei, entre l'Erzgebirge et le Riesengebirge. Les roches, formées de grès, présentent des amoncellements aux formes architecturales, et la région de la Bastei est renommée pour son pittoresque sous le nom de Suisse saxonne (voir plus loin, p. 163, l'Elbe en plaine à Magdebourg).*

16. — LA VALLÉE DE RÜBELAND DANS LE HARZ.

*Entre le Weser et l'Elbe, le Harz est le*

Phot. Greve

*massif montagneux le plus septentrional de l'Allemagne. Il est dominé par le Brocken (1140 mètres), sur lequel il existe en Allemagne des légendes célèbres. Le Harz est assez peuplé pour trois raisons : 1° c'est un massif forestier, donc un pays de bûcherons et de charbonniers ; 2° il renferme des gisements miniers (argent, plomb, fer) ; 3° c'est une région de villégiature fréquente.*

1. DANS LE SPREEWALD.
2. UNE NOCE
DANS LE SPREEWALD.

*Toute l'Allemagne du Nord est occupée par une vaste plaine d'origine glaciaire, et formée de graviers, de sables et d'argiles; elle est souvent sans relief marqué, et partant souvent marécageuse. Il a fallu la coloniser (c'est-à-dire la dessécher, engraisser le sol) pour tirer parti de ces marais et de ces sablières, dont l'aspect triste et pauvre rappelle celui de notre Sologne.*

*Le Spreewald, ou forêt de la Sprée, est le type des régions marécageuses de l'Allemagne du Nord. Il est situé sur le cours supérieur de la Sprée, la rivière de Berlin, qui s'y divise en un grand nombre de bras, enserrant comme une sorte de delta intérieur. Des marais et des bois le couvrent. On y*

*circule par les rivières qui tiennent lieu de routes, et tous les transports s'y font par bateaux. Des mœurs spéciales s'y sont maintenues en raison même des conditions spéciales que la nature impose : c'est, à tous égards, une des régions les plus curieuses de toute l'Allemagne.*

Phot. Sophus Williams.

3. MÉANDRES DE LA HAVEL.

*La Havel est un affluent de l'Elbe dans la plaine de l'Allemagne du Nord; elle se grossit de la Sprée. C'est moins une rivière véritable qu'un chapelet de lacs et d'étangs; dans ces régions plates, en effet, les eaux ont toute facilité pour s'étaler largement sur le sol.*

4. LE LAC DE TOLLENSÉE.

*Le grand nombre des lacs est un des traits caractéristiques des pays qui bordent la mer Baltique; ils en sont littéralement semés. L'origine de ces lacs résulte d'une action glaciaire ancienne. Le lac de Tollensée est situé dans le duché de Mecklembourg, au Nord de Berlin.*

Phot. Photoglob

5. LES DUNES DE KURISCHES HAFF.
6. LES FALAISES DE STUBBENHAMMER A RÜGEN.

*Deux types de côtes se succèdent, en Allemagne, le long de la mer Baltique : 1° les dunes sablonneuses emprisonnant dans l'intérieur du pays des lagunes, ou haffe, qui ne communiquent plus avec la mer que par des passages étroits et souvent peu profonds ; 2° des falaises, falaises crayeuses comme à Rügen, que la mer démolit assez vite ; remarquer au pied des falaises de Stubbenhammer les talus d'éboulis dont la végétation s'est emparée, et les blocs de roches plus dures qui ont résisté à la désagrégation et subsistent encore au pied de la falaise (voir volume de 1re année, Eboulis du cap de la Hève p. 45, le cap Gris Nez, p. 148, les falaises de Villers p. 149).*

7. ARRIVÉE A SWINEMUNDE.

Le littoral allemand de la mer Baltique est très inhospitalier. Les ports n'ont pu s'établir que sur les estuaires des principales rivières (Lübeck sur la Trave, Stettin sur l'Oder, Dantzig sur la Vistule, Kœnigsberg sur la Pregeß. Ces rivières se terminent par des régions deltaïques, plates et basses : Swinemunde est située sur le delta de l'Oder et sert d'avant-port à Stettin. Remarquer la ligne de pieux destinée à protéger la côte; la mer Baltique est d'ailleurs sans marée.

8. HELGOLAND.

On a vu plus haut (page 18), une vue générale de l'île d'Helgoland qui commande, dans la mer du Nord, l'entrée de l'Elbe. De forme triangulaire, elle se termine par des falaises à pic que les flots rongent rapidement. Les communications sont presque impossibles entre la mer et le plateau, sauf au Sud où l'existence d'une petite plage a permis l'établissement d'une petite ville.

## *B.* — La nation allemande.

**Longtemps morcelée, l'Allemagne ne forme une nation et un Empire que depuis 1871. Son unité a exercé une influence profonde sur son peuplement et sur son essor économique.**

1. *L'unité de race n'est pas absolue en Allemagne.* — Comme dans les autres États modernes, l'unité de l'État en Allemagne n'est pas fondée sur l'unité de la race. Sans doute, la **race germanique** constitue le fond essentiel de la population allemande (93 pour 100); mais :

1° On distingue deux éléments parmi les Germains : les *Allemands du Sud* (langue : le *hochdeutsch*; religion commune : le *catholicisme*) et les *Allemands du Nord* (langue : le *plattdeutsch*; religion commune : le *protestantisme*); tous ayant d'ailleurs un type assez analogue (haute taille, cheveux blonds, yeux bleus), mais plus accusé chez les seconds.

2° Il y a des Germains hors d'Allemagne : en Autriche, en Suisse, en Russie.

3° Il y a en Allemagne des populations non germaniques : *Polonais* (Pologne), *Français* (Lorraine), *Danois* (Sleswig), *Lithuaniens* (Prusse), *Tchèques* (Silésie et Saxe).

2. *L'unité allemande est l'œuvre de l'homme et non de la nature.* — Deux grands traits de sa géographie physique ont influé sur les destinées politiques de l'Allemagne :

1° L'**absence de frontières naturelles.** Ainsi, la race germanique, d'abord cantonnée dans la région rhénane, a pu s'étaler par les grands fleuves allemands, en repoussant les Slaves, jusqu'au delà de la Vistule;

2° La **diversité du sol**, surtout dans l'Allemagne du Sud. Elle a créé, chez ces hommes de même race, des ressources, des façons de vivre et de sentir différentes.

Longtemps l'Allemagne comprit plusieurs centaines d'États; l'ancien *Empire germanique* ne put jamais les ramener à l'unité.

L'**unité allemande** s'est faite au XIXᵉ siècle. Dès 1834, une Union Douanière unissait tous les états allemands en dehors de l'Autriche. Puis vint l'unification politique : *1864.* Annexion du Holstein, du Sleswig et du Lauenbourg; *1867.* Victoire de la

Prusse sur l'Allemagne du Sud et sur l'Autriche; *1871*. Victoire
de la Prusse sur la France et constitution de l'Empire allemand.

**2. L'Empire allemand est un état fédératif.** — L'Empire allemand est un État fédératif. Il comprend 4 **royaumes**
(*Prusse, Bavière, Saxe, Wurtemberg*), 6 **grands-duchés** (principaux : *Bade, Hesse*), 5 **duchés**, 7 **principautés**, 3 **villes libres**
(*Hambourg, Brême, Lubeck*) et une **Terre d'Empire** (*Alsace-
Lorraine*). Il y a peu de rapports entre les divisions politiques
de l'Allemagne et ses divisions naturelles.

Le **pouvoir exécutif** appartient à un *Empereur Allemand* (le
roi de Prusse) héréditaire, assisté d'un *chancelier*, qu'il nomme.

Le **pouvoir législatif** appartient à un *Bundesrath*, composé
de 58 plénipotentiaires nommés par les chefs des États fédérés,
et à un *Reichstag*, élu pour cinq ans au suffrage universel.

L'Empire a un budget distinct de ceux des États confédérés
pour les services publics (armée, marine, relations diploma-
tiques et commerciales, chemins de fer, postes et télégraphes).

**3. L'unité allemande a développé la prospérité éco-
nomique.** — L'unité allemande a puissamment contribué au
développement économique des États confédérés : en abaissant
les barrières douanières qui les séparaient, — en permettant de
compléter et d'unifier le réseau des voies de terre et d'eau,
— en encourageant et en protégeant l'industrie, — en créant
des débouchés commerciaux par des traités de commerce, — en
proclamant les principes de la « politique mondiale ».

**5. L'unité allemande a accru le peuplement de
l'Empire.** — Le surcroît de puissance matérielle et de prospérité économique a coïncidé avec un accroissement de la population de l'Empire, qui est de 65 millions d'habitants. —
C'est l'État le plus peuplé de l'Europe après la Russie. Cette
population a crû depuis 1871 (41 millions d'hab.), et croît
encore rapidement. L'accroissement se porte surtout sur la
population urbaine (48 de plus de 100000 hab., 23 de plus de
200000 hab.).

La densité moyenne (120 hab. au kilomètre carré) est encore
inférieure à celle du Royaume-Uni.

| NATURE DES ÉTATS | NOMS DES ÉTATS | SUPERFICIE K. M. Q. | NOMBRE DES HAB. | RÉGIONS NATURELLES auxquelles ils correspondent |
|---|---|---|---|---|
| ROYAUMES (4) | Prusse. | 348600 | 40105000 | *Plaine du Nord, Silésie, portions de la Hesse-Thuringe, du Plateau souabe-franconien et de la Région rhénane.* |
| | Bavière. | 75800 | 6887000 | *Plateau bavarois, portion du Plateau souabe-franconien.* |
| | Saxe. | 15000 | 4800000 | *Portion de la Saxe-Silésie, de la Plaine du Nord.* |
| | Wurtemberg. | 19500 | 2437000 | *Portion du Plateau souabe-franconien et de la Forêt-Noire.* |
| GRANDS-DUCHÉS (6) | Bade. | 15000 | 2142000 | *Portions des Pays rhénans et du Plateau souabe-franconien.* |
| | Hesse. | 7600 | 1282000 | *Portions des Pays rhénans et du Plateau Hesse-Thuringe.* |
| | Saxe-Weimar. | 3600 | 363000 | *Portions de la Hesse-Thuringe et de la Saxe.* |
| | Oldenbourg. | 6400 | 309000 | *Fragment de la Plaine du Nord, sans limites naturelles.* |
| | Mecklembourg-Strelitz. | 2900 | 102000 | *Idem* |
| | Mecklembourg-Schwerin. | 13100 | 607000 | *Idem.* |
| DUCHÉS (5) | Brunswick. | 3600 | 464000 | *Portions de la Plaine du Nord et de la Hesse-Thuringe.* |
| | Saxe-Meiningen. | 2400 | 250000 | *Portion de la Hesse-Thuringe.* |

| NATURE DES ÉTATS | NOMS DES ÉTATS | SUPERFICIE K. M. Q. | NOMBRE DES HAB. | RÉGIONS NATURELLES auxquelles ils correspondent |
|---|---|---|---|---|
| DUCHÉS (5) | Saxe-Altenbourg. | 1366 | 195000 | *Portions de la Hesse-Thuringe.* |
| | Saxe-Cobourg-Gotha. | 1900 | 220000 | *Portions de la Saxe et de la Hesse-Thuringe.* |
| | Anhalt. | 2300 | 316000 | *Portion de la Plaine du Nord.* |
| PRINCIPAUTÉS (7) | Schwaybourg-Sondershausen. | 861 | 84000 | *Portions de la Hesse-Thuringe et de la Saxe.* |
| | Schwarzbourg-Rudolstadt. | 942 | 93000 | *Idem.* |
| | Reuss (branche ainée). | 317 | 68000 | *Idem.* |
| | Reuss (branche cadette). | 827 | 139000 | *Idem.* |
| | Waldeck. | 1121 | 58000 | *Portion de la Hesse-Thuringe.* |
| | Schaumbourg-Lippe. | 340 | 43000 | *Portion de la plaine du Nord.* |
| | Lippe. | 1215 | 139000 | *Idem.* |
| VILLES LIBRES (3) | Hambourg | 415 | 1015000 | *Idem.* |
| | Brême. | 256 | 209000 | *Idem.* |
| | Lubeck. | 208 | 115000 | *Idem.* |
| TERRE D'EMPIRE (1) | Alsace-Lorraine. | 14500 | 1817000 | *Portion des Pays rhénans.* |

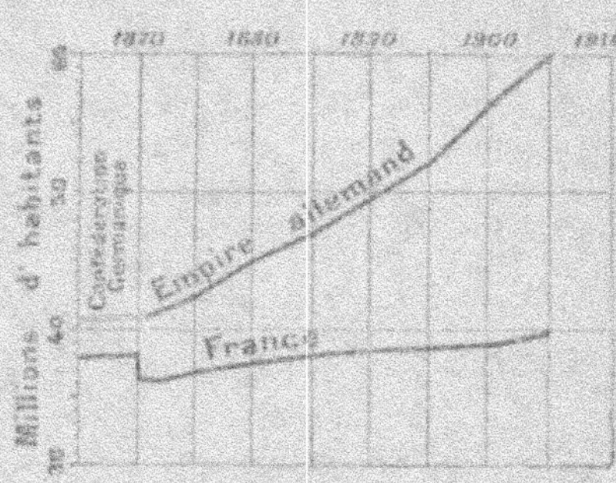


### 1. ACCROISSEMENT COMPARÉ DES POPULATIONS ALLEMANDE ET FRANÇAISE.

Il y a un demi-siècle, l'écart était insignifiant entre la population de l'Allemagne et celle de la France; aujourd'hui, cet écart est devenu considérable. C'est ce que montrent les chiffres.

En 1871, la France avait 36 millions d'habitants; en 1910, elle en a 39 millions et demi; le gain annuel de la population française a donc été

2. RÉPARTITION DE LA POPULATION DE L'ALLEMAGNE

de 80 000 habitants environ par an pour cette période. Dans le même temps, la population de l'Allemagne s'est élevée de 41 058 000 à 65 millions d'habitants, ce qui représente un gain annuel de plus de 500 000 habitants. La population de l'Allemagne augmente six à sept fois plus vite que celle de la France. C'est là un sujet de graves préoccupations pour ceux qui songent à l'avenir de notre pays.

La densité moyenne de la population de l'Allemagne est de 120 habitants par kilomètre carré, mais cette population n'est pas également répartie sur tout le territoire. Il faut noter : 1° que dans la plaine du Nord, qui est peu industrielle et n'a que de médiocres aptitudes agricoles, la densité est partout inférieure à 80 habitants, sauf le long des grands fleuves; 2° que les régions industrielles (pays rhénans, Saxe, Silésie) ont presque partout 150 habitants au moins par kilomètre carré, et forment des régions très peuplées.

### 3. POPULATION RURALE ET POPULATION URBAINE.

Comme conséquence du développement industriel de l'Allemagne, les campagnes se dépeuplent graduellement au profit des villes. Le fait se produit dans presque tous les grands États européens, mais en Allemagne il est plus sensible que partout ailleurs. En 1870, la population rurale comprenait 50 pour 100 de la population totale de l'Allemagne; elle n'en comprend plus aujourd'hui que 33 pour 100. Il en résulte, au point de vue social, des conséquences très importantes, le socialisme se recrutant principalement parmi les populations ouvrières des grandes villes. L'Allemagne compte 41 villes de plus de 100 000 habitants et 19 villes de plus de 200 000 habitants (France : 15 villes de plus de 100 000 habitants, 5 villes de plus de 200 000 habitants).

### 4. BERLIN, LE DÔME ET LE CHATEAU ROYAL.

Berlin est la capitale de l'Empire allemand. Elle est bâtie sur la Sprée, dans le Brandebourg, à mi-chemin entre les deux principales rivières de la plaine allemande, l'Elbe et l'Oder. Fort accrue depuis un demi-siècle (540 000 habitants en 1861), elle compte aujourd'hui plus de 2 millions d'habitants (3 millions et demi avec sa banlieue). Comme les villes récentes, elle n'a que des monuments modernes dont les plus anciens ont deux siècles au plus d'existence : le Château Royal date du commencement du dix-huitième siècle ; la plupart des autres sont postérieurs à la formation de l'unité allemande. La Sprée est une petite rivière dont la largeur ne dépasse guère 80 mètres ; comme la Seine à Paris, elle se divise en deux bras qui embrassent deux îles principales. Ce qui manque le plus à Berlin, quand on la compare à Paris, c'est cet entourage de collines boisées et semées de villas qui constituent à Paris un cadre gracieux et riant.

### C. — Les grandes régions de peuplement.

**La population de l'Allemagne est très inégalement répartie entre des régions industrielles et agricoles, dont les unes sont très riches et surpeuplées et les autres très pauvres.**

**1. *Le Plateau bavarois doit sa prospérité à sa situation plus qu'à son sol.*** — Couvert de forêts, de landes et de quelques pâturages dans la **région du Sud** (alluvions glaciaires), le plateau bavarois est, là, une région d'*élevage*, d'*industrie laitière* et d'*industrie du bois*. Il est peu peuplé.

Dans la **région du Nord** (limons fertiles), il est propre aux cultures (*céréales, houblon*) et à l'industrie de la *bière*. Il est plus peuplé.

Mais surtout, grâce à sa situation et au Danube, c'est une grande région de communication entre Europe occidentale et Europe centrale, entre Allemagne du Sud et Autriche. C'est là ce qui a fait de tout temps l'importance politique et économique de l'**État bavarois** (jadis duché, puis royaume).

Les principales villes sont : **Munich** (595 000 hab.), *Augsbourg* et *Ratisbonne*.

**2. *Le Plateau souabe-franconien est une région de forêts, de culture et de petite industrie.*** — Couvert de forêts dans les parties siliceuses, de cultures dans les parties calcaires, de pâturages dans les unes et les autres, ce plateau est surtout fertile et peuplé dans les **vallées**, abritées et plus chaudes (*vigne, fruits*), **du Neckar** et **du Main**, qui sont aussi les grandes voies entre pays rhénans et Bohême-Autriche.

La population est surtout agricole; cependant, dans les villages montagnards et dans les grandes villes, fleurissent de petites industries : *horlogerie, jouets de bois, bijouterie, imprimerie*.

On y trouve un grand nombre de petites villes, très anciennes, et quelques très grandes villes : **Nuremberg** (533 000 hab.), *Wurtzbourg*, **Francfort** (414 000 hab.), la **ville** du Main, et **Stuttgart**, la **ville** du Neckar.

**3. La Hesse-Thuringe est une région d'agriculture et de passage**. — Formée de massifs boisés, bons aussi pour les pâturages, et de dépressions couvertes de limons fertiles, la Hesse-Thuringe est surtout peuplée dans ces **dépressions**, qui sont propres aux cultures riches (*orge*, *blé*, etc.) et qui facilitent les communications entre les pays rhénans et la Saxe.

Les villes sont dans ces dépressions : *Weimar*, *Erfurt*, *Gotha*, sur le bord de la dépression de Thuringe (route entre Leipzig et Francfort) ; *Cassel*, *Gottingen*, dans les dépressions de Hesse (route entre Francfort et Hanovre).

**4. La région rhénane est une des régions essentielles de l'Empire par sa richesse agricole et industrielle**. — Entre des massifs hauts, froids et siliceux (*Vosges*, *Forêt-Noire*, *Massif schisteux rhénan*), couverts de bois et de pâturages, peu peuplés et sans grande ville, la région rhénane comprend une série de bassins (*Alsace*, *Palatinat*, *bassin de Mayence*, *bassin de Cologne*) que le **Rhin** unit entre eux.

Grâce aux alluvions du Rhin, au Sud, et aux limons du Nord, les cultures riches y abondent : *betterave*, *blé*, *vigne* sur les basses pentes bien exposées. De plus, l'élevage du mouton a déterminé l'**industrie textile** de la *laine*, qu'a suivie celle du *coton*, dont le centre principal est Mulhouse.

D'autre part, grâce aux grands bassins houillers de la Sarre et de la Ruhr, l'**industrie métallurgique** y a établi un de ses principaux foyers.

Enfin, le Rhin est la grande voie commerciale entre la mer du Nord et l'Europe centrale (ci-dessus p. 21, 100).

Aussi la région rhénane est-elle surpeuplée et possède-t-elle de nombreuses et grandes villes, industrielles et commerçantes : *Mulhouse*, *Colmar*, **Strasbourg**, **Carlsruhe**, dans la plaine du Sud ; *Metz* et *Trèves*, les villes de la Moselle et de la Sarre ; **Mannheim**, grand port fluvial ; *Mayence*, *Coblentz*, *Bonn*, **Cologne** (511 000 hab.), **Aix-la-Chapelle**, et la grande agglomération de la Ruhr : **Düsseldorf**, **Essen** (350 000 hab.), *Elberfeld*, *Barmen*, *Crefeld*, *Duisburg*.

**5. Il en est de même de la Saxe-Silésie**. — Région intermédiaire entre Haute et Basse Allemagne, la **Saxe** doit sa prospérité aux limons de sa région basse, qui en font un pays de grandes cultures (*betterave*) et d'industries agricoles (*sucre*), et à son bassin houiller, qui en fait un pays de **grande industrie** (*métallurgie, industrie cotonnière*).

Surpeuplée, la Saxe possède de très grandes villes : **Dresde** (574 000 hab.), **Chemnitz**, **Leipzig** (585 000 hab.).

La Saxe est unie au Nord et à la mer par la voie fluviale de l'Elbe.

Région intermédiaire entre la Bohême et la Basse Allemagne, **la Silésie** doit également sa prospérité aux limons de sa région basse, qui en font un pays de grandes cultures et d'industrie agricole (*betterave sucrière*) et au bassin minier de Haute Silésie, qui en fait un pays de **grande industrie** (*métallurgie, cotonnades*). La principale ville est **Breslau** (470 000 hab.).

La Silésie est unie au Nord et à la mer par la voie fluviale de l'Oder.

6. ***Les régions à limons de l'Allemagne du Nord ont des cultures riches et sont surpeuplées.*** — Comme la Basse Saxe et la Basse Silésie, les autres régions à limons de l'Allemagne du Nord (*Hanovre, Westphalie*) ont des cultures riches (*céréales, betterave*) et de **grandes industries agricoles**, dont la principale est l'*industrie sucrière*. Elles sont desservies par la grande ligne de navigation qui traverse l'Allemagne du Nord.

Elles ont une population rurale dense et quelques grandes villes : **Magdebourg**, *Brunswick*, **Hanovre**, *Münster*.

7. ***Le reste de l'Allemagne du Nord, seulement propre aux cultures maigres et à l'élevage extensif, est peu peuplé, mais possède Berlin.*** — Les landes du centre et les croupes baltiques comprennent des forêts, des cultures maigres (*seigle, sarrazin, pomme de terre*) et des pâturages (*chevaux, bœufs*). La grande propriété y domine, surtout à l'Est.

Toutefois, cette partie déshéritée de l'Allemagne du Nord est une **grande voie de communication** et crée un lien entre l'Allemagne industrielle du Sud et la mer, grâce à la rigole naturelle qui la traverse du Sud-Est au Nord-Ouest et aux **canaux** qui y relient les tronçons médians des fleuves : de la *Ruhr* à Minden (*Weser*), de Minden à Magdebourg (*Weser-Elbe*), de Magdebourg à Francfort-sur-Oder par Berlin (*Elbe-Oder*), de Nakel à Bromberg (*Netze-Vistule*).

La population est éparse, les villes rares : *Posen*, *Bromberg*. Mais, sur la ligne de la Sprée, entre Elbe et Oder, se trouve **Berlin**.

**8. *La destinée historique de Berlin était inscrite dans son sol*.** — La situation de Berlin s'explique parce qu'elle fut d'abord la capitale d'un état militaire. La **marche de Brandebourg** était, au moyen âge, un état militaire fondé afin de lutter contre les invasions des Barbares païens d'Orient. Berlin, situé au milieu des marécages de la ligne hydrographique Elbe-Havel-Sprée-Oder, se trouvait dans une position naturellement forte, au milieu de cette plaine où l'absence de hauteurs faisait des marécages les seules régions de défense naturelle. La forteresse de Berlin se trouve donc à l'origine de la puissance militaire des électeurs de Brandebourg, devenus plus tard rois de Prusse.

Berlin, après la révocation de l'édit de Nantes, accueillit une partie des protestants chassés de France, pour la plupart industriels; ils y établirent leurs manufactures. La place forte devint ainsi une véritable ville.

Mais Berlin n'est devenue une grande ville qu'après la constitution de l'empire allemand, qui en a fait la capitale d'un grand État moderne. De là sa nombreuse population : 2.040.000 habitants (3 millions et demi avec la banlieue) : la vieille forteresse de la marche brandebourgeoise est devenue, pour le nombre des habitants, la troisième ville d'Europe, la quatrième du monde.

**9. *La côte de la mer du Nord est plus favorisée et plus peuplée que la côte de la mer Baltique*.** — Généralement plates et sableuses, les côtes allemandes n'ont qu'une rare population de pêcheurs et de cultivateurs. Toutefois, la côte de la mer du Nord, bordée de *Marschen* (polders) propres à l'élevage du gros bétail, est plus peuplée.

Les ports naturels, haffs et estuaires, sont également rares. Toutefois, la mer du Nord est supérieure à la Baltique par la qualité des estuaires, par la richesse de l'arrière-pays (pays rhénans, Saxe) et par les débouchés vers l'extérieur.

Pourtant, à côté de *Kœnigsberg* et de *Dantzig*, la Baltique a des ports florissants : *Lubeck* et **Stettin**, le port de l'Oder. Mais la mer du Nord a **Brême** et surtout **Hambourg** (1.050.000 h.), le grand port de l'Elbe, le troisième port de l'Europe, le quatrième du monde. Hambourg a plusieurs annexes : la principale est *Altona*.

Phot. Stengel

1. MUNICH : LA MARIENPLATZ. — 2. LE MONUMENT DE LA BAVIÈRE.

L'Allemagne du Sud comprend essentiellement l'Alsace-Lorraine, le grand-duché de Bade, le royaume de Wurtemberg et le royaume de Bavière. Ce dernier, qui est par ordre d'importance le second de tous les États allemands (le premier étant la Prusse), est celui qui supporte le moins bien l'hégémonie prussienne, cela pour deux raisons : la Bavière est catholique et la Prusse protestante ; le tempérament bavarois est beaucoup plus expansif que la roideur prussienne. Le Monument de la Bavière est un symptôme de cet esprit particulariste. — Munich, ou München, capitale de la Bavière, est une ville ancienne, et elle renferme de nombreuses maisons du moyen âge : la Marienplatz est une des plus curieuses de la ville. En outre, de 1825 à 1864, les rois Louis Ier et Maximilien se sont plu à y construire une ville neuve, remplie de monuments imités de l'antique, qui ont valu à Munich le surnom « d'Athènes moderne ».

3. UNE RUE A GARMISCH.

*Tout au sud, l'Allemagne touche aux Alpes : là se dressent les Alpes bava-*
*roises qui sont très pittoresques, grâce à leurs sommets neigeux (voir p. 130) et*
*à leurs lacs. Aussi sont-elles un lieu de villégiature : Garmisch est l'un des vil-*
*lages des Alpes bavaroises où l'on séjourne le plus volontiers.*

4. OBERAMMERGAU.

*Le village d'Oberammergau appartient à la même région que celui de Gar-*
*misch. Il est célèbre surtout par les représentations théâtrales de la « Passion »*
*qui s'y donnent chaque année et qui constituent véritablement l'expression la*
*plus remarquable du théâtre populaire.*

1. NUREMBERG.
2. UNE RUE
A REUTLINGEN
(WURTEMBERG).

*L'Allemagne, surtout l'Allemagne du Sud, a conservé jusqu'à nos jours de nombreux souvenirs des époques passées, murailles et fossés, portes et tours, rues étroites, maisons à pignons dont les divers étages font de plus en plus saillie sur la rue, et dont les poutres apparentes à l'extérieur sont presquetoujours ornées de sculptures curieuses. La ville bavaroise de Nuremberg est sans doute, à cet égard, la ville la plus intéressante de l'Europe entière; elle est du reste fort active également, aussi prospère par son industrie et son commerce (montres et jouets de Nuremberg) que curieuse par ses souvenirs.*

3. MAIRIE DE MOLSHEIM.
4. LA CATHÉDRALE DE
STRASBOURG

Phot. Photoglob.

L'Alsace est au nombre des régions de l'Allemagne où il survit beaucoup du passé. Il n'est guère de ville qui ne montre des maisons curieuses, des portes, de vieilles rues bien conservées, des monuments datant principalement du quinzième ou du seizième siècle : à cette époque, grâce à sa situation sur un grand fleuve et au contact de ces deux pays si différents, la France et l'Allemagne, l'Alsace eut une grande prospérité commerciale.

Molsheim, sur la Bruche, possède un remarquable hôtel de ville, édifice du seizième siècle, en style de la Renaissance, avec balcons sur les côtés et double escalier extérieur surmonté d'une tourelle. La cathédrale de Strasbourg est un des très beaux spécimens de l'architecture ogivale ; elle est dominée par une flèche dont la pointe est à 142 mètres au-dessus du pied de l'édifice ; la seconde flèche n'a jamais été construite.

### 1. L'HÔTEL DE VILLE DE LÜBECK.

*Des trois villes hanséatiques, Lübeck, Brême, Hambourg, la plus importante fut jadis Lübeck ; elle était la capitale de la Hanse. Aujourd'hui, c'est de beaucoup la moins importante des trois : située sur la mer Baltique, elle est beaucoup moins bien placée que les deux autres ports, situés sur la mer du Nord, pour participer au commerce général moderne.*

### 2. LA BOURSE DE BRÊME.

*Brême est le port du Weser ; il a une grande activité ; c'est le siège de plusieurs importantes compagnies de navigation.*

*Malheureusement, l'estuaire du Weser est trop peu profond pour admettre les plus gros navires modernes ; le port de Brême est, en outre, éloigné de la mer. Brême a dû se créer un avant-port à Bremerhafen.*

Phot. Mertens.

3. HAMBOURG, LE SANDTHORQUAI

*Hambourg l'emporte aujourd'hui de beaucoup sur Brême et surtout sur Lübeck. C'est le second port de l'Europe entière (il vient après Londres); situé sur l'estuaire de l'Elbe, il a pour arrière-pays les riches régions industrielles de la Saxe, de la Silésie et de la Bohême. Son port présente une activité considérable (voir aussi pages 164 et 166). Le Sandthorquai est un des bassins les plus importants du port de Hambourg, le Sandthorhafen.*

4. LE PORT MILITAIRE DE KIEL.

*Kiel est situé au fond d'une baie allongée et assez étroite qui s'ouvre sur la mer Baltique, à la base de la péninsule du Jutland. C'est le principal port militaire de l'Allemagne.*

## D. — L'Allemagne économique.

**L'Allemagne est devenue en trente ans une des premières puissances économiques du monde.**

*1. L'Allemagne est l'État de l'Europe qui a relativement le plus de voies navigables.* — L'Allemagne a un réseau navigable de plus de 14 000 kilomètres, cours d'eau et canaux. Il comprend trois réseaux :

1° Le **réseau du Danube supérieur**, le moins parfait, important parce qu'il met en communication l'Allemagne du Sud et les pays allemands de l'Autriche-Hongrie (p. 131) ;

2° Le **réseau du Rhin**. — Le Rhin a toujours eu une grande importance comme voie navigable, à partir de Bâle et de son débouché dans la plaine alsacienne. Aujourd'hui, les travaux de rectification et d'approfondissement, exécutés sur le Rhin depuis 1840, lui ont maintenu son importance commerciale. La naissance et l'essor magnifique de l'industrie allemande dans la région rhénane, l'importation des matières premières, l'exportation des produits fabriqués, ont décuplé cette importance. Partout profond de 2 ou 3 mètres au moins entre la mer et Strasbourg, le Rhin voit circuler sur ses eaux des bateaux larges de 70 mètres et portant 1000 tonnes de marchandises. *Dusseldorf, Cologne, Mayence, Mannheim, Ludwigshafen, Strasbourg,* pourvus de quais, de bassins, de gares d'eau, sont devenus des ports intérieurs dont le commerce égale celui des ports maritimes de première importance ;

3° Le **réseau de l'Allemagne du Nord**. — L'œuvre de l'homme a achevé de faire de ce réseau un des meilleurs du monde : correction du cours des fleuves ; rétrécissement et approfondissement des chenaux navigables en y concentrant les eaux du fleuve par le moyen de *digues* et d'*épis noyés* ; surtout, coordination du réseau, en reliant par des *canaux* les réseaux de la Vistule, de l'Oder et de l'Elbe, donnant ainsi aux marchandises de l'Allemagne orientale un débouché sur la mer du Nord.

De grands projets tendraient à unir par des canaux ces trois réseaux entre eux.

# ALLEMAGNE

## POPULATION URBAINE ET RURALE

en 1870 :    urbaine 50 %      rurale 50 %

en 1901 :    urbaine 67 %      rurale 33 %

## POPULATION HABITANT LES VILLES
### DE PLUS DE 100.000 ÂMES

en Allemagne           en France

48 villes comptant 13.700.000 habitants      15 villes comptant 5.780.000 h.

plus du cinquième        moins du septième
de la population totale

## PRODUCTION DE LA BETTERAVE SUCRIÈRE

de l'Allemagne          du monde entier

2.200.000 t.      7 millions de tonnes

⅓ de la prod.ion
mondiale

## PRODUCTION DE LA POMME DE TERRE

| Allemagne | Russie | Autr.-Hong. | France | E.U. | Roy. Uni |
|---|---|---|---|---|---|
| 41 | 25 | 16 | 12 | 8 | 6 |

millions de tonnes

## PRODUCTION DU HOUBLON

de l'Allemagne          du monde entier

260.000 quint.x      750.000 quintaux

⅓ de la production
mondiale

## PRODUCTION DU FER

| Allemagne | Etats Unis | G.de Bret. | France | Russie |
|---|---|---|---|---|
| 19,7 | 53,8 | 15,2 | 11 | 5,4 |

millions de tonnes

**2. *L'Allemagne a un des plus longs réseaux ferrés de l'Europe*.** — Le réseau des voies ferrées dépasse 57 000 km. C'est le plus développé de l'Europe, absolument. Mais, relativement à la superficie du territoire, il est inférieur à ceux de la Belgique et de l'Angleterre. Ce réseau est surtout serré dans les grandes régions industrielles.

Les **voies les plus fréquentées** sont : 1° *celles qui unissent les régions industrielles entre elles* (de Francfort à Leipzig, de Leipzig à Munich, de ces trois villes à Berlin, à Hambourg et à Rotterdam) ; 2° *les voies transcontinentales* (Paris-Saint-Pétersbourg, par Berlin ; Paris-Vienne, par Munich ; Hambourg-Gênes ou Trieste, par les Alpes ; v. ci-dessous, p. 180).

**3. *L'Allemagne est plus riche en cultures industrielles qu'en produits simplement alimentaires*.** — L'Allemagne a une grande partie de son sol naturellement infertile. Malgré de nombreux travaux, 35 pour 100 de son sol sont encore couverts de forêts ou de landes incultes.

Les **produits alimentaires** les plus répandus sont les céréales pauvres, *seigle* et *avoine*, beaucoup plus que le blé et l'orge, et les *pommes de terre* (sols sableux et siliceux). La vigne n'est abondante que dans la région rhénane. La production des céréales augmente beaucoup moins rapidement que la population, et son insuffisance s'accentue rapidement.

Les **produits de l'élevage**, *bœufs* et *vaches* de l'Allemagne du Sud et des Marschen, *chevaux*, *moutons* et *porcs* de l'Allemagne du Nord, ne suffisent pas à la consommation.

Les **cultures indutrielles**, très abondantes sur les limons de la plaine du Nord et dans les bassins alluviaux de l'Allemagne du Sud, sont le *lin*, le *chanvre*, le *houblon* et surtout la *betterave sucrière* (plus de 10 pour 100 des terres riches).

L'Allemagne, pour sa subsistance, est tributaire de l'étranger.

**4. *L'industrie allemande, de développement récent, est la troisième du monde*.** — L'industrie allemande est née après 1871.

Les **causes de son développement** sont :

1° L'impulsion du gouvernement impérial ;

2° Sa production en houille (la troisième puissance du monde pour la quantité ; la première, pour le bas prix de la houille) ;

3° Sa production en minerais (fer, zinc) ;

4° Son réseau de voies navigables, pour le transport des matières lourdes.

Ses **grandes industries** sont :

1° L'*industrie métallurgique* (Sarre, Ruhr, Saxe-Silésie) ;

2° Les *industries chimiques*, succédanées de la houille ;

3° Les *industries textiles*, moins florissantes (laine, soie), sauf l'*industrie cotonnière* (Saxe-Silésie, Westphalie, Alsace) ;

4° Les *industries alimentaires* (*brasserie*, *alcools*), surtout l'*industrie sucrière*, la première du monde, égale à celles de la France et de l'Autriche-Hongrie réunies.

**5. *L'Allemagne est la deuxième puissance commerciale du monde*.** — De production industrielle très supérieure et de production agricole très inférieure à sa capacité de consommation, l'Allemagne est une grande puissance commerçante, possédant une flotte nombreuse.

La plus grande partie de son commerce extérieur se fait par **Hambourg**, le premier port de l'Europe continentale (port franc ; avant-port : *Cuxhaven* ; annexe : *Altona*), dont l'importance a encore augmenté depuis que le *canal de Kiel* le relie directement à la Baltique. Les autres débouchés maritimes de l'Allemagne sont *Brême*, *Stettin* et surtout **Rotterdam** (voie du Rhin).

Son commerce annuel s'élève à près de 21 milliards de francs et n'est dépassé que par celui du Royaume-Uni. Ses importations (55 p. 100) sont supérieures à ses exportations (45 p. 100).

**Elle importe** : des *matières premières* (coton des États-Unis, laine de l'Argentine, soie de la Chine), des *produits alimentaires* (céréales des États-Unis, de la Russie, de la Hongrie ; bétail des États-Unis, de l'Argentine et de la Hongrie ; vins de France et de Hongrie ; café du Brésil) et des *objets fabriqués* (soieries et articles de Paris) de France et d'Angleterre.

**Elle exporte** : des *objets fabriqués* (produits chimiques, dans le monde entier ; métallurgie et cotonnades, dans les pays neufs et dans l'Europe orientale) ; des *produits alimentaires* (sucre et alcools, dans l'Europe orientale), des *matières premières* (houille et fer, dans l'Europe orientale et méditerranéenne).

Ses **principaux clients** sont : la *Grande-Bretagne*, les *États-Unis*, l'*Autriche-Hongrie*, la *Russie*, la *France*, les *Pays-Bas*, les *États balkaniques*. Elle fait plus des deux tiers de son commerce avec l'*Europe*.

1. CARTE DES VOIES NAVIGABLES.

L'Allemagne doit une partie de sa prospérité économique à son réseau de voies navigables qui facilite les transports à bon marché des matières premières et des combustibles. Il a plus de 14 000 kilomètres de développement et forme deux groupes principaux : 1° le groupe Rhin-Danube, uni par le canal Ludwig ; 2° le groupe Elbe-Oder-Vistule. Pour compléter ce réseau, on demande l'exécution d'un Mittelland-Canal, reliant le Rhin à l'Elbe, et celle d'un canal unissant la Moldau, affluent de l'Elbe, ou l'Oder au Danube.

Phot. Schönscheidt.

2. LE RHIN A COLOGNE.

Le Rhin forme une voie navigable de premier ordre. Des travaux d'aménagement l'ont rendu accessible jusqu'à Strasbourg.

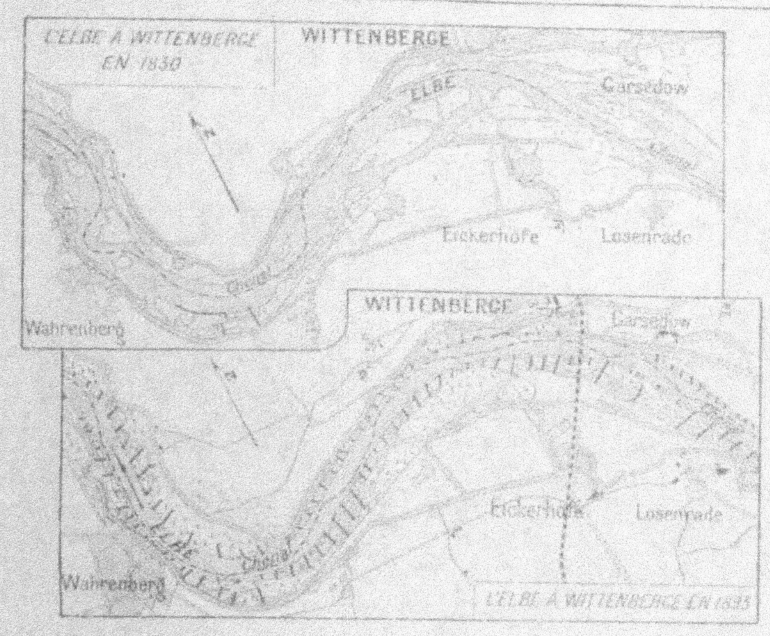

3. CORRECTION DU COURS DE L'ELBE. — 4. L'ELBE A MAGDEBOURG.

*Le Rhin est un fleuve puissant; mais l'Elbe, l'Oder et la Vistule, qui prennent leur source dans des montagnes sans neiges persistantes et sans glaciers, n'ont une partie de l'année qu'un faible débit. Au début du dernier siècle, ils divaguaient; des îles et des bancs de sable parsemaient leur lit sans profondeur qui n'admettait que les embarcations de petit tonnage. On les a corrigés par l'établissement d'épis noyés qui ont rétréci leur lit et forcé leurs eaux à se creuser un chenal approfondi et stable. Aujourd'hui, ils portent des embarcations profondes de 70 à 80 centimètres seulement, mais assez longues et larges pour transporter des charges de 400 tonnes et plus.*

Phot. Lévy.

5. — UN CANAL A HAMBOURG.

D'innombrables bateaux de rivières amènent à Hambourg, des pays de l'Elbe et de l'Oder, les marchandises à destination de l'étranger, et réciproquement chargent à destination de l'intérieur les matières premières amenées de l'étranger.

Phot. Haeseler.

6. — LE CANAL MARITIME A GRUNTHAL.

Pour communiquer entre eux, les ports allemands de la Baltique et de la mer du Nord devaient jadis emprunter la voie danoise du Sund. Afin de s'assurer des communications indépendantes et plus directes, l'Allemagne a fait creuser, à la racine de la péninsule du Jutland, un canal maritime qui unit l'embouchure de l'Elbe à la rade de Kiel : il livre accès aux plus forts navires.

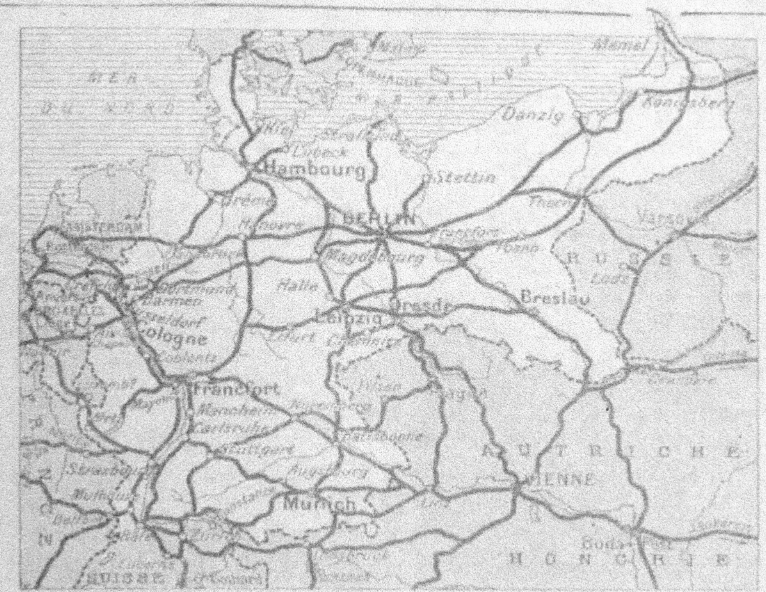

7. LES VOIES FERRÉES DE L'ALLEMAGNE.

Elles rayonnent principalement autour de Berlin; Hambourg, Leipzig, Munich forment des nœuds secondaires. Quelques-unes ont une importance transeuropéenne : notamment la ligne Paris-Pétersbourg par Cologne, Hanovre, Berlin, Kœnigsberg, la ligne Paris-Vienne par Strasbourg, Stuttgart, Munich.

Phot. Schönscheidt

8. LA GARE DE COLOGNE.

Le développement économique de l'Allemagne a fait surgir des monuments multiples (gares de chemins de fer ; Bourses, Chambres de commerce, etc.), dont la caractéristique architecturale est d'être grandioses, colossaux.

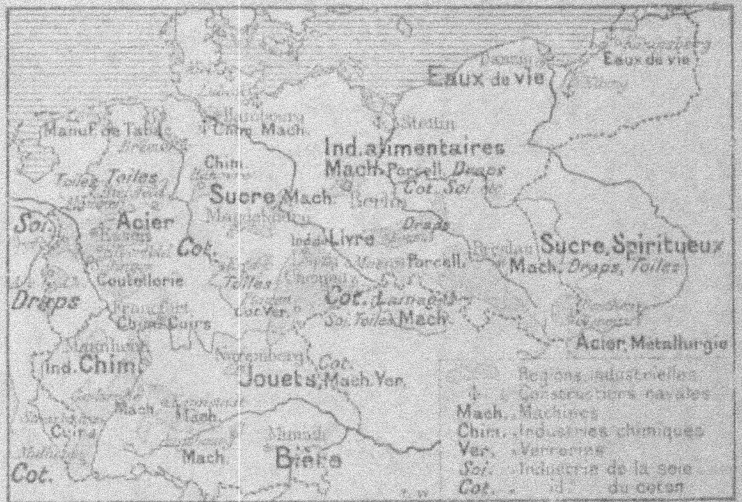


1. GISEMENTS MINIERS DE L'ALLEMAGNE. — 2. PRINCIPALES INDUSTRIES.

*L'Allemagne méridionale appartient à la zone des plissements hercyniens très riche en minerais. L'Allemagne est bien pourvue de houille, de fer, de cuivre, de plomb; elle a de l'argent et de l'étain. La région rhénane vers la Ruhr, la Saxe et la Silésie, constituent les trois principales régions minières. Ce sont aussi les trois grandes régions industrielles : région rhénane (aciers, soieries, draps), Saxe (sucre, cotonnades et lainages), Silésie (sucre, draps, toiles). Pour les progrès de l'industrie allemande, voir les schémas des pages 65 et 67.*

Phot. Mertens.

3. LA VILLE INDUSTRIELLE DE BOCHUM.

*Bochum est une des villes industrielles du bassin de la Ruhr, dans l'Allemagne rhénane, avec Essen, Dortmund, Iserlohn, Hagen, Remscheid, Solingen. L'industrie métallurgique y domine, chaque ville ayant sa spécialité, canons, rails, locomotives, wagons, plaques de blindage, aiguilles, patins, outils, couteaux, armes blanches.*

4. L'ATELIER DES CANONS DE L'USINE KRUPP.

*L'usine Krupp, à Essen, est une des plus importantes du monde entier. C'est elle qui fabrique depuis longtemps ces canons d'acier qui ont fait l'une des supériorités de l'armée allemande.*

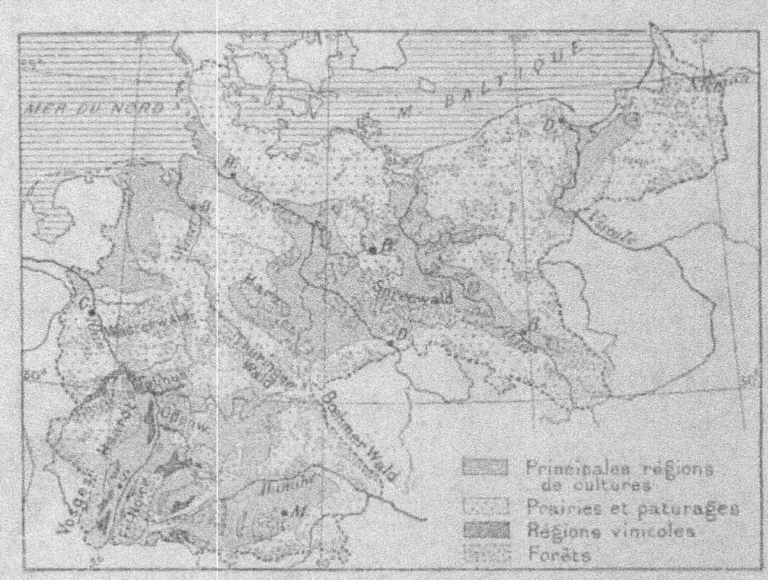


1. CARTE AGRICOLE DE L'ALLEMAGNE.

*L'Allemagne est formée en majeure partie de sols pauvres dans sa moitié septentrionale ; dans sa moitié méridionale, elle est couverte de montagnes. Il en résulte que près de la moitié de son étendue est occupée par des bois et des pâturages. Les régions de riches cultures sont les plaines de limon de l'Allemagne du Sud (Alsace), de la Saxe et de la Silésie, ainsi que la région des marschen du littoral de la mer du Nord, marais que l'industrie humaine a transformés en polders fertiles. Peu de vignobles, et seulement dans la région rhénane.*

2. IMPORTATION DE PRODUITS ALIMENTAIRES EN ALLEMAGNE (1870-1908).

*Bien que les Allemands aient développé leur agriculture avec méthode et science, celle-ci est loin d'avoir progressé aussi vite que l'augmentation du nombre des habitants et l'accroissement des besoins alimentaires du pays. Aussi l'Allemagne est-elle de plus en plus tributaire de l'étranger pour une forte partie de sa nourriture. Elle importe actuellement pour plus de 3 milliards de francs de produits alimentaires par an (céréales 800 à 900 millions, bétail et viandes 600 millions, poissons 100 millions, œufs 100 millions, fruits 180 millions, café 220 millions, etc.). Sur ce point, l'Allemagne ressemble à l'Angleterre et à la Belgique ; la France se suffit mieux par ses propres ressources.*

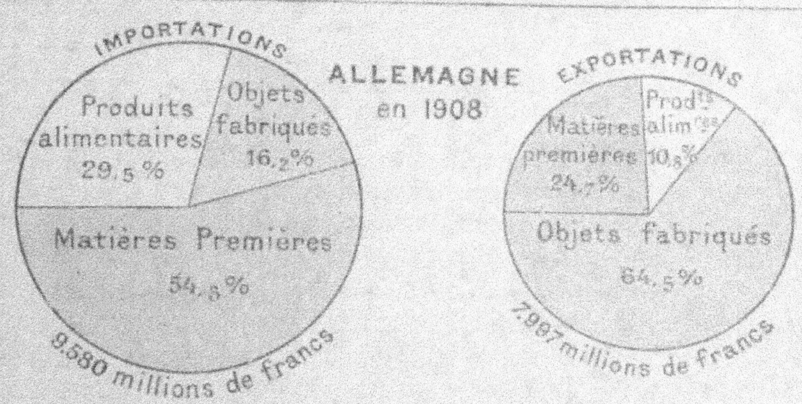


1. COMMERCE EXTÉRIEUR DE L'ALLEMAGNE.

*On a vu plus haut (p. 67) le progrès considérable du commerce extérieur de l'Allemagne depuis trente ou quarante ans ; l'Allemagne est actuellement la seconde puissance commerciale du monde entier (elle vient après l'Angleterre, un peu avant les États-Unis, bien avant la France). Il faut noter que : 1° depuis longtemps, à peu de chose près, les importations représentent 55 pour 100 et les exportations 45 pour 100 du total annuel de ce commerce : l'Allemagne achète donc plus qu'elle ne vend ; — 2° les importations sont formées, pour plus de la moitié de matières premières, et pour près d'un tiers de produits alimentaires ; les exportations sont des objets fabriqués pour les deux tiers : ces faits prouvent à la fois l'insuffisance de l'agriculture allemande, et au contraire la grande prospérité de l'industrie. L'agriculture de l'Allemagne est dans l'impossibilité de nourrir tous ses habitants, même de leur fournir les denrées absolument indispensables.*

2. PROGRÈS DU PORT DE HAMBOURG
DE 1870 A 1907.

*En 1870, Hambourg n'était qu'un port bien modeste ; il comptait à peine parmi les ports notables de l'Europe. La situation est bien changée ; Hambourg est aujourd'hui le plus grand port du continent européen ; de 1870 à 1907, son commerce a augmenté huit fois.*

*Les progrès du port de Hambourg résultent du grand développement industriel de l'Allemagne depuis un tiers de siècle ; ils ont été favorisés par l'amélioration de la navigabilité de l'Elbe, et par l'établissement de canaux entre l'Elbe et l'Oder. Grâce à ces travaux, Hambourg est devenu le port des deux grandes régions industrielles allemandes de la Saxe et de la Silésie,*

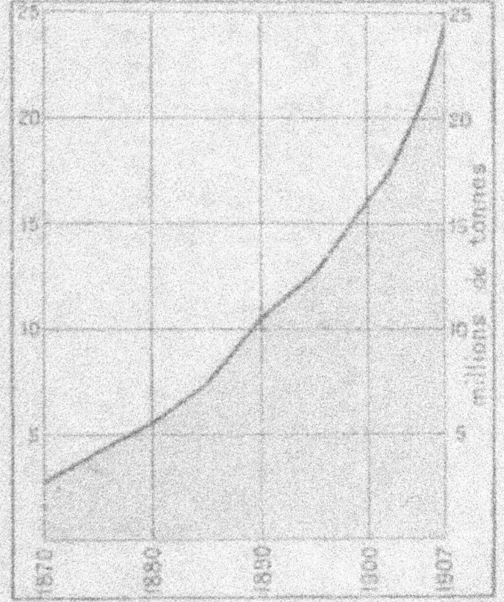


*ainsi que de la plus importante région industrielle autrichienne, la Bohème.*

## E. — L'impérialisme allemand.

**L'impérialisme allemand et la « Politique mondiale » sont nés des victoires politiques et économiques de l'Empire allemand et de l'accroissement de sa population.**

**1. *La « politique mondiale » est le principe du développement économique de l'Allemagne*. —** « Weltpolitik » (politique mondiale) est un mot qu'inventèrent les théoriciens politiques allemands pour indiquer que l'Empire ne doit pas jouer un rôle politique et économique prépondérant seulement en Europe, mais aussi dans le monde entier, par l'émigration des nationaux, la fondation de colonies, l'établissement de comptoirs commerciaux partout où il y a des matières premières à exploiter, des industries à créer, des produits à importer ou à exporter.

**2. *L'Allemagne a un empire colonial très médiocre*.** — L'empire colonial de l'Allemagne, de fondation très récente, est assez étendu (2 600 000 kil. carrés), mais très peu peuplé (13 600 000 hab.).

Les principales colonies sont **en Afrique** : *Togoland, Cameroun, Afrique Orientale allemande, Sud-Ouest africain*. Les deux premières, analogues par la constitution et le climat à la Colonie belge du Congo, mais sans les avantages d'un grand fleuve, se développent lentement et pourront devenir des centres importants d'exportation de caoutchouc, d'huile de palme et de café. — La troisième n'est encore cultivée que sur la côte, et son commerce, par le fait de sa situation, plus éloignée de la mer Rouge et de la route de l'Inde, est inférieur à celui de l'Afrique Orientale anglaise et de Zanzibar. — La quatrième est un désert.

Autres colonies : *en Océanie*, la Terre de l'Empereur Guillaume, les Iles Bismarck et Salomon, les Carolines, les Mariannes et les Samoa ; *en Asie*, Kiao-Tchéou.

Ces colonies servent moins à l'Allemagne de territoires d'exploitation que de points d'appui éventuels pour sa flotte.

**5. L'Allemagne a de nombreux nationaux formant de véritables « colonies » en Europe et hors d'Europe.** — Pendant une certaine période, surtout entre 1875 et 1890, sa population s'accroissant plus vite que ses ressources, l'Allemagne a été un foyer de **grande émigration**. Cette émigration est aujourd'hui presque arrêtée. Mais les émigrés ont formé à l'étranger de véritables colonies, conservant le plus possible l'esprit de leur race (*Deutchthum*).

Les Allemands émigrés se sont établis surtout :

1° **En Europe** : *Russie, Bohême, Autriche, Alpes autrichiennes, Suisse, Belgique, Hollande*, c'est-à-dire sur tout le pourtour de l'Empire (sauf la France, où ils sont peu nombreux) ;

2° **Hors d'Europe** : *États-Unis, Guatémala* et *Honduras, Brésil, Argentine*, c'est-à-dire surtout dans les pays neufs d'Amérique.

Ils ont en outre des **comptoirs commerciaux** dans le monde entier, surtout en *Extrême-Orient* et en *Asie Mineure*.

**4. Pourtant, l'Allemagne est moins encore une puissance mondiale qu'une puissance continentale.** — Malgré son essor commercial et son émigration (d'ailleurs arrêtée à l'heure actuelle), l'Allemagne est surtout une puissance continentale et européenne.

1° Son territoire est plus continental que maritime ;

2° De nombreux Allemands sont établis dans l'Europe centrale et détournent une partie de son action politique ;

3° Sa puissance militaire est encore beaucoup plus terrienne que navale ;

4° Elle fait les deux tiers de son commerce avec l'Europe.

Mais, de plus en plus, elle travaille à échapper aux lois de la géographie, qui la disposent plus à l'hégémonie de l'Europe centrale qu'à l'expansion mondiale.

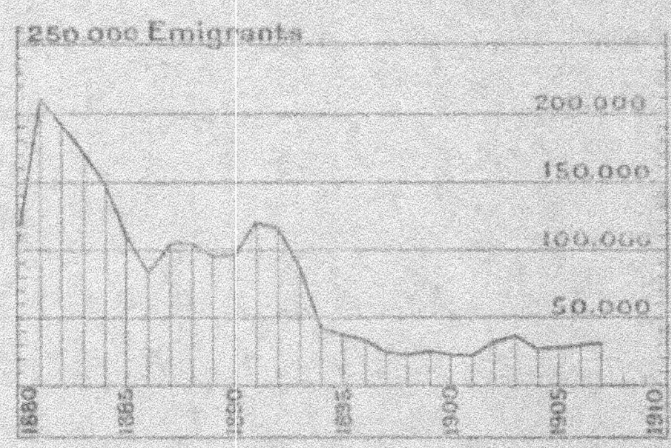


**1. L'ÉMIGRATION ALLEMANDE.**

*L'Allemagne est très peuplée; son agriculture est médiocre; seule son industrie est très prospère. Ces faits expliquent les variations de l'émigration allemande dont l'histoire, depuis un demi-siècle a comporté trois phases principales : 1° avant le grand essor industriel, la population s'accroissant plus vite que les res- sources, l'émigration est importante; elle le fut pendant tout le cours du dernier siècle et atteignit son maximum de 1875 à 1892 (en 1881, il y eut plus de 220.000 émigrants allemands); — 2° le grand essor industriel qui se manifeste après 1890 amène un ralentissement très marqué dans l'émigration (vers 1900, moins de 30.000 émigrants annuels); — 3° actuellement, le progrès industriel, quelque grand qu'il soit, est moindre que l'accroissement de la population, et l'on constate une légère augmentation de l'émigration (en 1908, plus de 30.000 départs).*

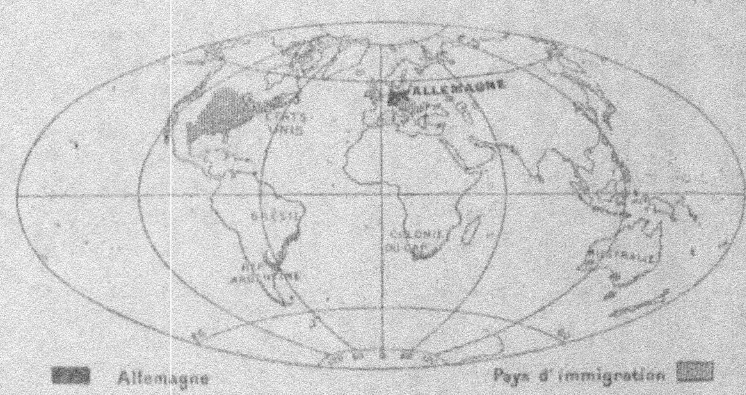


**2. PAY D'IMMIGRATION ALLEMANDE.**

*Les Allemands émigrent principalement vers trois régions : 1° ils émigrent en Europe, vers tous les pays qui avoisinent l'Allemagne, sauf la France, et principalement vers l'Autriche et la Russie, où il existe d'assez nombreuses colonies allemandes; — 2° ils émigrent vers l'Amérique du Nord, où ils forment dans les États-Unis du Centre-Nord (Chicago, Milwaukee, Saint-Louis) une fraction très notable de la population : certains quartiers de ces villes sont presque entièrement allemands — 3° ils émigrent vers l'Amérique du Sud (provinces méridionales du Brésil et République Argentine). — Des Allemands, mais en moindre nombre, émigrent également en Australie et dans l'Afrique australe.*

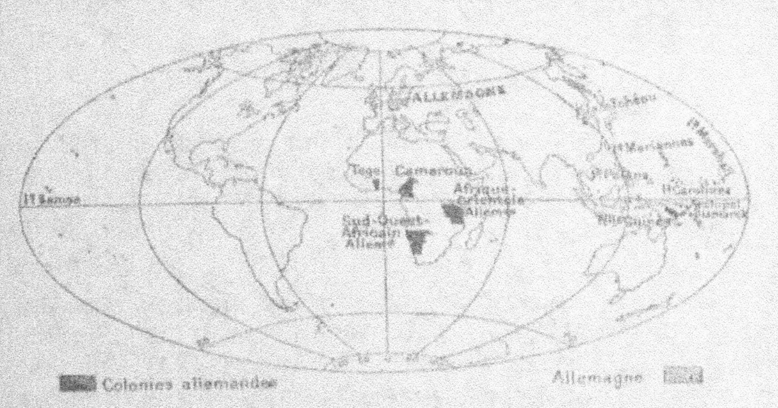


3. COLONIES ALLEMANDES.

*L'Allemagne n'a eu d'ambitions coloniales qu'après avoir réalisé son unité politique et nationale, c'est-à-dire depuis la dernière partie du dix-neuvième siècle. Or, déjà, à cette époque, l'Angleterre, la France et plusieurs autres puissances avaient constitué des empires coloniaux étendus et florissants ; l'Allemagne dut donc se contenter des pays, généralement de valeur assez médiocre, qui restaient disponibles. Si l'on excepte le territoire de Kiao-Tcheou, en Chine, qui leur donne un pied dans ce pays peuplé et riche, les Allemands n'ont de colonies qu'en Afrique et en Océanie : en Afrique, le Togo, le Cameroun, le Sud-Ouest africain, l'Afrique orientale allemande ; en Océanie, une partie de la Nouvelle-Guinée, l'archipel Bismarck, les Palaos, les Mariannes, les Carolines, les Marshall. Ces différentes terres sont pourvues de faibles ressources, peu peuplées, et d'un avenir, semble-t-il, peu brillant.*

*On a souvent, dans le Parlement allemand, révoqué en doute l'utilité de colonies semblables pour l'Allemagne.*

4. IMPORTANCE COMPARÉE DE L'EMPIRE
COLONIAL ALLEMAND.

*L'empire colonial allemand, bien que très inférieur en étendue à celui de l'Angleterre et à celui de la France, est pourtant assez vaste (cinq fois environ l'étendue de l'Allemagne, le quart de l'Europe), mais il se compose de pays mal pourvus de ressources, partant peu peuplés (13 millions d'habitants seulement).*

*C'est ce fait qui explique que les émigrants allemands se dirigent non pas vers les colonies allemandes, qui ne leur offrent aucune perspective brillante, mais vers les États-Unis, le Brésil et d'autres pays riches et neufs, où les ressources abondent et où les hommes sont encore rares.*

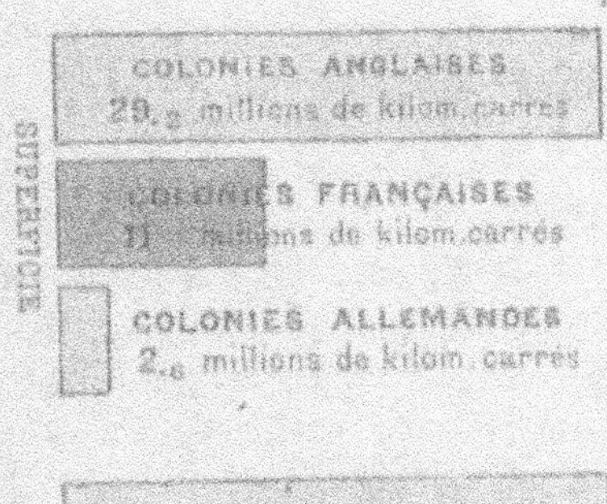

SUPERFICIE

COLONIES ANGLAISES
29,8 millions de kilom. carrés

COLONIES FRANÇAISES
11 millions de kilom. carrés

COLONIES ALLEMANDES
2,6 millions de kilom. carrés

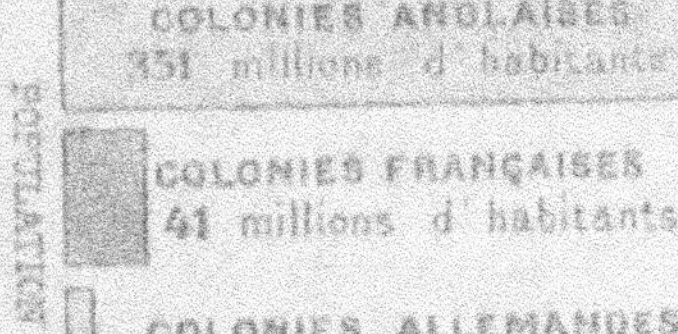

POPULATION

COLONIES ANGLAISES
351 millions d'habitants

COLONIES FRANÇAISES
41 millions d'habitants

COLONIES ALLEMANDES
13 millions d'habitants

# VIII. — LA SUISSE

La Suisse, petit pays continental et montagneux, doit son importance actuelle à son industrie et au courant économique qui la traverse grâce aux percées alpines. Elle est le « carrefour de l'Europe. »

1. *La Suisse comprend trois régions naturelles : Alpes, Jura, Plaine Suisse.* — La Suisse n'a que 41 350 kilomètres carrés. Elle n'est point baignée par la mer. Les sept dixièmes de sa superficie sont montagneux. Mais elle est entourée par quatre des plus importants États du monde : *France, Allemagne, Autriche-Hongrie, Italie.*

Elle comprend trois régions naturelles :

1° Les Alpes ;
2° Le Jura ;
3° La Plaine Suisse.

De ces trois régions, seule la plaine appartient dans son intégralité au territoire de la Suisse.

2. *Les Alpes Suisses sont la portion la plus haute et la plus épaisse du massif le plus haut et le plus épais de l'Europe.* — Les Alpes Suisses sont la portion centrale des Alpes. Elles sont constituées par les **Hautes Alpes** (3000 à 4000 m.), généralement cristallines (*Oberland Bernois, Tœdi, Alpes Rhétiques, Alpes Lépontiennes*), flanquées au Nord et au Sud de **Préalpes**, plus basses et généralement sédimentaires.

Le **climat** y est rude, les précipitations atmosphériques (pluies et neiges) abondantes ; elles alimentent de nombreux glaciers.

Les **cours d'eau** sont torrentiels : pente rapide, fortes crues. Ce sont : le *Rhin*, le *Rhône*, l'*Aar*, l'*Inn*, le *Tessin*.

La **végétation** comprend plusieurs zones : *prairies* et *terres cultivables* aux basses altitudes, puis *forêts à feuilles caduques* ; plus haut, *forêts à conifères* ; plus haut encore *alpages* ; enfin, *glaciers et neiges éternelles*, qui commencent à 2600 m.

Les Alpes Suisses sont, comme tout le massif alpin, sillonnées de **vallées longitudinales** et **transversales** d'accès facile : *Engadine* (Inn), *Rheinthal* (Rhin), *Valais* (Rhône), *Val Leventina*

(Tessin). Certaines sont occupées par des lacs, résultant de l'érosion des anciens glaciers, qui jadis occupèrent ces vallées et y creusèrent des fosses où se sont logées les eaux : *lacs de Constance, de Zurich, des Quatre-Cantons, de Genève.*

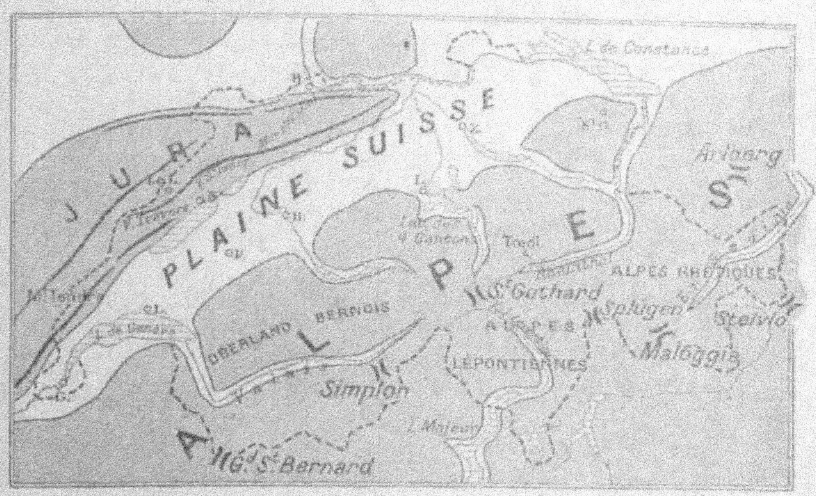


## LE SOL DE LA SUISSE

| Cultures 25% | Prairies 26% | Forêts 21% | Improductif 28% |
| --- | --- | --- | --- |

## SUPERFICIE

| de la région montagneuse 2/3 | de la plaine 1/3 |
| --- | --- |

## POPULATION

| de la région montagneuse 1/3 | de la plaine 2/3 |
| --- | --- |

SUISSE.

Enfin, les Alpes Suisses sont franchies par quelques cols relativement bas : *Grand-Saint-Bernard, Simplon, Saint-Gothard, Splügen, Maloggia, Arlberg.*

De climat rude, mais d'accès facile, les Alpes sont plus favorables à la circulation qu'à l'habitation.

**3. *Le Jura Suisse n'est que le versant abrupt des chaînons jurassiens***. — Le Jura dans son ensemble comprend (voir *La France*, 1re année. p. 139) des chaînons parallèles, plus hauts et plus serrés à l'Est (partie suisse), plus bas et enserrant des plateaux à l'Ouest (partie française). Le Jura est donc, dans la partie suisse, formé de chaînons calcaires, parallèles, assez hauts (*Mont Tendre*, 1680 mètres), tombant en abrupt sur la plaine.

La montagne a un climat rude, des rivières torrentielles; riche en forêts et en pâturages, elle admet peu de cultures.

Mais le Jura est coupé de *cols* franchissables et sillonné de *vals* abrités et propres aux cultures : *Val Travers*, *Val Saint-Imier*, *Münster Thal*.

**4. *La Plaine Suisse est large, bien encadrée, de climat relativement tempérée et de sol fertile***. — La Plaine Suisse, allongée entre les deux massifs des Alpes et du Jura, est surtout constituée soit par des *molasses* tertiaires, sédiments surtout argileux qui se sont déposés à l'époque où la plaine formait un lac entre les deux soulèvements, soit par des alluvions glaciaires, qui se sont répandues postérieurement, à une époque où, la plaine étant déjà émergée, les glaciers descendaient de la montagne jusqu'à elle. Ces deux formations sont également fertiles.

Plus basse que les massifs (500 m. environ), elle est plus chaude et apte aux cultures. Elle possède des lacs (*lac de Neuchâtel*), qui s'allongent au pied du Jura et une grande rivière: l'*Aar*.

Elle communique au Sud avec la France par la *trouée de Genève* (Rhône), et au Nord avec l'Alsace par la *trouée de Bâle* (Rhin).

**5. *La population de la Suisse comprend trois principaux éléments***. — Barrière entre le Nord et le Sud, mais barrière franchissable grâce à la Plaine Suisse et aux vallées alpines, la Suisse fut de tout temps une région de passage.

Trois races l'occupent : les **Allemands**, au Nord et au Centre, de beaucoup les plus nombreux; les **Français**, au Sud-Ouest, les **Italiens**, au Sud-Est. Une vieille population romanche, les *Grisons*, occupe quelques vallées des Alpes Rhétiques. Ces divisions s'affirment moins aujourd'hui par le type ethnique que par la langue et la religion.

Cette population forme une *République Fédérale* (25 cantons). Elle s'élève à 3 736 000 habitants, soit 91 au kilomètre carré.

**6.** *Elle est surtout groupée dans la Plaine Suisse*. — Les vallées des Alpes n'ont que de petites communautés pastorales et des stations fréquentées par les étrangers. Seul, le Valais (cultures, vigne) est plus peuplé. Le Jura l'est encore plus, grâce à ses pâturages et surtout à l'industrie de l'horlogerie, dont les centres sont *La Chaux-de-Fonds* et *Le Locle*.

La **Plaine Suisse** est la région vitale du pays.

Elle en est :

1° La **principale région agricole**. Les *forêts* y sont plus abondantes que dans les Alpes mêmes, aux sommets chauves. Les *céréales* y trouvent le seul terrain qui leur soit favorable en Suisse. La *vigne* et les fruits réussissent, au Sud, dans le Valais et sur les bords du Léman. Mais c'est surtout l'*élevage* des bêtes à cornes (*industries laitières*) qui enrichit la plaine ;

2° La **principale région industrielle**. Aux abords des montagnes du pourtour, les Suisses ont suppléé au manque de houille par l'utilisation des torrents. Leurs forêts et leurs troupeaux leur ont servi à développer les industries du bois (scieries, papeteries, coffres d'horlogerie) et les tissages de laine auxquels sont venus s'ajouter ceux de coton et de soie ;

3° La **principale région commerciale**. Entre l'Allemagne du Sud et la France de l'Est, au débouché de la voie du Rhône, de la voie du Rhin et des voies alpestres, la Plaine Suisse est un des carrefours de l'Europe.

Tous ces caractères expliquent la densité de la population dans la Plaine Suisse. La Plaine Suisse a le tiers de la superficie et les deux tiers de la population du pays. Sur onze villes de plus de 20000 habitants que possède la Suisse, neuf sont dans la plaine, et parmi elle les quatre grandes villes du pays.

La vie agricole domine dans le Sud, dont la capitale est **Berne** (85000 hab.) ; v. p. : *Lausanne, Fribourg, Neuchâtel*.

La vie industrielle domine dans le Nord, dont la capitale est **Zurich** (190000 hab.) ; elle a gagné de là les parties basses des Alpes (v. p. : *Lucerne, Saint-Gall*).

La vie commerciale, partout intense dans la plaine, a créé aux deux extrémités les deux grands marchés de **Bâle** (132000 hab.) et de **Genève** (125000 hab.).

**7.** *La Suisse est surtout un pays d'élevage et d'industrie*. — Peu avantagée par son sol et son climat, la Suisse doit sa prospérité à l'énergie de ses habitants, à sa situation au

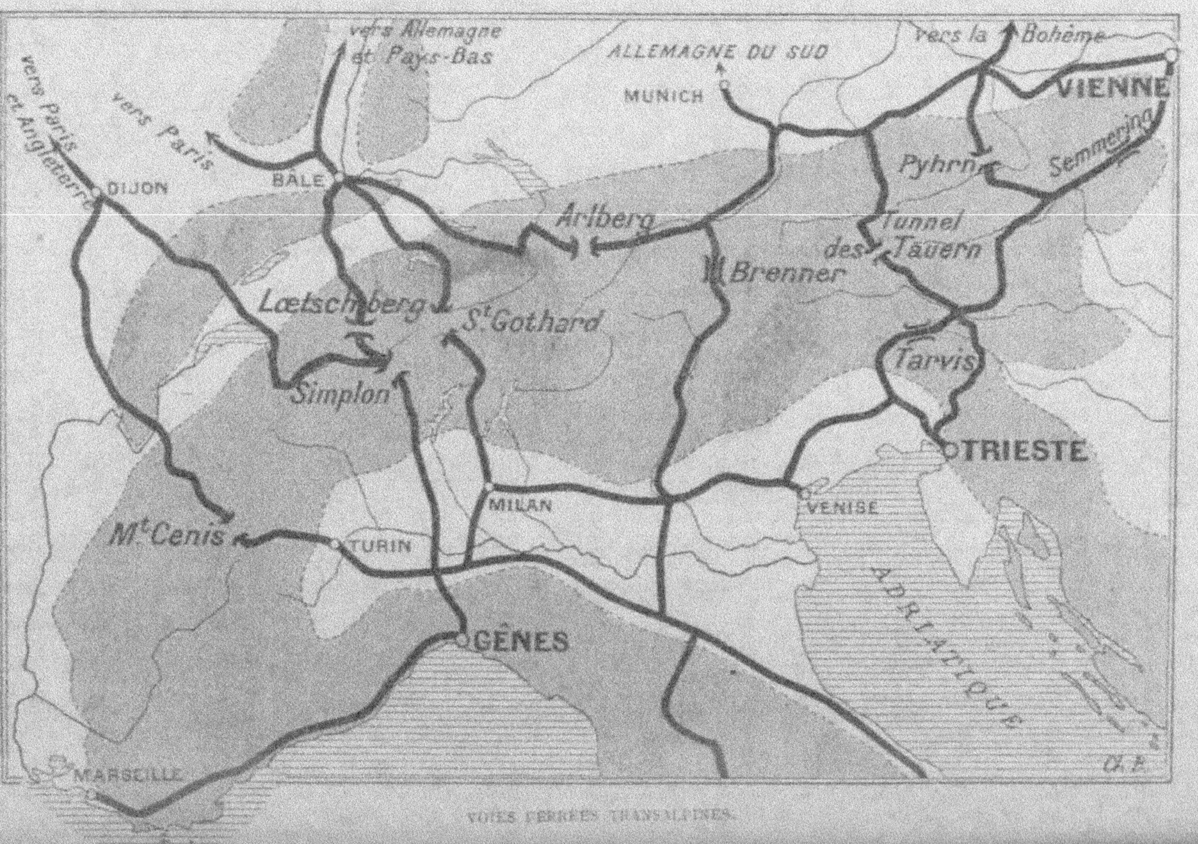


VOIES FERRÉES TRANSALPINES.

## VOIES FERRÉES TRANSALPINES

| | TERMINUS ET RÉGIONS UNIES | PASSAGES NATURELS (COLS) ou ARTIFICIELS (TUNNELS) | ALTITUDE DE PASSAGE | DATE DE MISE EN EXPLOITATION |
|---|---|---|---|---|
| | | | mèt. | |
| Lignes passant à l'Ouest de la Suisse. | **Nice-Gênes.** (Europe occidentale-Italie.) | Corniche. | | |
| | **Chambéry-Turin.** (Europe occidentale-Méditerranée.) | Tunnel du Mont-Cenis (14 kil.). | 1294 | 1871 |
| Lignes passant par la Suisse. | **Lausanne-Turin ou Milan.** (Europe nord-occidentale-Méditerranée.) | Tunnel du Simplon (20 kil.). | 706 | 1906 |
| | **Bâle-Milan.** (Europe septentrionale-Méditerranée.) | Tunnel du Saint-Gothard (15 kil.). | 1155 | 1882 |
| | **Bâle-Vienne.** (Europe occidentale. — Europe centrale.) | Tunnel de l'Arlberg (10 kil.). | 1310 | 1884 |
| Lignes passant à l'Est de la Suisse. | **Munich-Trieste.** (Europe centrale-Méditerranée.) | Tunnel du Pyhrn. | 942 | 1907 |
| | **Vienne-Trieste.** (Europe centrale-Méditerranée.) | Cols du Semmering et de Tarvis. | 902 614 | 1879 |

milieu de l'Europe industrielle et à ses voies de communication : 4 500 kilomètres de voies ferrées.

**L'agriculture** comprend surtout *l'élevage* et les *industries laitières* : fromages (*Gruyère*, *Emmenthal*), beurres, chocolats, sucres de lait, lait condensé.

**L'industrie**, longtemps limitée à l'industrie montagnarde de *l'horlogerie*, comprend aujourd'hui d'importantes *industries textiles* : *soieries* (Zurich est la seconde ville du monde pour les soieries) et *cotonnades*, *l'industrie métallurgique*; enfin, dans la montagne, une industrie propre à la Suisse : celle des *hôtels* et des stations estivales et hivernales.

**8. *La Suisse a un commerce propre intense*.** — Le commerce extérieur de la Suisse dépasse 2 milliards et demi de francs. **Elle importe** : des *produits alimentaires* et des *matières premières*. **Elle exporte** : des *produits fabriqués*.

Elle fait du commerce surtout avec ses quatre grands voisins, *Allemagne*, *France*, *Italie*, *Autriche-Hongrie*, avec le *Royaume-Uni* et les *États-Unis*.

**9. *Elle est traversée par un grand courant économique grâce aux percées alpines*.** — Les Alpes ont toujours été un lieu de transit important entre Europe du Nord et du Sud : malgré leur hauteur, elles le facilitaient par leurs vallées larges et leurs cols bas. Traversées par les *Romains*, qui allaient chercher le sel, le fer et l'étain dans les pays du Nord, par les *Barbares germains*, attirés vers les régions fertiles de Lombardie, elles furent pendant le moyen âge la route du trafic actif que faisaient les marchands de Venise, de Florence et de Gênes avec l'Autriche, l'Allemagne et la France.

De nos jours, le percement de l'isthme de Suez, en faisant de la Méditerranée la grande route commerciale entre l'Europe occidentale et l'Extrême-Orient, a donné une nouvelle importance aux voies qui, par les Alpes, conduisent de l'Europe atlantique vers les ports méditerranéens. De là l'importance du trafic international et des grandes voies ferrées transalpines.

Phot. Wehrli.

1. LES ALPES VUES DE ZURICH.

Les Alpes couvrent la moitié du sol de la Suisse, la moitié méridionale. De la plaine ou du plateau qui s'étend à leur pied vers le Nord, et dont Zurich occupe à peu près le centre, les Alpes se dressent comme un mur, à la crête toujours blanche, barrant l'horizon. Le plateau suisse a une altitude moyenne de 500 mètres; la plupart des grands plissements alpins atteignent 4000 mètres.

Phot. Wehrli.

2. LA DENT BLANCHE

Avec le Cervin qui est représenté plus haut (p. 12) et le Mont Rose, la Dent Blanche est un des principaux sommets des Alpes du Valais. Montagnes jeunes, les Alpes ont des sommets élancés; très élevées, elles portent des neiges persistantes au delà de 2600 ou 2700 mètres et de vastes glaciers. La cabane représentée sur la vue ci-dessus est un refuge pour les excursionnistes.

Phot. Wehrli.

3. EIGER, MÖNCH ET JUNGFRAU.

Trois des sommets principaux des Alpes bernoises qui font pendant aux Alpes du Valais par rapport au Rhône; ils dépassent 4000 mètres (seul l'Eiger n'a que 3975 mètres). On en voit ici le versant nord, le moins neigeux parce qu'il est le plus sec.

Phot. Wehrli.

4. LE LAC DE MAERJELEN ET LE GLACIER D'ALETSCH.

Le glacier d'Aletsch, qui mesure 25 kilomètres de longueur, est le plus long des glaciers des Alpes et de toute l'Europe; il s'étend sur le versant méridional des Alpes bernoises au pied de la Jungfrau et d'un autre haut sommet, l'Aletschhorn; ses eaux de fusion alimentent le Rhône. Le lac de Maerjelen doit son origine à un phénomène physique intéressant: il résulte d'un barrage formé par le record oriental du glacier d'Aletsch.

5. LE GLACIER DU RHONE.

Le Rhône est, avec le Rhin, le principal fleuve de la Suisse dont il arrose la partie du sud-ouest. Il prend sa source près du Saint-Gothard dans le glacier de la Furka, et est alimenté surtout par l'eau de fonte des glaces et des neiges qui couvrent les Alpes valaisanes. Cette fonte se produit au printemps et au début de l'été : c'est l'époque du débit maximum des rivières alpestres.

6. LA VALLÉE DU RHONE A VERNAYAZ.

Grâce aux vallées, et malgré leurs rocs et leurs glaces, les Alpes ont une population assez dense. Les vallées alpestres, encadrées entre deux murs rocheux très élevés (ici Alpes du Valais à droite, Alpes bernoises à gauche), forment des sortes de couloirs larges de un ou deux kilomètres, auxquels un sol plus meuble, un relief plus plat et un climat plus doux assurent des cultures plus riches : même la vigne réussit sur les pentes bien exposées du Valais.

Phot. Clément Tournier

7. LE DÉFILÉ DU RHÔNE À SAINT-MAURICE.
8. LA PLAINE ALLUVIALE DU RHÔNE EN AMONT DU LAC LÉMAN.

Le lac Léman avait autrefois la forme d'un croissant ; à l'est, il se termi-
nait en pointe comme il se termine encore en pointe aujourd'hui à l'ouest, vers
Genève. Le lac commençait au défilé de Saint-Maurice, en aval duquel les
montagnes s'écartent (voir la carte page 175). Les alluvions que charrie le
Rhône supérieur et qui proviennent des débris enlevés aux Alpes, ont comblé
peu à peu la portion orientale du lac. Celle-ci est occupée aujourd'hui par des
terres basses, alluviales, encore marécageuses partiellement, et couvertes surtout de prairies. Le comblement se poursuit de nos jours, et le Rhône se termine dans le lac Léman par un delta qui ne cesse d'empiéter sur les eaux. La
partie plate, encadrée ci-dessus par les montagnes, représente la plaine alluviale qui a pris la place du fond du lac. La montagne qui se dresse au fond de
la photographie inférieure est la fameuse Dent du Midi.

9. FLUELEN ET LE BRISTENSTOCK.

La Suisse possède beaucoup de lacs (de Genève, des Quatre-Cantons, de Zurich, de Constance); celui qui s'étend au pied du Bristenstock est le lac des Quatre-Cantons. Les lacs alpestres de la Suisse — de même que les nombreux lacs qui s'échelonnent un peu partout au pied des Alpes — résultent de l'érosion des anciens glaciers qui étaient beaucoup plus denses que ceux d'aujourd'hui. Ils occupèrent les vallées et y creusèrent des fosses où, après la fusion des glaces, les eaux se sont logées. Le lac des Quatre-Cantons est traversé par la Reuss, affluent de l'Aar et sous-affluent du Rhin.

10. LA CHUTE DU RHIN A SCHAFFHOUSE.

Le Rhin est, avec le Rhône, le cours d'eau le plus important de la Suisse qu'il arrose depuis sa source, au Saint-Gothard, jusqu'à Bâle. C'est un torrent jusqu'au lac de Constance qui le régularise. Sorti de ce lac, il traverse le prolongement du Jura et forme près de Schaffhouse une chute de 20 mètres.

1. LE JURA VU DE GENÈVE (Phot. Julien. — 2. NEUCHÂTEL (Phot. Wehrli).

Le plateau suisse, qui est limité par les Alpes au sud, est borné, à l'ouest et au nord-ouest, par le système du Jura. Le Jura est loin d'avoir l'importance des Alpes ; il a beaucoup moins d'étendue et surtout il a beaucoup moins de hauteur : très peu de sommets en dépassent 1600 mètres, et aucun ne monte jusqu'à 1700 mètres ; par conséquent, il n'a ni neiges persistantes ni glaciers ; des forêts et des pâturages en recouvrent les pentes jusqu'aux sommets.

Vu de Genève, le Jura forme comme un mur régulier, comme une crête rectiligne sur laquelle font seuls légèrement saillie quelques points qui sont les points culminants (Crêt de la Neige, 1723 mètres).

Le long du pied oriental du Jura, et parallèlement à la direction générale de ce soulèvement, s'allonge une suite de lacs dont le plus étendu est le lac de Neuchâtel. Ces lacs sont les restes d'un ancien lac suisse qui couvrit jadis toute l'étendue du plateau suisse, entre les Alpes et le Jura, et qui a été comblé, par des sédiments provenant de l'érosion des montagnes, puis par des boues glaciaires.

### 1. DENSITÉ DE LA POPULATION DE LA SUISSE.

*La Suisse a une densité de population relativement très élevée pour un pays qui est couvert de vastes et énormes montagnes; elle compte une moyenne de 80 habitants au kilomètre carré, soit sensiblement plus que la France qui en a 73 seulement. C'est que, si la population est très faible dans les parties hautes*

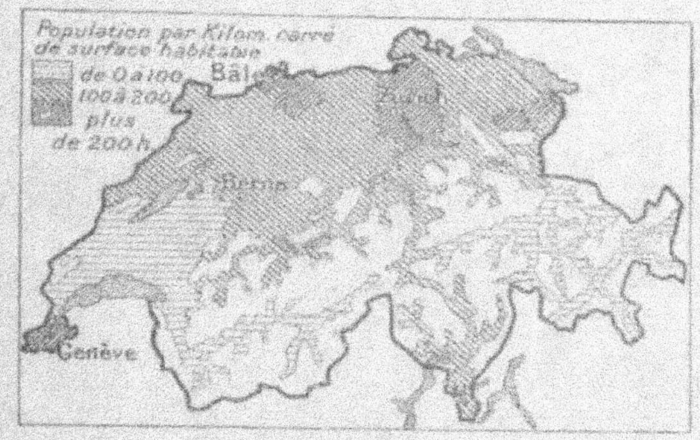



*du pays, où le climat est rude, où règnent les rocs et les glaces, elle est nombreuse dans les vallées alpestres (voir page 182), et extrêmement dense dans la grande plaine qui s'étend de Genève à Bâle et à Constance, entre les Alpes et le Jura. Sur plus d'un point, la grande plaine suisse compte plus de 200 habitants au kilomètre carré.*

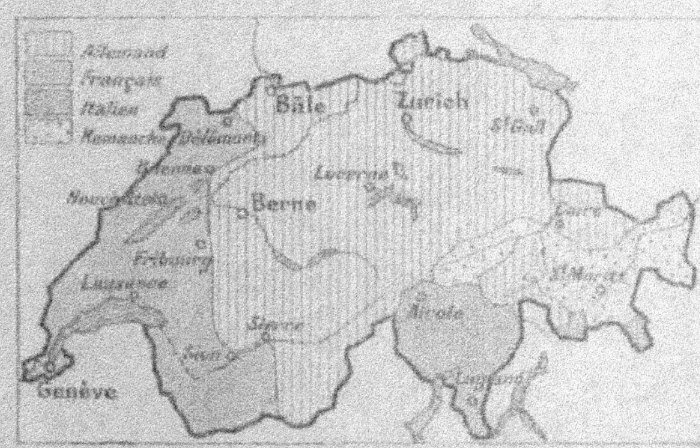



### 2. DOMAINE DES DIFFÉRENTES LANGUES PARLÉES EN SUISSE.

*La Suisse, qui occupe le centre de l'Europe, est placée entre les pays allemands, la France et l'Italie; ses habitants ont subi la triple influence de ces peuples voisins. D'après la langue, on distingue trois Suisses principales: 1° la Suisse allemande, la plus importante, qui comprend tout le nord et tout le centre, environ les deux tiers du pays; 2° la Suisse française qui comprend l'ouest, soit à peu près un quart de la Suisse; 3° la Suisse italienne, beaucoup moins importante, qui comprend quelques vallées du versant méridional des Alpes. — Une ancienne langue indigène, le romanche, s'est maintenue dans les hautes vallées des Grisons, partie la moins accessible du pays.*

### 3. IMPORTANCE NUMÉRIQUE COMPARÉE DES LANGUES DE LA SUISSE.

*La langue allemande est parlée par 70 pour 100 de la population suisse; la langue française par 22 pour 100; la langue italienne par 7 pour 100; la langue romanche par 1 pour 100. Il semble que la langue française et surtout que la langue italienne tendent plutôt à gagner du terrain.*

Phot. Carl. Reich.

4. WIESEN SOUS LA NEIGE.

Dans les Alpes suisses, la vie s'arrête presque complètement pendant l'hiver. La neige recouvre toutes les pentes et jusqu'aux fonds des vallées, rendant les communications difficiles, sinon impossibles, enfermant les habitants chez eux, condamnant les animaux à l'étable beaucoup de villages des hautes altitudes sont alors désertés par leurs habitants qui descendent vers les bourgs ou villes des vallées inférieures afin d'y passer la mauvaise saison.

Phot. Neurdein fr.

2. LES ISLES ET L'OLDENHORN.

Avec l'été, la neige fond, sauf sur les très hauts sommets; les gazons verdissent dans les vallées et sur les pentes inférieures; les troupeaux sont conduits dans les alpages. L'élevage et les industries laitières qui en dérivent (beurres, chocolats au lait, fromages de Gruyère et d'Emmenthal) forment, avec le tourisme, les principales ressources des montagnards suisses.

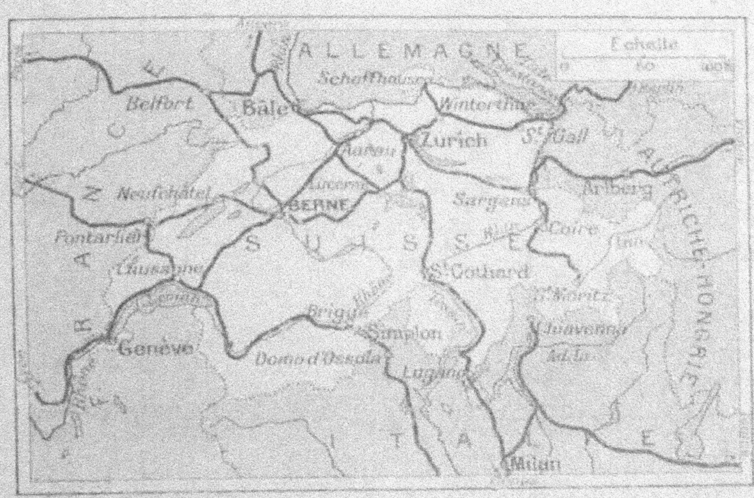


1. GRANDES VOIES FERRÉES DE LA SUISSE.

Placée entre la France et l'Autriche, entre l'Allemagne et l'Italie, la Suisse est un des principaux lieux de passage de l'Europe. Trois voies ferrées principales la traversent : 1° de l'ouest à l'est, la ligne Paris-Vienne par Belfort, Bâle, Zurich, Sargans et le tunnel de l'Arlberg; 2° du nord au sud, la ligne Anvers-Milan-Gênes par Bâle, le tunnel du Saint-Gothard (15 kilomètres de longueur) et Lugano; 3° du nord-ouest au sud-est, la ligne Paris-Gênes par Pontarlier, Lausanne et le tunnel du Simplon (20 kilomètres).

2. LA ROUTE DE LUKMANIER.

Type de route de montagne toute tracée en lacets très sinueux. Le col de Lukmanier traverse les Alpes Lépontiennes.

Phot. Brocherel.

3. LA ROUTE DU SIMPLON.
4. GALERIE CONTRE LES AVALANCHES SUR LA ROUTE DU SIMPLON.

*La route du Simplon est une des principales routes qui traversent les Alpes; construite sous le Consulat, elle mène de Brigue, sur le Rhône supérieur, à Domo d'Ossola, sur un affluent du Tessin, à travers les Alpes du Valais. C'est une des plus belles routes des Alpes. Mais les avalanches y sont à redouter au printemps et au début de l'été. Afin de protéger les voyageurs contre elles, on a construit sur les points critiques de la route des galeries couvertes. On les devine sur la première des deux photographies ci-dessus. La seconde de ces photographies montre bien comment elles sont aménagées. Un hospice et des maisons de refuge jalonnent aussi la route du Simplon.*

5. L'ENTRÉE DU TUNNEL DU SAINT-GOTHARD A GOSCHENEN, DU CÔTE DE LA SUISSE.
6. LA DOUBLE BOUCLE DE WASSEN.

*Le tunnel du Saint-Gothard a été percé de 1872 à 1882; il donne passage, depuis le 1er janvier 1883, à une voie ferrée qui mène de Bâle et Zurich, à Milan et à Gênes: c'est la grande ligne qui unit l'Allemagne rhénane à la Méditerranée. Le tunnel lui-même mesure 15 kilomètres de longueur. Il est précédé sur l'un et l'autre versant par un grand nombre de viaducs et de tunnels secondaires. A Wassen, sur le versant nord, ou Suisse, la voie ferrée dessine, en grande partie souterrainement, deux boucles superposées qu'on devine sur la photographie ci-dessus; le niveau de la boucle supérieure est de plus de 110 mètres supérieur à celui de la boucle d'en bas.*

7. CHEMIN DE FER DE LA JUNGFRAU.
8. CHEMIN DE FER DU PILATE

*L'art des ingénieurs modernes a triomphé de tous les obstacles que le relief de la Suisse opposait à l'établissement des voies ferrées ; mais il a fallu multiplier les travaux d'art de toute sorte, notamment les viaducs et les tunnels ; il a fallu recourir à tous les modes de traction. On escalade aujourd'hui les montagnes de la Suisse par des chemins de fer à crémaillère, comme au Pilate. Naguère, on considérait comme une entreprise extraordinaire d'avoir pu construire, près de Zermatt, une voie ferrée s'élevant jusqu'à 3000 mètres ; bientôt une voie ferrée, terminée par un ascenseur, permettra d'atteindre au sommet de la Jungfrau, haut de 4000 mètres.*

8. LA VALLÉE DE
PONTRÉSINA.

9. LA ROUTE DE DAVOS
EN HIVER.

Grâce aux routes et
aux voies ferrées, la
Suisse est devenue ac-
cessible partout et en
toute saison. Pendant
l'été, des milliers
d'étrangers viennent
faire des cures d'air
dans les hautes vallées
suisses; point de vallée
aujourd'hui qui n'ait
ses grands hôtels
(Pontrésina est située
dans la haute vallée de
l'Inn, ou Engadine).

En outre, pendant
l'hiver, quelques-unes
de ces stations sont de-
venues, en même temps
que des sanatoria pour
malades, des lieux de
réunion pour sports
(luge, toboggan, etc.).
Davos, au centre des
montagnes des Gri-
sons, est une des plus
fréquentées de ces sta-
tions d'hiver.

Phot. Rauch.

# IX. — L'AUTRICHE-HONGRIE

## A. — Les régions naturelles de l'Autriche-Hongrie.

Le territoire de l'Autriche-Hongrie est constitué par un ensemble très disparate de régions naturelles, entre lesquelles le réseau du Danube forme un lien beaucoup plus apparent que réel.

**1. Quatre faits expliquent la constitution du sol austro-hongrois.** — Quatre faits principaux de l'histoire géologique expliquent la constitution du territoire si disparate de l'Autriche-Hongrie :

1° A la fin de l'ère primaire, les *plissements hercyniens*, dont le massif de Bohème est un fragment;

2° Au milieu de l'ère tertiaire, les *plissements alpins*, qui ont formé les Alpes, les Karpates, les Balkans, encadrant un grand lac, le *lac hongrois*;

3° A la fin de l'ère tertiaire, l'affaissement de l'*Adriatique*;

4° L'émersion lente du lac, produisant la plaine hongroise.

**2. L'Autriche-Hongrie comprend six régions naturelles très différentes.** — L'Autriche-Hongrie, sur un territoire à peine plus grand que l'Allemagne (625 000 kilomètres carrés), est composée de six régions naturelles :

1° Les *Alpes*,

2° La *Bohème*,

3° Les *Karpates*,

4° La *Galicie-Boukovine*,

5° La *Bosnie-Herzégovine* et la *côte adriatique*,

6° Les *plaines centrales : Hongrie* et *Autriche*.

De ces sept régions, une seule, celle des plaines centrales, lui appartient dans son intégrité.

**3. Les Alpes orientales sont constituées par des massifs parallèles, où la vie, surtout pastorale, est concentrée dans les vallées.** — Les Alpes autrichiennes

coïncident à peu près avec la portion du Massif alpin dite
Alpes Orientales. Elles se divisent en trois bandes parallèles :

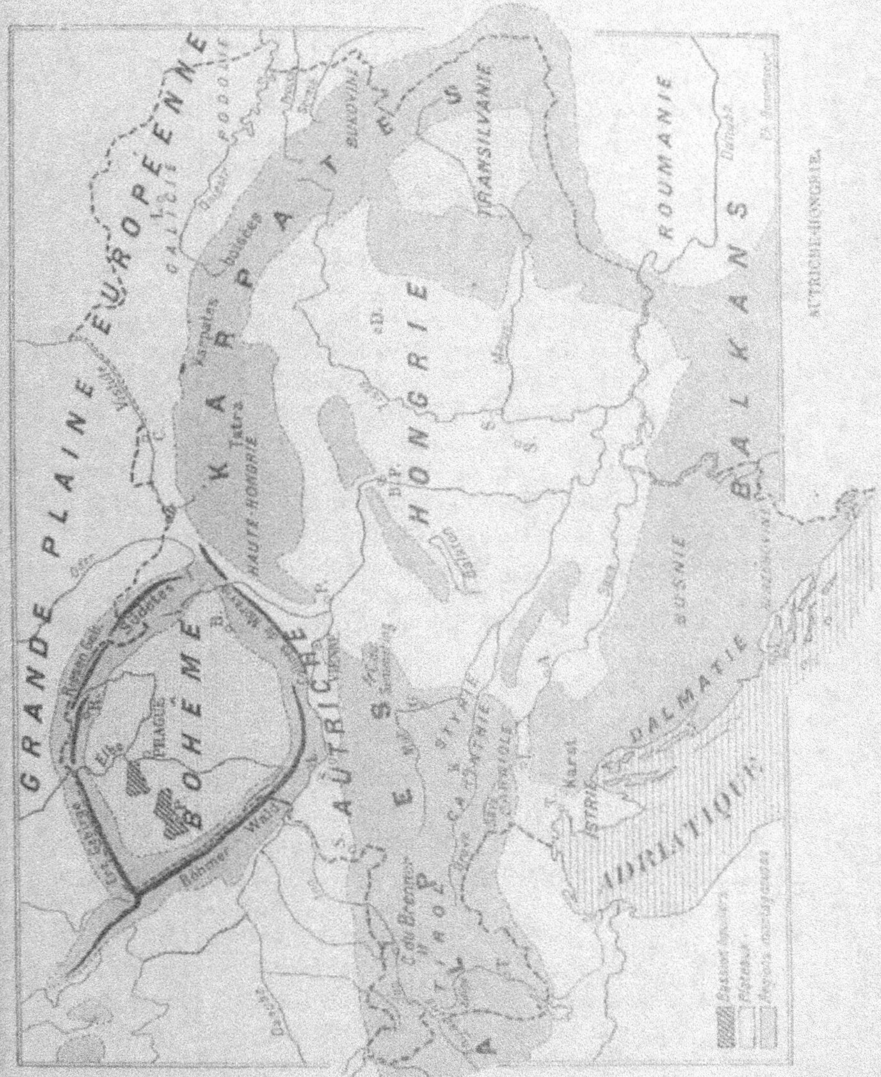


1° Au Nord, les **Alpes calcaires du Nord** (*Vorarlberg,
Alpes de Salzbourg* et *d'Autriche*), séparées des Alpes du Centre
par une ligne de vallées médianes : *vallées de l'Inn, de la*

*Salzach*, *de l'Enns*. Ces vallées sont larges dans leur portion alpestre. Toutes, dans leur partie inférieure, deviennent étroites et s'encaissent en se dirigeant vers le Danube. Les Alpes calcaires forment des hauts plateaux déchiquetés par l'érosion; ils se terminent, vers l'Autriche et la Bavière, par de hautes plaines analogues à celle de la Suisse.

2° Au Centre, les **Alpes centrales**, de nature surtout cristalline, composées de massifs continus : *Hohe Tauern* (*Gross Glockner*, 3997 m.), *Niedere Tauern* et *Alpes styriennes*, hautes murailles sans passages. C'est seulement dans la partie orientale que l'on trouve les *vallées* longitudinales *de la Mur* et *de la Drave*, unies dans leur portion médiane par la *dépression de Neumarkt*, qu'emprunte une voie ferrée de Vienne à Venise.

3° Au Sud, les **Alpes calcaires du Sud**, séparées des massifs centraux par la vallée de la Drave, grande voie longitudinale, dont la partie supérieure se raccorde, par le *seuil de Tarvis*, aux *vallées* transversales *de la Dolla*, *de la Piave* et *de l'Adige*, qui descendent vers la plaine du Pô. Ces vallées découpent des massifs distincts, dont le plus remarquable est le *Massif des Alpes dolomitiques*, aux aspects de ruines.

En somme, plus encore que dans les Alpes centrales et occidentales, ce sont le nombre et la largeur des vallées qui caractérisent les Alpes Orientales. Elles abritent de petites **communautés politiques**, peuplées de races différentes (*Allemands* au Nord, *Slaves* à l'Est, *Italiens* au Sud), qui formèrent, jadis, des États et qui, aujourd'hui encore, ont une vie particulariste : *Engadine* (vallée de l'Inn), *Styrie* (vallée de la Mur), *Carinthie* (vallée de la Drave), *Carniole* (vallée de la Save), et surtout *Tirol*, le plus central et le plus important, qui s'étend sur les hautes vallées de l'Inn et de l'Adige. Chaque vallée, de même, a ses villes : *Gratz*, *Trente*, *Salzbourg*, *Klagenfurt*, *Innsbruck*, *Laybach*.

De climat rude, les Alpes Orientales sont assez *boisées*; les *cultures* n'y sont possibles que dans les fonds de vallées. Les **ressources minières** (*fer*, *plomb*) n'y manquent pas et y ont déterminé quelque industrie. Mais c'est surtout l'**élevage** qui entretient les populations des vallées. En été, cette population se déplace et transhume avec ses troupeaux vers les alpages des hauteurs, où l'on trouve les baraquements destinés aux bestiaux, au foin et à la fabrication des fromages. En hiver, la population redescend dans les vallées.

Enfin, les Alpes sont, ici comme en Suisse, une région de transit actif, grâce aux **voies ferrées** qui les traversent en passant par les *cols du Pyhrn*, *des Tauern*, *du Semmering* et *du Brenner*.

**4. Le vieux massif de Bohême est une région de moyenne culture et de grande industrie**. — La Bohême est un reste de l'ancien continent hercynien. Ce fait explique les principaux traits de sa nature :

1° **La nature du relief.** — Le relief actuel n'est plus l'œuvre des plissements, depuis longtemps usés, mais de l'érosion, qui a creusé plus rapidement les parties les plus tendres, laissant en relief les parties dures. De là une dépression centrale, entourée par un quadrilatère de hauteurs : *Böhmerwald* au Sud-Ouest, *Erzgebirge* au Nord-Ouest, *Riesengebirge* et *Sudètes* au Nord-Est, et *collines de Moravie*, moins importantes, au Sud-Est. Malgré l'abaissement du relief vers l'Autriche, c'est vers l'Allemagne que la plus grande partie des eaux s'écoule par l'*Elbe*.

2° **La nature du sol.** — Tandis que les monts du pourtour sont tout entiers constitués de roches cristallines, la plaine intérieure est constituée, dans sa partie septentrionale, par des terrains crétacés ; les terrains cristallins n'affleurent qu'au Sud. Les premiers sont plus favorables aux cultures riches : betterave, froment ; les seconds, aux cultures pauvres : seigle, avoine, pomme de terre. Quant au pourtour, le climat, plus rude, y favorise les forêts, surtout sur les versants exposés à l'Ouest, d'où viennent les pluies.

3° **La nature du sous-sol.** — Les ressources minérales abondent. Au pied de la région montagneuse, en particulier, on trouve deux *bassins houillers* assez riches, les bassins *de Prague* et *de Pilsen*. Entre Pilsen et Prague, on trouve de riches gisements de *fer*. Enfin la *silice*, si abondante en Bohême, est l'aliment minéral de la verrerie.

La Bohême n'est pas un grand pays agricole. Les **cultures** n'ont d'importance que dans la portion crétacée de la plaine, où, à côté du *froment*, d'ailleurs insuffisant aux besoins de la population, on cultive la *betterave*, le *lin*, l'*orge* et le *houblon*, qui alimentent une partie de l'industrie bohémienne.

Au contraire, l'**industrie** est de premier ordre : *industrie textile* (*lin* et *coton*, ce dernier attiré, comme partout, par le premier), au Nord-Est, dans la région de Reichenberg; *industrie métallurgique*, entre Prague et Pilsen et dans les montagnes de l'Erzgebirge; *verrerie de Bohême*, de tradition ancienne, jadis alimentée par la silice du sol et par le bois dont on se servait comme combustible, et qui n'a fait que se développer depuis l'usage de la houille; enfin, *industries alimentaires* (fabrication du *sucre*, de l'*alcool* et de la *bière*), dans la région de Prague-Pilsen.

La population est très dense. Villes principales : **Prague**, la capitale (380 000 hab. avec les faubourgs), *Brünn*, *Pilsen*, *Reichenberg*. Elle se compose de deux éléments, qui se font équilibre : **l'élément tchèque** et **l'élément germanique**. Les Allemands ont été attirés récemment par le développement de l'industrie. Ils sont aujourd'hui aussi nombreux que les Tchèques; ils occupent le pourtour montagneux et surtout les zones industrielles, laissant aux Tchèques les parties agricoles de la plaine. Ils forment, en face de ceux-ci, un contingent hostile, qui augmente chaque jour, et qui menace d'altérer, sinon de détruire, la pureté de la nationalité tchèque.

**5. *La région des Karpates est, à l'Est, une réplique de la région des Alpes; mais elle manque de vallées*.** — Constituées comme les Alpes par des plissements tertiaires, les Karpates comprennent : au Nord, les *massifs de Haute-Hongrie* (*Tatra*), hauts, cristallins, sculptés par d'anciens glaciers; au Centre, les *Karpates boisées*, plus minces et plus basses; au Sud, le haut *bassin de Transylvanie*, dominant en abrupt la Roumanie au Sud-Est, s'inclinant doucement au Nord-Ouest vers la Hongrie.

Le climat est rude, assez humide; de nombreuses rivières y naissent : *Vistule*, *Dniestr*, *Tisza*.

Les Karpates n'ont pas, comme les Alpes, de larges vallées pouvant servir au passage ou à l'habitat. Leurs seules richesses sont les **forêts** (*industries du bois*) et quelques **mines de pétrole**, à la limite.

La population, assez rare, n'est nombreuse qu'à la limite de la montagne et de la plaine hongroise. Aucune grande ville.

**6. *La Galicie, la Podolie et la Boukovine sont des régions agricoles tournées vers l'Est*.** — La Galicie, la Podolie et la Boukovine sont essentiellement constituées par des terrasses, qui flanquent les Karpates à l'Est.

Plus orientales, elles ont un climat plus continental, c'est-à-dire plus excessif; mais, plus basses, elles ont un climat plus doux et plus sec. En outre, les limons fertiles, qui recouvrent en partie le sol, y permettent la culture des céréales.

Ces régions sont purement agricoles, surpeuplées, et elles fournissent une abondante émigration vers les terres à cultures de l'Amérique. Villes principales : *Cracovie*, **Lemberg** (206 000 hab.) et *Czernowitz*.

**7. *La Bosnie-Herzégovine comprend trois éléments : la Bosnie, le Karst et la Côte*.** — La Bosnie-Herzégovine appartient par sa nature physique et par sa population à la péninsule des Balkans (v. p. 250). Elle est déjà comprise dans la zone méditerranéenne et s'oppose par le climat aux autres pays austro-hongrois. Elle forme, de l'intérieur vers la côte, trois régions assez différentes :

1° Le **massif bosniaque**, à l'intérieur, formé de plissements puissants, arrondis et usés par l'érosion, où les roches cristallines se mêlent aux roches calcaires. Les pluies sont localisées en hiver, comme dans toute la zone méditerranéenne; mais elles sont ici très abondantes. La température y est excessive : étés chauds, hivers rudes, dont les coups de froid sont amenés par la *bora*, vent de l'intérieur. Les rivières, coulant dans des vallées longitudinales comme celles des Alpes, *Drina*, *Bosna*, sont relativement abondantes. Des forêts couvrent les pentes jusqu'aux alpages des sommets. Malgré des mines de fer, la population vit presque exclusivement de l'élevage. V. p. : *Serajevo*.

2° Le **Karst**, vers l'extérieur, est formé de plissements moins accentués et de plateaux presque exclusivement constitués par un calcaire très perméable. Le climat est plus chaud, mais aussi beaucoup plus sec. Les eaux courantes sont moins abondantes; la brusquerie des précipitations et la perméabilité de la roche font que la surface du Karst est semée de gouffres (*dolines* ou *polie*) et de cavernes, sillonnée de cañons, où les eaux se perdent. Ces plateaux secs, qui ne furent jamais favorables à la végétation arbustive, ont, en outre, été déboisés. La population, très rare, vit surtout de l'élevage du mouton. Une seule ville, et déjà vers l'extérieur : *Agram*.

3° **La côte**, basse ou rectiligne dans la partie septentrionale et dans la *péninsule de l'Istrie*, est, dans la partie méridionale, ou *côte de Dalmatie*, formée par des chaînes anciennes, noyées par la mer, et qui ne laissent plus pointer hors de l'eau que leurs anciennes crêtes, en forme d'îles allongées. La côte dalmate et ses îles, jadis repaires de pirates, ne comportent que de petits ports de pêche. Mais la partie istriaque, qui sert de débouché vers la Méditerranée à la région industrielle de l'Autriche, de la Bohême et de la Saxe-Silésie, à la région agricole de la Hongrie, a un commerce très actif : **Trieste** (229 000 hab.) est un des premiers ports d'Europe ; *Fiume*, à côté, est assez prospère.

Sauf la région istriaque, où l'on trouve de nombreux Italiens, l'ensemble de la Bosnie-Herzégovine est peuplé de *Slaves, Slovènes, Croates* et surtout *Serbes*. Ils sont animés d'un sentiment national très fort ; *Agram* est le centre de leurs revendications.

**8. *Identité du sol et du climat; identité de la vie, partout agricole; identité de la population, partout magyare : tels sont les caractères de la plaine hongroise.*** — Ancien fond de lac émergé, parfaitement horizontale, si l'on excepte les *Monts Bakony*, au volcanisme, la plaine hongroise est caractérisée par les traits suivants :

1° **Sécheresse du sol**. Seuls quelques lacs et marécages subsistent de l'ancien grand lac hongrois. Les plus étendus, à l'heure actuelle, sont les *lacs Balaton* et de *Neusiedl*. Aujourd'hui, l'assèchement est presque complet. Toutefois, on trouve encore quelques parties marécageuses, surtout à l'est de la Tisza, tandis que le reste du sol est plutôt trop sec ;

2° **Dureté du sous-sol**. Un ciment s'y est formé, comme dans nos Landes, par l'infiltration des eaux chargées de substances provenant de la décomposition des végétaux. D'où la formation d'une sorte d'alios dur et imperméable ;

3° **Existence de couches meubles** à la surface : ici, *sables* infertiles ; là, au contraire, *loess*, ou limon très fertile, sans doute apporté par des vents secs à la suite de l'époque glaciaire, et qui forment des lits épais d'excellente terre végétale, principalement au centre, entre le Danube et la Tisza ;

4° **Réseau hydrographique homogène**, dont l'artère centrale est le **Danube** (v. ci-dessus, p. 22), et se composant de longues rivières presque rectilignes, au cours lent, ayant deux séries de crues : au printemps, c'est-à-dire à la fonte des neiges, et à la fin de l'été, c'est-à-dire à l'époque des pluies, la seule où la plaine reçoive des précipitations suffisantes. Ces rivières sont la *Drave*, la *Save*, la *Tisza*.

5° **Climat essentiellement continental**. Étés très chauds, hivers très froids, pluies rares et localisées (autant qu'il est possible dans notre zone à pluies variables) dans la seule saison de septembre-novembre. Ce caractère continental ne s'atténue qu'à l'Ouest, au voisinage des Alpes et de la mer.

Ces traits s'affirment surtout dans la partie centrale de la plaine, qui forme une véritable *steppe* sans arbres. Ils s'atténuent au Nord, dans la Haute Hongrie, plus accidentée, plus humide et plus boisée.

**L'agriculture** est la principale ressource de la population : *céréales* et *vigne*. Mais, malgré le progrès des premières, l'**élevage** est la plus grande ressource de la plaine hongroise : le climat, les pâturages, plus étendus que fournis, sont plus favorables à l'élève des *moutons* et des *chevaux* que des *bêtes à cornes*. Dans les steppes de l'Est, cet élevage a encore une forme pastorale, qui rappelle celle des tribus demi-nomades de la Russie. Mais, de plus en plus, il se régularise et devient rationnel. D'autre part, le développement des *prairies artificielles* permet de garder en hiver plus de bêtes aux écuries et aux étables. La Hongrie a actuellement, après la Russie, le premier troupeau de moutons et de chevaux de l'Europe.

**L'industrie**, encore précaire, est en progrès. L'essor des cultures industrielles, betterave et chanvre, y a contribué. *Minoteries*, *sucreries* et *tissages* se développent. La plaine manque, toutefois, de houille et de minerais. L'agriculture et les industries agricoles constitueront toujours l'essentiel de sa richesse.

La population, étant surtout agricole, vit dans des fermes et des gros bourgs. Les « villes » ne sont que des marchés agricoles : *Szegedin, Szabatka, Debruczen, Poszony*. Une seule est une vraie ville : la capitale, **Budapest** (882 000 hab.).

La plaine est uniquement peuplée par les **Magyars**. Des Slaves, Roumains et Allemands sont établis sur le pourtour.


9. *L'Autriche doit tout à sa situation sur une des principales routes de l'Europe*. — L'Autriche ne doit son unité ni à son sol, ni à son relief. Elle se compose d'une série de bassins assez larges et de défilés assez étroits, que traverse le Danube entre son cours bavarois et son cours hongrois : après le *défilé de Passau, bassin de Linz*; après le long *défilé Grein-Krems, bassin de Tulln*; après le *défilé de Klosterneuburg, bassin de Vienne* ou *Marchfeld* (du nom de la March, ou

Morava), le plus large, où se trouve installée la capitale. Ni climat propre, ni indépendance physique, ni unité. Mais, couverte d'alluvions fertiles, entourée de régions minières (Bohême, Alpes), l'Autriche possède des cultures riches (*betterave, lin, orge*), des industries agricoles (*bière, sucre*), textiles (*toiles, cotonnades*) et métallurgiques.

Surtout, l'Autriche est une **région de passage**. Au Moyen Age elle fut, entre les deux hauts massifs qui la dominent, le couloir par où les Slaves tentèrent d'envahir la Germanie : la **Marche de l'Est**, ou **Œsterreich** (Autriche), fut un champ de bataille entre Slaves et Allemands. Maîtres des burgs qui dominaient les défilés, maîtres des plaines où se livraient les batailles, les Habsbourg furent les sauveurs de cette portion de la Germanie, ses chefs militaires, puis ses souverains politiques.

A notre époque, elle est le lieu d'un transit actif, grâce à la voie de communication qu'ouvre le Danube d'Ouest en Est, et surtout grâce à des voies ferrées transcontinentales, Est-Ouest et Nord-Sud, qui s'y entrecroisent.

C'est donc une région très prospère et de population très dense. Parmi les villes, les principales sont : *Linz, Steyr* et surtout **Vienne** (2 millions d'hab.), la capitale de l'Autriche, la quatrième ville de l'Europe, une des plus belles du monde.

**10. *Le réseau du Danube constitue entre ces régions disparates un lien trop lâche*.** — Le Danube est le fleuve le plus long de l'Europe, après la Volga; le plus abondant, après le Rhin. Ses principaux affluents sont la *Drave* (aff. : la *Mur*) et la *Save*, qui viennent des Alpes; la *Morava*, qui vient de Bohême; la *Tissa*, qui vient des Karpates.

Il doit son importance à la voie qu'il ouvre entre Europe occidentale et orientale. Mais ses défauts sont nombreux au point de vue autrichien et au point de vue international :

1° Il n'a ni son cours supérieur, ni son cours inférieur dans le territoire de l'Empire;

2° Il débouche dans une mer fermée : la *mer Noire*;

3° Il est très peu homogène, s'étalant dans des bassins, qui alternent avec des étranglements, où il est étroit et rapide;

4° Il a un régime moins régulier que le Rhin, la plupart de ses affluents lui venant des Alpes et des Karpates et ayant un régime torrentiel.

1. LE GROS VENEDIGER (Phot. Baldi et Würthle).
2. LE MONTAGGIO, VU DE LA SEISERA (Phot. Alois Beer).

*Les Alpes autrichiennes comprennent une partie granitique et une partie calcaire. Le Gros Venediger (3673 mètres), dans la chaîne des Hohe Tauern, appartient aux Alpes granitiques : on l'appelle le Grand Vénitien parce que, de son sommet, on apercevrait, dit-on, Venise. Le Montaggio est une des montagnes principales des Alpes de Carinthie.*

Phot. de Célichna

3. INNSBRUCK ET LES ALPES.

*Innsbruck est la principale ville du Tyrol autrichien; elle est située sur l'Inn, affluent du Danube supérieur (voir plus haut, p. 181) et commande le débouché septentrional du col du Brenner, très fréquenté parce qu'il donne passage à la grande voie ferrée de Berlin et de Munich en Italie.*

4. SALZBOURG.

*Au milieu des Alpes de Salzbourg (Alpes calcaires), qui sont très pittoresques, Salzbourg fut jadis le centre d'une principauté importante. Des montagnes élevées, couvertes de forêts et semées de lacs, des rivières encaissées, des sources d'eaux salées, en font une station recherchée pour les villégiatures estivales.*

5. EXPLOITATION MÉTALLIFÈRE DE L'ERZBERG. — 6. LE CHEMIN DE FER
DU SEMMERING (Photographies Würthle et fils).

Les Alpes autrichiennes sont loin d'être dépeuplées ; c'est qu'elles ont des ressources nombreuses. Outre leurs forêts et leurs pâturages, qui constituent en somme les principales, elles renferment des gisements miniers, mercure à Idria, plomb, fer. La montagne de l'Erzberg a été toute débitée en gradins pour faciliter l'exploitation des filons métallifères. Ces gisements miniers entretiennent, notamment en Styrie, une grande activité industrielle. Enfin, grâce à l'existence de larges vallées longitudinales (Mur, Drave, etc.), des voies ferrées rendent les Alpes autrichiennes facilement accessibles. La voie du Semmering est une des principales voies ferrées des Alpes autrichiennes : elle mène de Vienne à Trieste.

7. LE DANUBE A THÉBEN. — 8. LE DANUBE PRÈS DE PRESBOURG.

*Le Danube, dont nous avons vu précédemment (p. 131) le cours supérieur, dans l'Allemagne du Sud, est le lien qui relie entre eux les morceaux très disparates constituant l'Autriche-Hongrie; c'est lui qui en fait l'unité. Il traverse l'Autriche proprement dite, de Passau à Presbourg, puis il entre en Hongrie. Cette partie de son cours n'est qu'une succession d'aspects extrêmement divers : tantôt le fleuve resserré coule en des défilés étroits, bordés d'escarpements très pittoresques que surmontent des ruines d'antiques châteaux; tantôt, entré dans des bassins alluviaux, il se ralentit et se bifurque autour d'îles basses, alluviales et boisées. Le défilé, ou porte de Thében, qui marque l'entrée du Danube en Hongrie, un peu en aval de Vienne, représente le premier de ces deux aspects. La vue du Danube à Presbourg donne le second aspect, si profondément dissemblable du premier. Or, de Thében à Presbourg, la distance n'est que de quelques kilomètres.*

1. SOURCE DE L'ELBE.

*Phot. Mertens.*

*L'Elbe prend sa source en Bohême, non loin du Schneekoppe dont on a vu plus haut une représentation (p. 130). Après avoir concentré toutes les eaux du plateau de Bohême, où il a pour principal affluent la Moldau, il en sort pour entrer en Allemagne par les défilés de la Bastei (p. 137).*

*Phot. Michaut.*

2. L'HÔTEL DE VILLE DE PRAGUE.

*Prague, sur la Moldau, est la capitale de la Bohême. C'est la grande ville des Tchèques, peuple d'origine slave, qui maintient héroïquement ses traditions, sa langue et toute sa nationalité contre l'élément germanique qui un moment avait paru devoir dominer dans le pays.*

Phot. Tock et Sohn.

1. LE GRAND TATRA.

Les Karpates enveloppent la plaine de Hongrie d'un vaste demi-cercle de hauteurs, moins élevées que les Alpes, assez hautes cependant pour former barrière. La chaîne du Tatra, au Nord-Ouest de la Hongrie, est l'une des parties les plus élevées des Karpates; elle se compose de hauts massifs cristallins dont quelques-uns gardent des neiges pendant toute l'année.

Phot. Auerlich.

2. LE MONT NEGOI.

Le Negoi est le sommet le plus élevé de la partie méridionale des Karpates; il a toutefois moins de 3000 mètres.

1. LA PLAINE HONGROISE. — 2. BARKHAN DU DÉLIBLAT.

Ancien fond de lac émergé, la plaine hongroise occupe une immense étendue parfaitement horizontale, surtout dans la région comprise entre les cours parallèles du Danube et de son affluent, la Tisza. Le sol en est formé de limons fertiles, qui portent des pâturages et de riches champs de blé, ou de sables infertiles qui, étant donné la sécheresse du climat, présentent moins encore l'apparence de la steppe que celle d'un désert véritable. Aucun arbre ou presque aucun arbre. Le Barkhan du Délibat, situé dans cette plaine donne l'impression du Sahara avec ses dunes de sable amoncelées et striées par les vents.

3. BŒUFS DANS LA PUSZTA.

*La puszta, c'est la plaine hongroise, marécage au moment du dégel printanier, steppe poudreuse au sol craquelé pendant les chaleurs et les sécheresses persistantes de l'été. De loin en loin, un puits à balancier donne seul l'eau nécessaire pour abreuver le bétail (chevaux, bœufs à longues cornes), ou arroser les très rares champs de produits maraîchers.*

4. UNE FERME À SZENT IVONY.

*Type de grande ferme hongroise : des bâtiments sans étage entourent une immense cour quadrangulaire sur laquelle s'ouvrent toutes les parties de la ferme, maison d'habitation, écuries, étables, hangars, remise, basse-cour. L'aspect est le même, à peu de chose près, que celui d'une ferme de Beauce. La Hongrie est un grand pays producteur de blé, et le blé hongrois passe pour être le plus riche de tous par la proportion de gluten qu'il renferme.*

5. BUDAPEST.

*C'est la capitale de la Hongrie. Elle se compose de deux villes : Buda ou Ofen,
la ville haute, située sur la rive droite du Danube, et dominée par une cita-
delle ; Pest, la ville basse, située sur la rive gauche du Danube. Buda est la
ville ancienne, rues accidentées et irrégulières ; Pest est la ville nouvelle,
grandes percées se coupant à angles droits, usines et manufactures.*

6. LE DÉFILÉ DE KAZAN.

*Le Danube sort de la plaine hongroise par un défilé qui traverse les Alpes de
Transylvanie et lui permet d'atteindre la plaine bulgaro-roumaine ; c'est le
défilé des Portes-de-Fer, long de plus de 100 kilomètres. Le Danube, qui mesu-
rait 1500 mètres de largeur dans la plaine hongroise, se trouve rétréci à
111 mètres seulement dans la partie de ce défilé qu'on appelle défilé de Kazan ;
mais sa profondeur double et triple, et sa vitesse devient considérable.*

1. LE TRIGLAU. (Phot. Lergetporer.) — 2. DÉFILÉ DE LA NARENTA.

La partie méridionale de l'Autriche (Karst, Croatie, Bosnie-Herzégovine) est couverte de plissements calcaires dont le Triglau (3085 mètres), en Carniole, est l'un des points les plus importants. Dans les Alpes Dinariques, les plissements sont remarquablement orientés du Nord-Ouest au Sud-Est, parallèlement à la mer Adriatique ; la côte se trouve ainsi tout à fait séparée de l'intérieur par une ou plusieurs hautes murailles. Quelques vallées traversent ces plissements et forment des chemins naturels de la mer aux régions intérieures ; la vallée de la Narenta, dans l'Herzégovine, est la principale de ces vallées-couloirs.

3. PLATEAUX DU
KARST.

4. LES DOLINES DE
SANKT CANZIAN.

*Le Karst est formé de plissements peu accentués et de plateaux constitués presque exclusivement par un calcaire très perméable. On y rencontre les phénomènes communs aux pays calcaires (Causses, Jura français). La surface du Karst est semée de gouffres (dolines) et de cavernes, où les eaux s'engouffrent et circulent. Ces plateaux très secs ne furent jamais favorables à la végétation arbustive; ils forment de grandes étendues pierreuses couvertes d'une herbe rare. La population clairsemée vit surtout de l'élevage du mouton.*

5. L'ENTRÉE DE LA VILLE DE MOSTAR.

Mostar est la principale ville de l'Herzégovine, province turque dont l'Autriche se fit céder l'administration pour vingt-cinq ans, en 1878, et qu'elle a ensuite gardée comme sa propriété. Tout y rappelle encore le souvenir des Turcs, le minaret qui la domine et le grand nombre de Musulmans qui l'habitent.

6. CATTARO.

Cattaro est situé sur la côte de l'Herzégovine, tout à l'extrémité des possessions méridionales de l'Autriche. Le port est situé au fond d'un golfe très sinueux, qu'on appelle les Bouches de Cattaro, et qui est très sûr. La ville est entourée de vieilles fortifications rappelant l'ancienne domination des Vénitiens.

7. ABBAZIA

Au fond du golfe de Fiume, Abbazia est la Nice de l'Autriche-Hongrie. C'est au pied d'un rempart de montagnes protectrices une ville d'hiver remarquablement abritée des vents du Nord, et notamment de la redoutable bora.

8. TRIESTE.

Le grand port de l'Autriche-Hongrie et de l'Adriatique, Trieste a remplacé Venise parce qu'il est mieux placé pour les communications de l'Europe centrale avec la Méditerranée. Trieste est la principale ville de l'Italia irredenta, c'est-à-dire de la partie de l'Autriche que certains Italiens voudraient reprendre; elle est, en effet, peuplée d'Italiens et l'italien en est la langue dominante.

## B. — Les nationalités de l'Autriche-Hongrie.

**La population de l'Autriche-Hongrie est constituée par un ensemble très disparate de races et de nationalités, entre lesquelles la constitution politique forme un lien artificiel et lâche, d'ailleurs mal supporté par la plupart d'entre elles.**

**1. *Ce sont les hasards de la politique qui ont formé l'Autriche-Hongrie.*** — Ancienne *marche* chrétienne contre les païens de l'Est (Slaves, puis Turcs), l'**Œsterreich** (Marche de l'Est) s'est agrandie par des conquêtes et surtout par des mariages dynastiques.

Voici les époques des annexions essentielles : *1526.* Union de *l'Autriche,* de la *Bohême* et de la *Hongrie,* sous la dynastie des *Habsbourg* ; — *XVII<sup>e</sup> siècle.* Annexion de la *Transylvanie* ; — *XVIII<sup>e</sup> siècle.* Annexion de la *Galicie-Podolie-Boukovine* ; — *1805.* Constitution par Napoléon I<sup>er</sup> de *l'Empire d'Autriche* ; — *1815.* Annexion de la *Dalmatie* ; — *1867.* Création du dualisme, par la constitution de *l'Empire d'Autriche-Hongrie* ; — *1876.* L'administration de la *Bosnie-Herzégovine,* territoire turc est confiée à l'Empire. — *1908.* L'Empire annexe la Bosnie-Herzégovine.

**2. *La population de l'Autriche-Hongrie est assez dense et très inégalement répartie.*** — L'Autriche-Hongrie a 51 millions d'habitants, soit une densité moyenne de 74 *habitants au kilomètre carré,* inférieure à celle du Royaume-Uni, de l'Italie, de l'Allemagne, et même de la France. Mais cette population s'accroît rapidement, malgré une émigration assez forte vers l'Amérique.

Elle est très inégalement répartie. Elle est très dense dans les *régions industrielles* (Bohême, Autriche) ; assez dense dans les *régions agricoles riches* (Galicie, Hongrie) et sur la côte ; rare dans les *régions montagneuses* (Alpes, Karpates) et sur le *Karst.*

**3. *Cette population est profondément divisée en un grand nombre de races.*** — L'Autriche-Hongrie comprend des représentants de presque toutes les races de l'Europe.

1° Les **Allemands** ne représentent pas un quart de la population. Ils sont groupés au Nord-Ouest (Autriche, Nord des Alpes, pourtour de la Bohême), outre quelques colonies en Hongrie. Ils sont prépondérants au point de vue politique et intellectuel.

2° Les **Hongrois** ou **Magyars** ne représentent pas un cinquième de la population. Mais, condensés dans la plaine hongroise et sur les Karpates voisines, unis par la situation géographique et par les intérêts économiques autant que par le passé historique et la race, ils ont su faire prévaloir leurs droits politiques.

3° Les **Slaves** représentent près de la moitié de la population. Mais, par la géographie, ils sont séparés en deux groupes : *Slaves du Nord* et *Slaves du Sud*. Par la langue et la religion, ils sont morcelés en nombreux sous-groupes ou nationalités, opposés de tendances : les *Tchèques* (Bohême), les *Slovaques* (Haute Hongrie), les *Polonais* (Galicie), les *Ruthènes* (Galicie, Boukovine et Karpates), au Nord ; — les *Croates* et les *Serbes* (Karst), les *Slovènes* (Carniole), au Sud ;

4° Les **Roumains** forment un peu plus du vingtième de la population. Ils sont groupés dans les Karpates et sur le haut plateau de Transylvanie. Ils sont portés par la situation géographique, et plus encore par les intérêts économiques et les affinités de race, vers les Roumains de Roumanie.

5° Les **Italiens**, beaucoup moins nombreux que les représentants des nationalités précédentes, sont groupés en Istrie et dans la partie méridionale des Alpes. Les territoires qu'ils occupent sont revendiqués en Italie par les partisans de la politique dite « irredentistes ».

6° Les **Juifs**, très nombreux, sont répandus partout ; mais on les trouve surtout dans les grandes villes et, à l'Est, dans les Karpates.

Très divisée également au point de vue religieux, l'Autriche-Hongrie comprend :

1° Des *catholiques*, en majorité (65 pour 100) ;

2° Des *protestants* (10 pour 100) ;

3° Des *orthodoxes* (20 pour 100) ;

4° Des *juifs* (4 pour 100) ;

5° Un demi million de *musulmans*.

**4. *Malgré sa constitution centralisée, l'Autriche-Hongrie est divisée en nationalités, qui réclament, sinon leur indépendance, du moins leur autonomie*. —** Depuis 1867, l'Empire austro-hongrois est soumis au régime dit du dualisme, c'est-à-dire qu'il est gouverné, sous la souveraineté d'un seul **Empereur**, par un gouvernement double :

1° Le **gouvernement autrichien**, qui administre l'*Autriche* ou *Cisleithanie* (14 provinces) et qui a son siège à Vienne. Il comprend un Ministère, une Chambre des seigneurs, héréditaires, une Chambre des Représentants, élus ;

2° Le **gouvernement hongrois**, qui administre la *Hongrie* ou *Transleithanie* (3 provinces) et qui a son siège à Budapest. Il comprend un Ministère, une Table des Magnats, héréditaires, et une Table des Représentants, élus.

L'union entre les deux gouvernements est perpétuelle et scellée, non seulement par l'Empereur, mais par trois **ministères communs** *Affaires étrangères, Armée et Marine, Finances*.

De cette forme de gouvernement sont seules satisfaites les deux nationalités qui ont pour elles la cohésion plus encore que le nombre : l'*Autriche* et la *Hongrie*. Mais les autres nationalités réclament ardemment l'autonomie administrative et une constitution fédérale.

Ces revendications entre les **nationalités** de l'Empire sont d'autant plus âpres qu'elles sont encouragées par les nations voisines, qui réclament, avec plus ou moins d'ardeur, l'annexion des territoires peuplés par leurs congénères :

1° Les *Italiens* au nom de l'*Italia irredenta*, réclamant l'Istrie et le Sud des Alpes ;

2° Les *Roumains*, la Transylvanie ;

3° Les *panslavistes* réclament les pays slaves du Nord et du Sud ;

4° Les *pangermanistes*, les pays allemands.

Ainsi, les nationalités mécontentes peuvent trouver un appui au dehors pour lutter contre le dualisme tout puissant, et peut-être pour s'en séparer. L'Empire austro-hongrois dualiste est donc menacé de ce double danger : soit le fédéralisme, soit le séparatisme.

De là un malaise permanent qui entrave le développement économique.

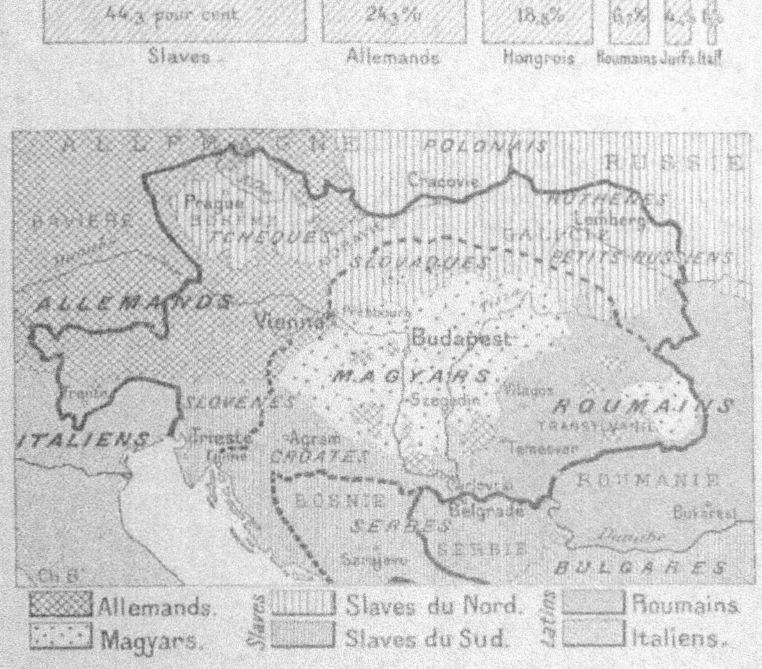


1. IMPORTANCE NUMÉRIQUE COMPARÉE DES RACES DE L'AUTRICHE-HONGRIE.
2. RÉPARTITION GÉOGRAPHIQUE DES RACES DE L'AUTRICHE-HONGRIE.

*L'antagonisme des diverses races qui habitent l'Autriche-Hongrie forme le facteur capital de la politique de ce pays et de son développement général. Actuellement, le pouvoir est partagé entre deux races seulement, les Allemands à l'Ouest, et les Magyars ou Hongrois au Centre : or, les Allemands ne représentent pas 22 pour 100, et les Magyars ne représentent que 18 à 19 pour 100 de la population totale du pays.*

*Les autres nationalités qui leur sont subordonnées, bien que leur importance soit loin d'être négligeable, sont : 1° Les Slaves, qui représentent 45 à 46 pour 100 de la population totale de l'Autriche-Hongrie, autant que les Allemands et les Hongrois réunis ; mais, malheureusement pour leur influence, ils sont répartis en deux groupes qui ne se touchent point, l'un tout au Nord (Slaves du Nord), l'autre tout au Sud (Slaves du Sud) ; en outre, chacun de ces deux groupes est subdivisé en éléments qui s'accordent mal entre eux (d'une part, Tchèques, Slovaques, Polonais, Ruthènes, Petits Russiens ; de l'autre, Slovènes, Croates, Serbes) ; — 2° Les Roumains forment un groupe compact sur le plateau de Transylvanie et dans la région des Karpates à l'Est ; — 3° Le petit groupe d'Italiens du Sud-Ouest (région de Trente et région de Trieste) est peu nombreux, mais il est bien groupé et, à cause de cela, non négligeable.*

*C'est la position des Allemands et des Hongrois au centre de l'empire et sur le Danube, où ils sont étroitement groupés, qui leur a permis de triompher jusqu'à ce jour et d'établir leur suprématie.*

### C. — La vie économique de l'Autriche-Hongrie.

**Le développement économique de l'Autriche-Hongrie est relativement récent et encore troublé par l'opposition des intérêts entre les diverses régions de l'Empire.**

1. *Les voies de communication doivent en partie leur développement à la situation de l'Autriche-Hongrie dans l'Europe centrale.* — L'Autriche-Hongrie a le grand avantage d'être, par sa situation, l'intermédiaire naturel entre Europe occidentale et Europe orientale, entre Europe septentrionale et Europe méditerranéenne.

Le **Danube** est la grande voie navigable de l'Autriche-Hongrie, avec le cours inférieur de ses grands affluents, *Drave, Save, Tisza*. Les **canaux** sont relativement peu nombreux. Un grand projet, dont l'exécution n'est pas même commencée, prévoit la jonction, par des canaux, des fleuves allemands et du Danube : il créerait une voie navigable continue entre la Mer du Nord et la Méditerranée orientale.

Les **voies ferrées** sont très développées : 42.500 kilomètres. Le développement en a été activé par le transit international, qui se fait par les nombreuses *lignes transcontinentales*, dont le nœud est *Vienne* (v. p. 202). Par Vienne, Paris communique avec Constantinople, Berlin avec Trieste.

2. *L'agriculture est de développement récent et relativement localisée.* — Énormément développée depuis cinquante ans, l'agriculture utilise aujourd'hui tous les terrains que la nature du sol et le climat lui permettent. Elle s'est considérablement perfectionnée (*sociétés d'études agricoles, syndicats d'agriculteurs*, emploi des *engrais chimiques* et des *machines*), notamment en Hongrie et en Bohême.

Outre quelques produits secondaires, mais précieux et d'une exportation fructueuse (vins de Hongrie), elle comprend quatre produits essentiels :

1° Les **céréales**, et spécialement le **blé**, dont la culture se localise dans les provinces extérieures et surtout en Hongrie;

2° Les **cultures industrielles** (*betterave, lin, houblon*), localisées dans les régions du Nord-Ouest, où elles sont à la fois cause et effets des industries ;

3° Les **produits de l'élevage**, soit *bêtes à cornes*, dans les montagnes, soit surtout *chevaux* et *moutons* de Hongrie ;

4° Les **forêts** de toutes les régions montagneuses (pourtour de la Bohême, Alpes et Karpates).

Parmi ces produits, certains, comme le blé, les chevaux et

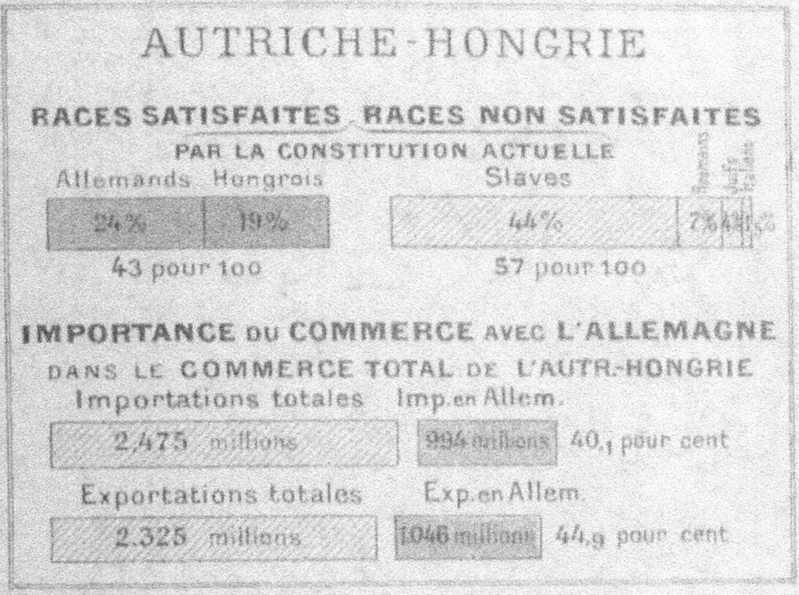

AUTRICHE-HONGRIE

les moutons, c'est-à-dire les produits hongrois, dépassent en quantité la capacité de consommation du pays.

**3. *L'industrie a les deux mêmes caractères*. —** Développée depuis vingt-cinq ans, l'industrie austro-hongroise est devenue une des premières de l'Europe dans les régions à houille et à matières premières (minerais ou cultures). Elle souffre de l'insuffisance des débouchés vers la mer.

Les principales industries sont :

1° L'industrie **métallurgique**, localisée en Bohême, en Styrie et en Autriche

2° L'**industrie textile** (*toiles, cotonnades*), localisée en Bohême ;

3° Les **industries alimentaires** (*sucre, bière*, etc.), localisées en Bohême et en Autriche ;

4° L'**industrie de la verrerie**, localisée en Bohême ;

5° Les **industries extractives** : *houille* de Bohême, *minerais* des Alpes et des Karpates, *pétrole* des Karpates.

Sauf ce dernier, presque tous ces produits industriels proviennent d'Autriche ou de Bohême, et leur quantité dépasse la capacité de consommation du pays.

**4. *Le commerce extérieur est relativement faible et crée un nouvel élément de conflit entre Autriche et Hongrie.*** — Le commerce extérieur de l'Autriche-Hongrie s'élève à environ 4 800 millions de francs. Les importations dépassent légèrement les exportations. Celles qui se font par Trieste augmentent rapidement.

Les **importations** portent surtout sur la *houille* et les *matières premières*, à destination de l'Autriche, sur les *produits alimentaires*, vin, café, tabac, à destination de tout l'Empire.

Les **exportations** portent surtout sur les *produits alimentaires*, qui viennent de Hongrie et vont surtout en Allemagne, et sur les *produits manufacturés*, tissus, machines, etc., qui viennent d'Autriche et vont surtout dans les pays peu avancés de l'Est, Russie, Turquie, États balkaniques.

Par l'effet de ce **dualisme économique**, trop accentué, l'Empire :

1° *Hésite entre deux régimes économiques* : le *protectionnisme*, nécessaire à l'Autriche pour protéger son industrie contre la grande industrie allemande, et le *libre-échange*, nécessaire à la Hongrie pour exporter ses produits alimentaires dans les pays industriels ;

2° *Hésite entre deux courants commerciaux* : celui qui attire la Hongrie vers l'Allemagne et les pays industriels de l'Ouest, et celui qui attire l'Autriche, par le Danube, vers les pays agricoles de l'Orient.

Les Allemands et les Hongrois ont pu conclure un accord politique aux dépens des autres nationalités de l'Empire. Entre eux, le conflit économique subsiste et accroît les dangers qu'offre un régime unitaire appliqué à des régions géographiquement si différentes.

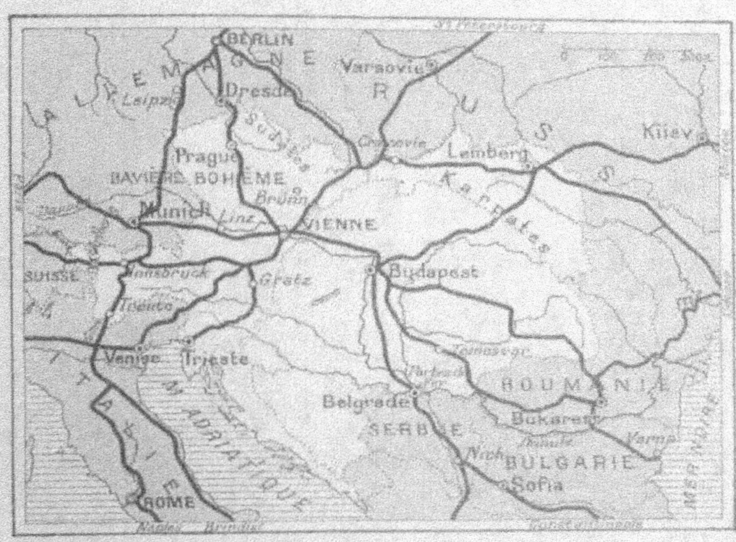



1. VOIES FERRÉES DE L'AUTRICHE-HONGRIE.

*Les principales rayonnent autour de Vienne et de Budapest. Elles unissent Vienne à Paris par Munich ou l'Arlberg; — Vienne à Venise, et Vienne à Trieste; — Vienne et Budapest à Salonique et Constantinople; — Vienne et Budapest à Odessa, Moscou et Saint-Pétersbourg; — Vienne à Berlin par Prague.*

Phot. Lévy.

2. VIENNE.

*Au point de vue autrichien, c'est la capitale de la province d'Autriche qui a exercé et exerce encore l'hégémonie; au point de vue européen, c'est la ville la plus centrale de l'Europe, grâce aux voies ferrées qui s'y croisent. C'est une ville de 2 millions d'habitants, très bien bâtie, la plus belle capitale qui soit après Paris.*

# X. — LA RUSSIE D'EUROPE

## A. — Unité du domaine de l'Empire russe.

Le domaine de l'Empire russe est immense, uniforme, compact et peu peuplé.

**1. *Le domaine de l'Empire russe est très étendu, très uniforme et très compact*.** — L'Empire russe couvre 23 *millions de kilomètres carrés* d'une seule tenue (42 fois la France), de la Baltique au Pacifique, occupant l'Est de l'Europe, le Nord et une partie du Centre de l'Asie (*Sibérie, Turkestan, Caucase*).

**Très uniforme**, il n'a de montagne, hors le bombement peu accentué de l'*Oural*, que sur le pourtour : *Monts du Caucase, du Turkestan et de la Sibérie Orientale*. Il est essentiellement constitué par l'immense *plaine russo-sibérienne*.

**Très compact**, il a des côtes peu découpées et baignées soit par des mers fermées (*Baltique, Mer Blanche, Mer Noire*), soit par des mers intérieures (*Caspienne, mer d'Aral, lacs Balkhach et Baïkal*), soit par de grands océans encombrés par les glaces plusieurs mois de l'année (*océan Glacial, Pacifique Nord*). La distance entre Baltique et Pacifique dépasse 8000 kil.

**2. *L'Empire russe est très peu peuplé*.** — L'Empire russe n'a que 154 millions d'habitants, soit 6 *habitants par kilomètre carré*, moins que les États-Unis.

La Russie d'Europe à elle seule en a 127 millions, soit 22 au kil. carré. Les possessions asiatiques n'ont pas 2 habitants au kil. carré, moins que les États de l'Amérique du Sud.

**3. *L'Empire russe évolue vers le libéralisme*.** — Cet immense Empire est soumis à l'autorité absolue d'un tsar. Mais, avec le progrès intellectuel et économique, l'Empire russe aspire à la vie moderne. Il a déjà un organe de représentation, d'ailleurs purement consultatif, la *Douma*.

## *B.* — Le sol de la Russie d'Europe.

**La Russie est immense, uniforme et compacte. Le climat permet toutefois d'y distinguer plusieurs zones assez différentes.**

**1. *Les péripéties de l'histoire géologique expliquent en dernière analyse son uniformité.*** Dans son immense étendue, la Russie a participé à tous les événements de l'histoire géologique de l'Europe :

1° Les *plissements huroniens* ont fait émerger dès l'ère primaire toute la partie septentrionale. Mais les hauts reliefs qu'ils avaient produits ont été à la longue complètement usés par l'érosion des eaux courantes et surtout par le grand glacier scandinave de l'époque glaciaire (p. 72). Il a déterminé la plaine lacustre de la Finlande ;

2° Les *plissements hercyniens* ont fait émerger une zone située au Sud de la précédente ; mais elle a subi les mêmes effets de l'érosion des eaux courantes et du glacier. Le seul témoin qui en subsiste est l'*Oural* ;

3° Les *sédiments secondaires et tertiaires* se sont déposés dans la région centrale et méridionale. Ils n'ont jamais été plissés ;

4° Les *plissements alpins* (ère tertiaire) y ont déterminé les monts de la bordure méridionale : *Crimée*, *Caucase* ;

5° Les dépôts superficiels quaternaires l'ont recouverte en grande partie : *dépôts glaciaires* au Nord ; *limons* et *tchernoziom* au Centre.

En somme, ici l'usure des plissements, là l'absence de plissements expliquent la monotonie du relief.

**2. *La Russie d'Europe est la région de l'Europe la plus étendue, la plus uniforme et la plus compacte.*** — La Russie d'Europe occupe à elle seule plus de la moitié du continent européen.

Hors les **massifs extérieurs** de *Crimée*, du *Caucase* et de l'*Oural*, elle forme une grande plaine. Les anciens glaciers ont déterminé, au Nord, des cavités lacustres en nombre considérable dans la *Finlande* et laissé comme seul témoin de l'ancien relief les *hauteurs de Valdaï* (351 m.).

Très compacte, la Russie n'est baignée que par des mers fermées (*Mer Blanche, Baltique, Mer d'Azov, Mer Noire*) ou intérieures (*Caspienne*).

Très plate, elle s'y termine par des côtes alluviales et basses

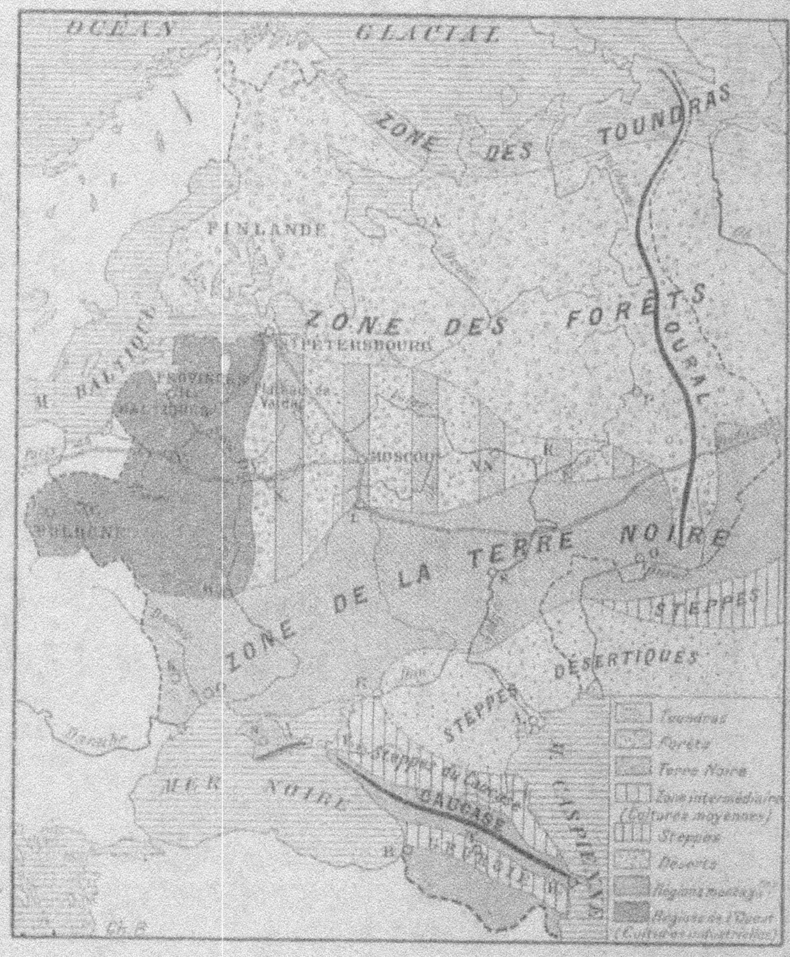


RUSSIE D'EUROPE.

aux indentations rares et larges (*golfes de Botnie, de Finlande, de Riga*), ou riches en lagunes, comme sur la Mer Noire (*limans*), séparées de la mer par des flèches de sable.

**3. *Dans le climat, partout continental, les seules différences viennent de la latitude*.** — Partout continentale, la Russie a un climat excessif : hivers très froids, pendant lesquels mers et fleuves gèlent ; étés très chauds, au début desquels mers et fleuves ont des débâcles violentes. Ce climat est très sec, avec des pluies d'été et de printemps rares.

Toutefois, très étendue en latitude, la Russie a des hivers de moins en moins froids du Nord au Sud, et des pluies de plus en plus rares du Nord-Ouest (au voisinage de la Baltique) au Sud-Est, où la Caspienne se dessèche lentement.

**4. *Tous les fleuves, également réguliers, souffrent de la rigueur des hivers*.** — La vaste plaine russe a des fleuves très longs : *Petchora*, *Dvina* (Océan Glacial) ; *Nera*, *Duna*, *Niemen*, *Vistule* (Baltique) ; *Dniestr*, *Dniepr*, *Don* (Mer Noire) ; **Volga**, *Oural* (Caspienne).

Tous ont un débit lent et modéré, un régime régulier. Mais ils présentent le double défaut de se terminer dans des mers fermées ou intérieures et de n'être navigables que six mois par an, par l'effet des glaces d'hiver et des débâcles de printemps.

**5. *La Russie comprend quelques grandes zones végétales se succédant du Nord au Sud*.** — De relief égal, la Russie a de grandes zones de végétation uniformes, qui se succèdent du Nord-Ouest au Sud-Est :

1° La *zone des toundras*, marais glacés ;
2° La *zone des forêts* ;
3° La *zone des steppes*.

Cette division en trois zones est en fonction du climat et dépend de la quantité des pluies, plus abondantes au Nord-Ouest, plus rares au Sud-Est. Toutefois, la température et la nature du sol permettent d'établir des subdivisions dans les deux dernières de ces classes.

La **zone des forêts** forme, sur la moitié septentrionale de la Russie, un épais manteau d'arbres. Dans le Nord, de climat plus rude, dominent les résineux : *mélèzes*, *pins*, *sapins*, *conifères* divers à feuilles persistantes. Dans le Sud, de climat plus chaud, dominent les arbres à feuilles caduques : *hêtres*, *chênes*, *érables*, *trembles*, *tilleuls*.

La **zone des steppes** s'étend sur la moitié méridionale de la

Russie. Toutefois, les influences atmosphériques permettent d'y distinguer trois régions différentes :

1° La **zone de la terre noire**, ou *steppe noire*, borde la forêt sur une largeur moyenne de 300 à 400 kil. et sur une longueur de 2000 kil. entre les Karpates et l'Oural ; elle mesure près de deux fois la surface de la France. Sur cette étendue, la décomposition des herbes, durant des milliers de siècles, a accumulé sur place d'immenses couches de détritus : d'où une épaisseur, qui atteint jusqu'à 1<sup>m</sup>,50 ou 2 m., de terreau, de terre noire, ou *Tchernoziom*, qui contient 3/4 à 4/5 de sable avec toutes sortes de principes fertilisants ; ammoniaque, soude, potasse, acide phosphorique, matières organiques. C'est une terre d'une extrême fécondité, qui s'imbibe naturellement très vite sans devenir marécageuse. C'est la *terre à blé* ;

2° La **steppe proprement dite**, ou *steppe grise*, s'étend au Sud du tchernoziom. La terre végétale, quoique mince, n'y manque pas ; irriguée et fumée, amendée et soignée par l'homme, elle est susceptible de pauvres récoltes ; elle se défriche lentement ; les houillères du Donetz, en amenant la création d'usines et en attirant la colonisation, hâtent sa transformation. Mais le climat est trop rude, les étés trop secs ; l'herbe ne se montre qu'à la saison des pluies. C'est la *terre à pâtures* ;

3° La **steppe désertique**, ou *steppe blanche*, s'étend au Sud-Est, près de la Caspienne, dans une dépression que recouvrit jadis cette mer en voie de dessèchement. C'est la steppe aride, sablonneuse et brûlée. Plus de terre végétale ; seulement des alternances de pierres, de sables, de lacs salins qui occupent les dépressions abandonnées par la Caspienne. Point d'arbres ni d'arbustes, une végétation d'euphorbes et de salicornes, des herbes rares et éphémères. C'est le *désert*.

Dans cette plaine immense, les cultures riches et industrielles (*betterave*, *lin*) ne sont possibles que dans l'Ouest (Pologne, provinces baltiques), de sol riche ; de climat doux et humide.

**6. *La Russie a de nombreuses ressources minérales*.** — Même sans tenir compte de la Caucasie (qui appartient à l'*Asie*), la Russie a d'abondantes ressources minérales : *houille, fer, cuivre, pétrole ; mines d'or de l'Oural*.

Les principaux centres miniers de la Russie sont l'Oural, la région de la Mer Noire, la région de Toula (au Sud de Moscou) et la Pologne.

## I. RELIEF DE LA RUSSIE.

La Russie forme une grande plaine, longue de 2740 kilomètres du Nord au Sud, large de 2700 kilomètres de l'Ouest à l'Est. Sur cette vaste étendue, pas une montagne, sauf les médiocres hauteurs du plateau de Valdaï (350 mètres). Les montagnes de la Russie sont situées sur le pourtour du pays et l'encadrent (Karpates, Caucase, Oural). Cette vaste étendue de plaines, dans ce cadre de mers et de montagnes, a favorisé : 1° la formation de longs fleuves et de bassins fluviaux très étendus ; 2° l'établissement d'une grande unité politique. L'État russe occupe, à lui seul, la moitié de la superficie de l'Europe entière.

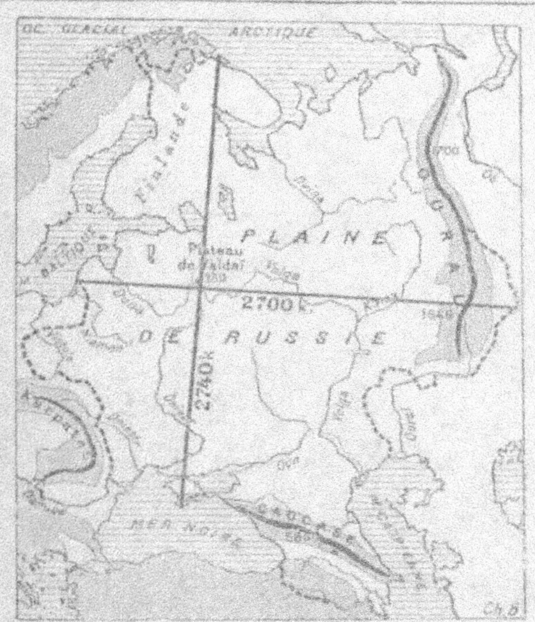


## 2. DURÉE DES GELÉES EN RUSSIE.

La Russie a un climat continental ; les hivers y sont rigoureux même au Sud qui est situé pourtant sous la latitude de Naples et de l'Italie méridionale. C'est ce que montre la durée moyenne des gelées annuelles : de 6 à 8 mois sur les bords de la mer Blanche et de l'Océan Glacial, de 5 mois vers Saint-Pétersbourg et Moscou, de 4 mois vers Kiew, de 1 à 3 mois à Odessa et sur les bords de la mer Noire. Le climat russe présente ainsi un grand caractère d'unité qui tient à son relief, à l'absence de grande barrière montagneuse interposée entre le Nord et le Sud.

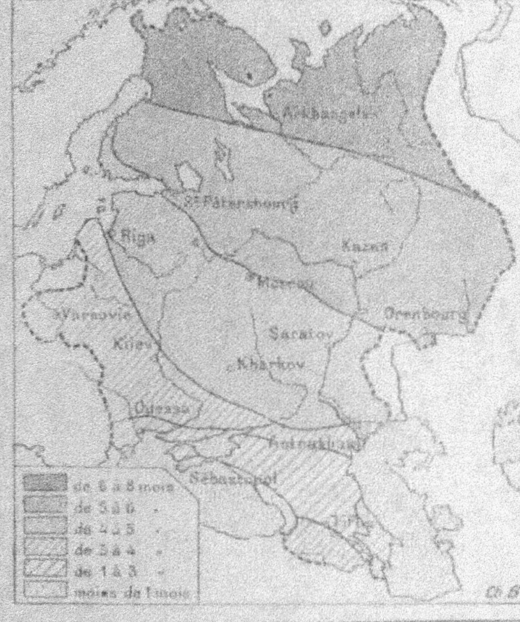

3. FALAISES DE LA VOLGA.

La plaine russe est plate, mais, vers l'Est, elle a été entamée par les fleuves qui y coulent en contre-bas au pied de plaines élevées que les eaux rongent.

4. LA NÉVA GELÉE A SAINT-PÉTERSBOURG.

A Saint-Pétersbourg, les gelées durent en moyenne cinq mois, c'est-à-dire près de la moitié de l'année. Pendant tout ce temps, la Néva est couverte d'une épaisse couche de glace. Aussi, y installe-t-on chaque année des lignes de tramways. De la sorte, le fleuve, sauf aux époques de la débâcle, sert toujours aux communications, portant tour à tour des bateaux et des tramways.

1. LA DESCENTE DU POROS.
2. LE CAP RODOCH.
Photographies Martel

Les côtes de la Russie sont en majeure partie alluviales et plates : telles sont les côtes russes de l'océan Glacial et de la mer Blanche, celles de la mer Baltique, enfin celles de la moitié occidentale de la mer Noire, le long du golfe d'Odessa. Le type rocheux domine principalement dans la moitié orientale de la mer Noire, le long de la côte méridionale de la Crimée et au pied de la haute muraille du Caucase. La mer y est dominée de hautes falaises à pic au pied desquelles, tournées vers le Midi et exposées au soleil qui les chauffe, se sont créées des villes d'hiver analogues à celles de notre littoral provençal. La plus connue d'entre elles est Yalta où la famille impériale russe possède un château de plaisance. Des villas et des villes où vient hiverner l'aristocratie russe, et dont le climat est aussi réputé que celui de Nice, se succèdent tout le long de la côte méridionale de la Crimée ainsi que le long de la côte méridionale du Caucase ; on a appelé cette région la Côte d'azur russe (Al. Martel).

1. CONFLUENT DE LA VOLGA ET DE L'OKA.
2. LE PORT DE NIJNI-NOVGOROD SUR LA VOLGA.

La Volga est le plus long des fleuves de la Russie et de l'Europe entière (voir plus haut, p. 20). Il mesure plus de 3500 kilomètres. Né dans le plateau de Valdaï, il se jette dans la mer Caspienne par plusieurs bouches enserrant un vaste delta. L'Oka, qui reçoit la Moscova ou rivière de Moscou, est l'un des affluents principaux de la Volga; elle conflue dans la Volga à Nijni-Novgorod que ses foires ont rendue célèbre. Après avoir reçu l'Oka, la Volga est un fleuve considérable. Sa longueur étant de 3500 kilomètres et la différence de niveau entre sa source et son embouchure ne dépassant guère 300 mètres, on voit que la Volga n'a qu'une pente insignifiante.

3. RAPIDES SUR LE DNIEPR EN AVAL DE IEKATERINOSLAV.
4. LE DNIEPR À IEKATERINOSLAV.

Le Dniepr est le plus important des fleuves russes après la Volga; il sort, comme elle, du plateau de Valdaï, mais, au lieu de couler au Sud-Est vers la Caspienne, il coule au Sud vers la mer Noire. Dans son cours inférieur, il est, sur une longueur de 60 kilomètres, coupé de rapides à la traversée de bancs rocheux; mais partout ailleurs il forme, comme les autres fleuves russes, une admirable voie fluviale. Les fleuves russes sont vraiment des « chemins qui marchent », longs, larges, profonds, lents. Lorsqu'ils sont gelés, on y circule en traîneaux. Ils ne sont inutilisables qu'au printemps, lors des débâcles.

**1. ZONES AGRICOLES DE LA RUSSIE.**

*Les zones végétales de la Russie se succèdent régulièrement du Nord au Sud. On en distingue cinq principales qui sont : 1° sur les bords de l'océan Glacial, une zone de toundras ; — 2° au Sud de cette zone, une zone d'immenses forêts qui vont en s'éclaircissant vers le Sud ; — 3° une zone de cultures, conquise sur la forêt et occupée aujourd'hui par des cultures alimentaires (seigle) et industrielles (lin, chanvre, betteraves) ; — 4° la zone de la Terre-Noire, région par excellence du blé et des riches cultures ; — 5° au Sud-Est, vers la mer d'Azov et la mer Caspienne, dans une région où le sol est formé de Terre-Noire mais où le climat est trop sec, une zone de steppes incultes.*

*2. LA TOUNDRA.*

*La toundra est, en hiver, glacée et couverte de neige. Avec le printemps, la surface dégèle, mais le sous-sol reste gelé et par suite imperméable. Les eaux forment des marécages d'où émergent quelques buttes couvertes de lichens et de mousses. On y trouve aussi des arbres ; mais sous ce climat rude, au lieu de croître en hauteur, ils poussent en largeur, en buisson. Le massif ci-dessus représente un seul arbre, arbre centenaire, qui a poussé de la sorte.*

3. LA FORÊT RUSSE.

La forêt russe couvre une étendue égale à trois fois celle de la France. Au Nord, elle se compose d'arbres verts (mélèzes, pins, sapins); au Sud, d'arbres à feuilles caduques (hêtres, chênes, érables, trembles, tilleuls). Les hommes sont comme perdus au milieu des arbres où s'ouvrent de rares clairières.

Phot. Martel.

4. LA STEPPE RUSSE.

Photographie prise par M. Martel dans la Russie du Sud, en Podolie. La steppe, c'est la plaine sans arbres, la plaine nue. Mais le climat crée des diversités dans cette plaine : où la pluie est rare (vers la Caspienne), c'est la steppe blanche, désertique. Ici, c'est la steppe noire, le tchernoziom : « La moisson est faite, et l'on est privé de la contemplation de l'océan doré des épis. Mais le panorama a conservé la grandeur de tous les espaces illimités et la robe de la terre est éclatante. Des moulins carrés, tout en bois y compris les ailes, piquent çà et là cette plaine sans bornes. » (MARTEL, La Côte d'Azur russe).

## C. — La population de la Russie d'Europe.

**La population de la Russie d'Europe, peu dense et arrié-
rée, a surtout une vie agricole. Dans certaines régions elle
souffre de la politique dite « de russification ».**

**1. *La population de la Russie est très nombreuse
absolument, très faible relativement*.** — La Russie a
128 millions d'habitants, 22 au kil. carré.

Cette population s'accroît rapidement, grâce à une natalité
prodigieuse.

**L'émigration**, depuis quelques années, est assez forte. Elle
porte surtout sur les *Finlandais*, les *Polonais*, les *Lithuaniens*
et les *Petits-Russiens* de l'Ouest, qui se rendent aux États-Unis
et dans l'Amérique du Sud comme ouvriers agricoles ou manœuvres dans les usines.

**2. *Cette population est très inégalement répartie
entre cinq régions différentes*.** — Par la densité de la population, par le genre de vie et par la forme de groupement, la
Russie se divise en cinq régions :

1° Les **toundras** sont peu peuplées, de *Finnois* nomades,
vivant de la pêche et de l'élevage du renne ;

2° Les **forêts**, à peine plus peuplées, seulement défrichées
vers le Sud et dans les régions minières de l'Oural, ont pour
principale ressource la coupe du bois. Les seules villes, avec
*Arkhangelsk*, sur la Mer Blanche, sont au Sud, à la limite de la
forêt. Ce sont des marchés d'échanges avec la steppe agricole ;
**Moscou** (1 350 000 hab.), la ville sainte et l'antique capitale, au
cœur de l'ancien État moscovite ; *Vitebsk*, *Smolensk*, *Toula* (mine
et industrie), *Nijni-Novgorod* (grandes foires), *Kazan*, *Perm* ;

3° La **zone de la terre noire** est la région des céréales
(*blé, orge, seigle*). Elle a une population beaucoup plus dense
de cultivateurs (*moujiks*), propriétaires ou fermiers, organisés
en communes rurales très étendues et peu agglomérées, que
l'on appelle *mirs*. Les villes, centres d'industrie ou marchés,

sont : **Odessa** (450 000 hab.), le grand port de la Mer Noire, d'où s'exportent le blé et les bestiaux ; **Kiev**, ville sainte ; *Saratov, Kharkov, Kichinev, Rostov, Sébastopol* ;

4° Les **autres steppes, grise** et **blanche**, steppes proprement dite ou déserts, sont surtout peuplées de pasteurs nomades. *Astrakhan*, port sur la Volga, est un centre de pêcheries et de commerce des fourrures ;

5° La **région de la Baltique**, *Provinces Baltiques, Finlande*, est la région essentielle de la Russie, grâce à ses mines, à ses cultures riches qui poussent sur les limons de Pologne (betterave, etc.), à ses industries et surtout à ses rapports avec l'Europe occidentale par la Baltique. C'est de beaucoup la plus peuplée.

Les principales villes sont : **Varsovie** (756 000 hab.) et **Lodz**, en Pologne ; **Riga**, dans les provinces Baltiques ; *Helsingfors*, en Finlande ; et surtout **Saint-Pétersbourg** (1 678 000 hab.), la capitale de la Russie moderne.

3. ***Cette population est assez composite***. — Les **Russes** constituent à eux seuls les trois quarts de la population totale, et les sept huitièmes des Slaves. Mais :

1° Eux-mêmes se divisent en *Grands-Russiens, Petits-Russiens* et *Blancs-Russiens* ;

2° A côté d'eux, la Russie comprend d'autres **Slaves** : *Polonais, Lithuaniens* ; des **Germains** (dans les Provinces Baltiques) ; des **Scandinaves**, les *Finlandais* ; des **Jaunes** : *Finnois*, au Nord-Ouest ; *Turco-Mongols*, au Sud-Est ; des **Roumains**, des **Juifs**.

4. ***Les provinces et les populations non russes sont soumises à la politique de « russification »***. — La vraie Russie comprend, autour de Saint-Pétersbourg, de Moscou et de Kiev, les régions occupées par les Russiens, Grands-Russiens, Petits-Russiens, Blancs-Russiens, qui, avec des différences certaines d'un groupe à l'autre, sont tous des Slaves et des orthodoxes.

Mais, principalement depuis deux siècles, les tsars ont étendu progressivement vers l'Ouest les limites de leur empire, en englobant des pays qui n'avaient rien de russe, *Pologne,*

*Provinces baltiques, Finlande.* On appelle « politique de russification » les efforts tentés par le gouvernement russe pour russifier ces divers pays.

La **Pologne** a perdu l'administration séparée qu'elle a eue longtemps, le russe y a été proclamé langue obligatoire ; la législation a été organisée pour que la terre passe peu à peu des catholiques aux orthodoxes.

Les **Provinces baltiques** ont, en 1886, perdu également leur autonomie ; le russe a été substitué, dans l'administration et l'enseignement, à l'allemand, langue indigène ; les écoles luthériennes ont été fermées.

La **Finlande** a perdu son autonomie en 1899.

Les **Juifs** ont le droit d'occuper, en Russie, les anciennes provinces polonaises, la Lithuanie, la Russie-Blanche et la Petite-Russie ; ces provinces forment le « Territoire juif » ; pour une population de 45 millions d'habitants, on y compte 6 millions de Juifs. Depuis 1881, ils ont été les victimes de massacres répétés et de confiscations.

Cette politique a eu pour effet, non seulement de développer dans ces pays un mouvement d'opposition très fort au gouvernement tsariste, mais de créer dans toute la Russie un malaise qui nuit à son développement économique. — Elle a été une des causes principales de l'émigration qui entraîne vers l'Europe occidentale les Juifs, vers l'Allemagne les habitants des Provinces Baltiques, vers l'Amérique les Polonais.

5. ***La société russe est très hiérarchisée.*** — Au point de vue social, la nation comprend quatre classes principales

1° Le *clergé*, vivant presque en caste et se mariant dans son milieu ;

2° La *noblesse*, dépendant en majeure partie du gouvernement, qui récompense ses officiers et ses fonctionnaires par des titres de noblesse héréditaire ou personnelle ;

3° Les *bourgeois* et les *marchands* ;

4° Les *paysans*, dont la très grande majorité sont des cultivateurs. On classe à part l'armée et les étrangers.

La proportion de chacune des classes est la suivante : le clergé représente 1 pour 100 de la population totale ; la noblesse, 1 ; les bourgeois et les marchands, 9 ; les paysans, 82.

1. POPULATION COMPARÉE DE LA RUSSIE ET DE QUELQUES PAYS.

*Au point de vue absolu, la Russie est le pays le plus peuplé de l'Europe; avec les 128 millions d'habitants de sa partie européenne, elle compte plus d'habitants que l'Allemagne et l'Autriche-Hongrie réunies, elle a trois à quatre fois plus d'habitants que la France. La Russie renferme environ trente pour cent de la population totale de l'Europe, et cette population augmente par le fait d'une natalité considérable. Bien que les renseignements statistiques précis fassent encore défaut, on estime que la Russie gagne annuellement 1 500 000 à 1 800 000 habitants. On a dit que chaque année la France gagnait une compagnie, l'Allemagne un régiment, la Russie un corps d'armée.*

2. DENSITÉ DE LA POPULATION DE LA RUSSIE.

*Si l'on songe que la Russie occupe plus de la moitié de l'étendue de toute l'Europe, et qu'elle renferme un peu moins du tiers de sa population, on en conclura que la Russie, malgré le grand nombre absolu de ses habitants, est peu peuplée relativement à son étendue. La Russie n'a, en effet, que 22 habitants par kilomètre carré, la moyenne de l'Europe s'élevant à 40.*

*Il n'y a de très peuplés en Russie que quelques districts industriels de la Pologne où la densité de la population s'approche de 100 habitants par kilomètre carré ou même dépasse ce chiffre. Par contre, d'immenses espaces (et notamment la zone des toundras, celle des forêts, celle des steppes sèches de la région Caspienne, c'est-à-dire toute la moitié septentrionale et tout le sud-est) ont moins de 25 habitants, souvent même moins de 10 et moins de 5 habitants par kilomètre carré. La Russie, peuplée d'une manière aussi dense que l'Europe, compterait plus de 400 millions d'habitants. On a dit plus haut que la population russe avait un accroissement considérable.*

### 3. RACES.

La grande majorité des habitants de la Russie, tous ceux des régions centrales, appartiennent à la race russe qui comprend, du reste, trois groupes principaux: Grands Russiens, Blancs Russiens, Petits Russiens. Mais la Russie, en s'étendant, a englobé, en outre, des hommes de races très différentes, Finnois au Nord et au Nord-Ouest, Lithuaniens et Polonais à l'Ouest, Roumains au Sud-Ouest, Turco-Mongols au Sud-Est et à l'Est, Juifs, etc.

Le gouvernement russe cherche à russifier ces races étrangères, et la résistance de ces races à la russification constitue une source de difficultés pour lui.

Phot. J. Cahen.

4. UNE ISBA DANS LA RUSSIE DU SUD-OUEST.

Une isba est une ferme russe. La vue ci-dessus donne une idée du type des maisons, des habitants et costumes de la Petite Russie (vers Kiev et Pollava).

5. — UNE ISBA DANS LA RUSSIE CENTRALE.

Dans la Russie centrale, la ferme est bâtie en bois (le bois abonde), couverte
en chaume. L'aspect est assez misérable; néanmoins, elle abrite des familles
extrêmement nombreuses; la Russie est le pays d'Europe où l'on compte le plus
de naissances relativement au chiffre de la population.

6. — UNE TROÏKA.

Le véhicule préféré des Russes pour les longs voyages à travers la steppe
est la légère troïka. On l'attelle de trois chevaux de front; elle peut être montée
sur patins pendant l'hiver, sur roues pendant l'été.

1. SAINT-PÉTERSBOURG ET LA NÉVA. (Phot. Stengel.) — 2. LA PERSPECTIVE NEWSKI A SAINT-PÉTERSBOURG.

Saint-Pétersbourg est la capitale de la Russie moderne; elle fut bâtie en 1703, au fond du golfe de Finlande, sur la Baltique, par le tsar Pierre le Grand, qui voulait créer entre la Russie et les pays européens des relations plus suivies. C'est une ville toute moderne. Elle est baignée par la Néva qui est courte mais très volumineuse, parce qu'elle déverse des lacs vastes et profonds. Saint-Pétersbourg est percée de larges avenues, ou perspectives, dont la plus fameuse est la perspective Newsky. On y voit de nombreux palais, demeures de la famille impériale ou sièges des ministères et des grandes administrations. Jadis ville presque exclusivement administrative, Saint-Pétersbourg s'augmente actuellement et de plus en plus d'une ville industrielle importante. Aussi, sa population s'est-elle beaucoup accru et comprend-elle aujourd'hui près de 1 million et demi d'habitants. Saint-Pétersbourg est défendue du côté de la mer, à l'ouest, par la forteresse de Cronstadt.

3. MOSCOU : VUE GÉNÉRALE DU KREMLIN.

*Moscou est la capitale de la vieille Russie. Elle s'élève vers le centre du pays, sur la Moskwa, affluent de l'Oka et sous-affluent de la Volga, à la limite des deux grandes zones naturelles russes, zone des forêts et zone des steppes. Le Kremlin est la forteresse de Moscou : il forme, au centre de la ville, un vaste quartier de palais et d'églises entouré d'une haute muraille.*

4. L'ÉGLISE SAINT-BASILE A MOSCOU.

*Spécimen de l'architecture religieuse russe ; autour d'un clocher principal de forme pyramidale et couronné par une espèce de lanterne, se presse une ronde de clochetons surmontés de coupoles en tuiles que des croix d'or surmontent. L'église Saint-Basile-Blazennyi, ou le Bienheureux, est située à Moscou sur la place Rouge, fameuse par de nombreux souvenirs historiques.*

### *D.* — État économique de la Russie d'Europe.

**Au point de vue économique, la Russie d'Europe est un pays neuf : l'agriculture y est presque tout ; l'industrie naît à peine en quelques points.**

1. *La Russie a peu de routes, mais beaucoup de voies navigables et de voies ferrées.* — Dans un pays aussi étendu et de ressources aussi strictement localisées, les voies de communication ont une importance primordiale.

Les **routes de terre** sont très mal entretenues.

Les **voies navigables** sont nombreuses : tous les cours d'eau, navigables sans l'œuvre de l'homme, sont suffisamment reliés par quelques *canaux*. Les plus importants joignent la *Neva* à a *Volga* ; seul, le climat leur est défavorable.

Les **voies ferrées**, considérablement développées depuis 1805, atteignent plus de 56000 kilomètres.

2. *La Russie est surtout un pays agricole.* — La Russie en est encore à la période où les hommes vivent seulement des produits naturels du sol, soit animaux (*pêche ; chasse ; animaux à fourrures ; élevage*), soit végétaux (*forêts, cultures*).

Les **forêts**, couvrant les deux cinquièmes de l'Empire, appartiennent en grande partie au tsar, à la famille impériale ou à l'État. Les bois sont surtout transportés par flottage. L'exploitation est très rudimentaire.

L'**élevage** comprend l'élevage des *bêtes à cornes*, dans la région baltique, mais surtout l'élevage extensif des steppes (*chevaux* et *moutons*), pour lequel la Russie est le premier pays d'Europe. Il est fait par des populations nomades.

L'**agriculture** est de beaucoup la ressource principale. L'étendue cultivée y est très grande, mais les rendements très faibles. Elle comprend :

1° Les *cultures alimentaires*, blé, seigle, avoine, qui, dans la région du tchernoziom et des forêts méridionales, se succèdent dans cet ordre, du Sud au Nord ;

2° Les *cultures industrielles*, lin, chanvre, betterave, houblon, tabac, qui sont surtout concentrées en Pologne.

# RUSSIE D'EUROPE
## SUPERFICIE COMPARÉE
### AVEC LES 5 AUTRES GRANDES PUISSANCES EUROPÉENNES

Russie d'Europe (avec Finlande)  Autr.H. All. Fr. R.U. It.

5,378.000

kilomètres carrés

625.000 | 540.000 | 536.000 | 315.000 | 287.000

## POPULATION COMPARÉE
### AVEC LES 5 AUTRES GRANDES PUISSANCES EUROPÉENNES

| Russie d'Europe | Allemagne | Autr.H. | Roy-Uni | Fr. | Italie |
|---|---|---|---|---|---|
| 128 | 65 | 51 | 45 | 39 | 34 |

millions d'habitants

## UTILISATION DU SOL EN RUSSIE

| Terres arables | Prairies | Forêts | Terres incultes |
|---|---|---|---|
| 26 % | 16 % | 39 % | 19 % |

## GRANDS PAYS PRODUCTEURS DE BLÉ

| Russie | États-Unis | France | Autr.H. |
|---|---|---|---|
| 190 | 259 | 114 | 71 |

millions d'hectolitres

# RUSSIE D'ASIE

## PLACE OCCUPÉE PAR LA RUSSIE
### D'EUROPE ET PAR LA RUSSIE D'ASIE
### DANS L'EMPIRE RUSSE

Superficie :
22,576.000 km.q.

| Russie d'Eur. | Russie d'Asie (avec Caucasie) |
|---|---|
| 5,378.000 | 17,198.000 km.q. |

Population :
155 millions d'hab.

| Russie d'Europe | Russie d'Asie |
|---|---|
| 128 millions d'habitants | 27 millions |

**3. *Malgré une industrie naissante, la Russie est loin d'utiliser toutes les ressources de son sous-sol.* —** Malgré ses ressources minières, la Russie n'a de grande industrie que depuis 1890. Les progrès sont lents, mais réels.

Ces industries sont surtout l'**industrie métallurgique** (supérieure à celle de la France) ; les **industries textiles**, surtout l'industrie des *toiles de lin* et *de coton* ; les **industries alimentaires**, surtout l'*industrie sucrière* ; les **industries du bois.**

**4. *La Russie a le mouvement commercial caractéristique des pays neufs.* —** Malgré l'étendue de son territoire et la multiplicité de ses ressources (qu'elle n'exploite qu'en partie), la Russie ne peut se suffire à elle-même. Peu peuplée, elle ne peut consommer tout ce qu'elle produit. Son mouvement commercial s'élève à 4 400 000 francs, ses exportations dépassent de beaucoup ses importations.

**Elle exporte** surtout des *matières premières* (lin, chanvre, bois, pétrole) et des *produits alimentaires* (céréales, moutons).

**Elle importe** surtout des *produits fabriqués*, des *matières premières* (houblon, coton, soie) et *alimentaires* (vin, thé).

Elle achète et vend surtout à l'Allemagne et à l'Angleterre ; elle achète beaucoup aux Etats-Unis ; elle vend beaucoup aux Pays-Bas (céréales) et à la France.

**5. *L'évolution économique de la Russie semble devoir déterminer nécessairement une évolution politique et sociale.* —** Par son étendue, par le chiffre de sa population, la Russie est une des puissances les plus considérables du globe. Comme tous les pays neufs, elle a dû faire appel au crédit étranger pour construire ses voies ferrées, développer son agriculture et son industrie ; elle n'a pas emprunté à la France moins de 10 milliards de francs.

Le principal obstacle à son développement est sa situation politique et sociale.

Le semblant de constitution que le tsar a « accordé » à son peuple, l'institution de la Douma, marquent le début d'une évolution politique, par laquelle l'évolution économique de la Russie sera facilitée et accélérée.

1. PAQUEBOT SUR LA VOLGA.

On a déjà dit (pages 232-233) que les fleuves russes forment d'admirables voies fluviales; ils sont sillonnés sans cesse par des steamers à roues et des remorqueurs, qu'actionnent généralement les pétroles du Caucase.

2. ODESSA.

Odessa, sur la mer Noire, est une ville d'hier; elle fut fondée en 1795, au moment de la Révolution, et eut pour premier gouverneur un émigré français, le duc de Richelieu, qui devait être premier ministre en France sous la Restauration. Odessa, vite accrue, compte déjà plus de 400000 habitants; c'est que, située au débouché de la région de la Terre Noire, elle en exporte les blés très abondants vers l'Europe. Odessa est le premier port de la Russie.

3. VOIES NAVIGABLES DE LA RUSSIE.

La Russie est un pays de longues voies fluviales lentes et régulières, qui rendent pour les transports et le commerce les plus grands services, lorsqu'elles ne sont pas gelées. Leur réseau mesure un développement total de 60.000 kilomètres dont 27.000 se prêtent au moins à la circulation de petits bateaux à vapeur.

Pour unir entre eux les tributaires des différents bassins, il a suffi de creuser quelques canaux. Ces canaux forment trois groupes principaux : 1° le canal Alexandre de Wurtemberg, qui unit la Volga à la Dvina : il permet ainsi de passer de la mer Caspienne à la mer Blanche; 2° les canaux Mariinsk, Tikhvine et Vychnii-Volotchek ou Vinchnévolock, qui unissent la Volga à la Néva, et permettent aux bateaux de passer de la mer Caspienne à la mer Baltique; 3° le canal Oginsky et le canal Dniepr-Bug, qui unissent le Dniepr au Niémen et à la Vistule, c'est-à-dire la mer Noire à la mer Baltique. — Il a suffi de 1950 kilomètres de canaux pour relier entre eux les grands bassins fluviaux de la Russie.

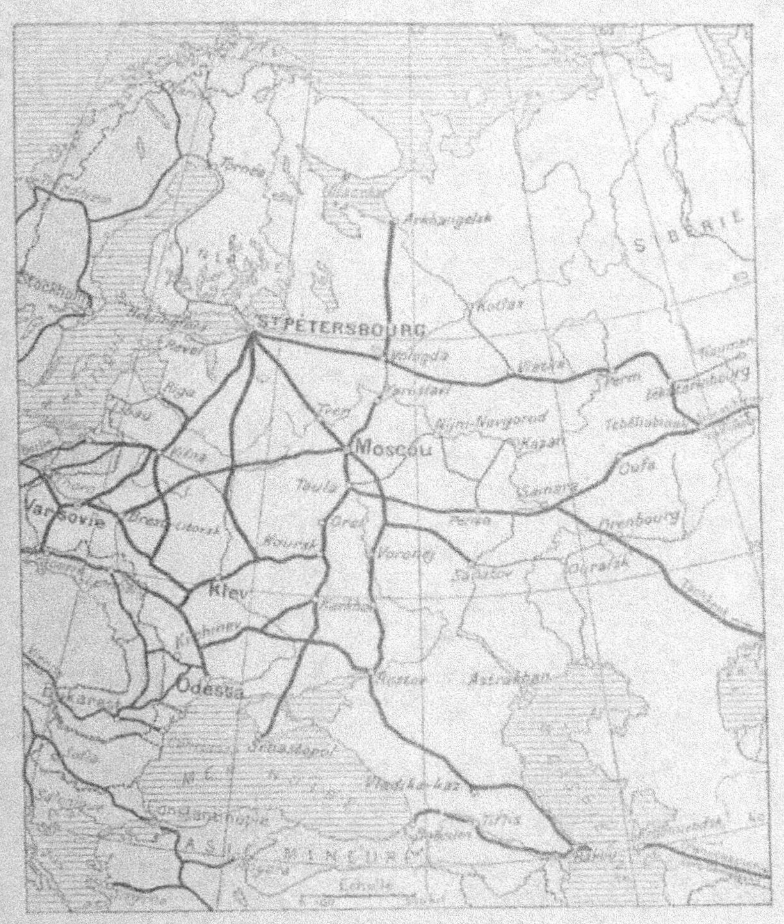


4. GRANDES VOIES FERRÉES DE LA RUSSIE.

Il y a deux centres principaux de voies ferrées en Russie, Saint-Pétersbourg et Moscou, la nouvelle et l'ancienne capitale. Les lignes les plus importantes unissent ces deux villes aux points principaux de la périphérie : Vilna (et Berlin, Paris), Varsovie (et Vienne, Rome), Odessa, Sébastopol, Vladikavkaz (et la région transcaucasienne), Orenbourg (et Tachkent, la région transcaspienne), Tchéliabinsk (et la Sibérie, l'Extrême-Orient), enfin Arkhangelsk.

Le réseau ferré de la Russie mesure un développement total de 60 000 kilomètres, à peine plus étendu que celui de l'Allemagne (55 000 kilomètres), pas très supérieur à celui de la France (40 000 kilomètres) pour une superficie de territoire dix fois plus grande. Presque toutes les artères essentielles sont aujourd'hui construites ; mais il reste à faire la plupart des voies secondaires et transversales ; le principal seul existe jusqu'à présent.

# XI. — LA PÉNINSULE DES BALKANS

## A. — Constitution physique de la péninsule.

**La péninsule balkanique est, des trois péninsules méditerranéennes de l'Europe, la plus étendue et la moins homogène.**

**1. *La constitution géologique de la péninsule des Balkans explique la variété du sol.*** — De l'histoire géologique de la péninsule balkanique, on doit retenir trois faits :

1° Avant les temps tertiaires, une **masse continentale** existait sur l'emplacement de la portion centrale de la péninsule actuelle. Elle se composait de rochers primaires, roches cristallines et schistes. Tout autour, dans les mers, les sédiments se déposèrent pendant toute l'ère secondaire.

2° Au milieu de l'ère tertiaire, les plissements alpins se prolongèrent, par la Bosnie-Herzégovine (v. p. 100), vers le Sud-Est. Ce sont les **plissements dinariques**. Ils longent le continent primaire à l'Ouest et se continuent dans une direction Sud-Est jusqu'à la Grèce, et même jusqu'à l'Asie Mineure, en passant par la Crète. — D'autre part, à l'Est du continent primaire, les plissements des Karpates se prolongeaient eux aussi, prenant une direction franchement Ouest-Est. Ce sont les **plissements balkaniques**, proprement dits.

3° A la suite de ces plissements, une série de mouvements du sol, affaissements, effondrements, exhaussements, ont modelé et découpé la masse continentale ainsi produite.

A l'Ouest, l'**affaissement de l'Adriatique** a noyé certaines des chaînes dinariques, dont les témoins restent le long de la côte sous forme d'îles allongées. C'est le type de côte dalmate (v. p. 199), qui se poursuit jusqu'à la Morée.

Au Sud et à l'Est, des effondrements qui ont produit la **Méditerranée Orientale** ont morcelé la portion méridionale des plissements dinariques, découpé la côte en golfes et caps nombreux, laissé entre la Grèce et l'Asie Mineure les îles de l'Archipel.

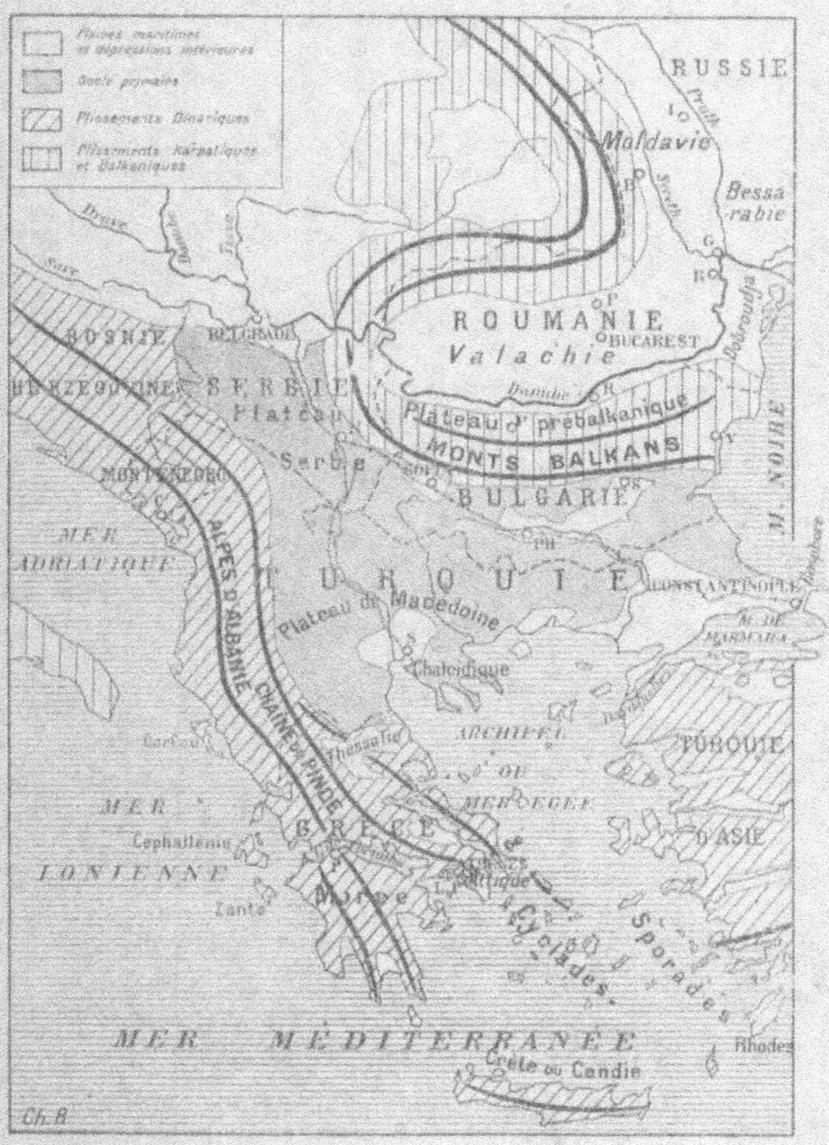


PÉNINSULE DES BALKANS.

Enfin, au Nord, entre l'arc karpatique et l'arc balkanique, un
bras de mer a longtemps subsisté. Cette portion déprimée peu

à peu asséchée, fut occupée par le Danube inférieur, quand la rupture du défilé des Portes de Fer permit au grand lac hongrois de se vider. C'est la plaine de Valachie et Moldavie.

**2. *La péninsule des Balkans, tout entière montagneuse, comporte deux parties : le Nord, massif et continental; le Sud, découpé et maritime*.** — Cette constitution géologique explique que, au point de vue du relief, on distingue dans la péninsule des régions très différentes :

1° Le *versant extérieur des Karpates méridionales*, qui regarde la plaine et qui, au point de vue économique et politique, lui a toujours été étroitement lié;

2° Les *plaines danubiennes, Valachie, Moldavie*, se terminant vers la Mer Noire par la *Dobroudja*;

3° Les *Balkans*, ou région des plissements balkaniques, massif jeune, constitué par des roches crétacées, séparé du Rhodope par une longue dépression, la *dépression bulgare* et flanqué au Nord des *plateaux pré-balkaniques*, qui dominent le Danube;

4° Le *Rhodope*, ou le Massif ancien, flanqué au Sud, vers la Méditerranée, de la *plaine de Macédoine*;

5° La *Bosnie-Herzégovine* (V. ci-dessus, p. 100);

6° L'*Albanie*, ou portion massive, large et continentale, des plissements dinariques;

7° La *péninsule proprement dite*, avec ses chaînes coupées brusquement par la mer, encadrant de petites plaines qui s'ouvrent sur elle, riche en golfes, en caps, en îles;

Il y a, dans toute cette région, où les montagnes partout dominent, une opposition très nette entre le **Nord**, qui est massif, avec de larges plateaux (*Serbie, Macédoine*) ou de vastes plaines (terrasses de *Moldavie*, plaine de *Valachie*, hautes plaines intérieures de *Bulgarie*), et le **Sud**, qui est très découpé, fragmenté en compartiments étroits par des chaînes, isolant de petites plaines, intérieures ou maritimes (*Thessalie, Attique*).

**3. *Même opposition dans la nature des côtes*.** — Le **Nord** a des côtes alluviales et basses (côtes de la *Mer Noire* et de la *Mer de Marmara*, unies par le *Bosphore*), ou des côtes de type dalmate (V. p. 250, côtes de l'Adriatique).

Le **Sud**, très découpé par trois mers (*Mer Ionienne, Méditerranée, Archipel* ou *mer Égée*), est extraordinairement riche en golfes (*G. de Corinthe*), en presqu'îles (*Chalcidique, Attique, Morée*), en caps et surtout en îles (*Corfou, Céphallénie, Zante, Crète* ou *Candie, Cyclades, Sporades*), qui, du côté de l'Est, l'unissent à l'Asie Mineure.

4. ***Même opposition dans le climat, l'hydrographie et la végétation***. — Dans le **Sud**, dans la partie vraiment péninsulaire et dans les îles, règne le *climat méditerranéen* : étés brûlants, hivers relativement doux, avec, cependant, des coups de froid quand souffle la *bora*, ou vent du Nord ; sécheresse plus grande encore que dans la Méditerranée occidentale, avec des pluies d'automne et d'hiver. Les étés, naturellement secs dans toute la zone méditerranéenne, voient encore cette sécheresse aggravée par les *vents étésiens*, qui soufflent presque toute la journée de l'intérieur vers l'Afrique surchauffée.

Dans le **Nord**, l'influence méditerranéenne est presque insensible, et les plaines danubiennes ont un *climat continental* : étés très chauds, hivers très froids ; pluies d'orage tombant en été ; hivers secs, où domine le vent du Nord-Est, ou *crivet*, tandis qu'en été domine le vent de Sud-Ouest, ou *austral*. Ces deux vents sont secs : le premier, parcequ'il vient du continent ; le second, parce qu'avant d'atteindre les plaines du Nord, il a déchargé sur les montagnes-barrières du Sud l'humidité médiocre recueillie sur la Méditerranée.

Pour **l'hydrographie**, le Nord est le tributaire du *Danube* et de ses affluents. Les principaux affluents sont la *Morava* et le *Pruth*. Ce sont des rivières abondantes, aux grandes crues de printemps, à l'époque de la fonte des neiges. Comme tous les grands fleuves qui débouchent dans la Méditerranée ou dans ses mers secondaires, le Danube se termine par un immense delta.

Toutes les rivières du Sud sont des torrents méditerranéens. Les principales sont la *Maritsa*, le *Vardar* et l'*Aspropotamo*.

Pour la **végétation**, le Nord est couvert par la *steppe* (plaines) ou par la *forêt* (montagnes) ; la culture des céréales y réussit merveilleusement dans les plaines ; — le Sud est couvert par les arbres méditerranéens (*cyprès, pin*) et par le *maquis* ; les produits méditerranéens y réussissent : *vigne, olivier, oranger.*

1. LE RHODOPE.

*Le Rhodope occupe le centre de la péninsule des Balkans ; c'est une forteresse naturelle, formée de roches anciennes, âpre et rude, peu peuplée, qui commande la Bulgarie et la plaine de Macédoine.*

2. DÉFILÉ DE KASANITSA.

*Paysage de la Haute-Albanie. Cette région est habitée par des populations vigoureuses, au caractère sauvage et irréductible, souvent en révolte contre les sultans de Constantinople. C'est que le pays, avec ses montagnes qu'aucun bon chemin ne traverse, forme un retranchement naturel favorable aux guerres. Presque toute la péninsule des Balkans est ainsi très difficilement accessible.*

3. COL DE BOUKOVO.
Phot. A. Maier.

*Passage menant de Macédoine en Albanie.*

*Les montagnes peu élevées, ne portent ni neiges persistantes ni glaciers. C'est une succession de croupes qui dévalent jusqu'à l'horizon, les unes pelées et crevées de ravines, les autres tachées de quelques forêts de hêtres. Nulle maison, même le long de la gorge où la route pliée et repliée s'enfonce.*

4. LE LYCABETTE

*Le Lycabette est une des petites montagnes des environs d'Athènes. C'est le type des montagnes grecques, trop sèches sous ce climat méditerranéen pour porter d'abondantes forêts, belles surtout par l'éclat de leurs roches claires.*

5. — HAUTE VALLÉE DE LA MARITZA.

La Maritza est un des cours d'eau secondaires de la péninsule des Balkans ; elle naît dans le Rhodope et se jette dans l'Archipel, après avoir traversé la Roumélie. Cours d'eau torrentiel, comme le montrent assez les berges de sable qu'il a modelées dans ses crues.

6. — LA VALLÉE DE TEMPÉ.

Située en Thessalie, traversée par la Salambria, la vallée de Tempé est le type des vallées grecques : vallées étroites, encaissées entre de hautes murailles sèches, ombragées d'arbres parce qu'elles sont humides et fraîches, bien que les cours d'eau grecs soient de pauvres cours d'eau perdus en des lits trop larges.

Phot. A. Maier.

7. LE DANUBE A BELGRADE.

*Le Danube baigne la partie septentrionale de la péninsule des Balkans (Serbie, Bulgarie, Roumanie). Le long de la Serbie, c'est un fleuve très large, profond, sinueux; le Danube sépare, d'ailleurs, la Serbie de la Hongrie et nous avons vu plus haut (p. 200) les caractères du Danube dans la plaine hongroise. Le Danube quitte la plaine hongroise pour la Bulgarie-Roumanie au défilé de Kazan (voir p. 211).*

8. LE DANUBE DANS LA DOBROUDJA.

*La Dobroudja, comprise entre le Danube et la mer Noire, est une plaine humide, marécageuse, malsaine. C'est une région alluviale qui a été formée par le Danube et qui rappelle tout à fait son delta. Pendant la guerre contre la Russie, en 1854, nos soldats se battirent dans la Dobroudja, et ils y furent décimés par les fièvres.*

### 1. LE COUVENT DE SIMONOPETRA.

Le couvent de Simonopetra est l'un des couvents les plus curieux du mont Athos, l'un des trois promontoires qui prolongent la presqu'île de Chalcidique sur le rivage septentrional de la mer Egée ou Archipel. La roche à pic tombe dans la mer qui se trouve bordée par un mur à peu près droit de plusieurs centaines de mètres de hauteur. L'aspect en est du reste extrêmement pittoresque.

Il est presque impossible d'accéder aux nombreux couvents qui couvrent les flancs du mont Athos; ils sont comme accrochés à la montagne et sont devenus, en raison de cette difficulté d'accès, des refuges de moines qui y peuvent vivre dans l'isolement le plus complet.

### 2. LE GOLFE D'ÉGINE.

La côte de la péninsule des Balkans est toute découpée : caps, golfes, petites îles littorales, se succèdent sans interruption. Les abris favorables à l'établissement de ports abondent. La vie maritime y est depuis longtemps développée, on peut dire qu'elle y existe depuis l'origine de l'histoire, témoin l'expédition de Troie. Le golfe d'Égine, formé par l'Archipel, est situé près d'Athènes.

## B. — La population des Balkans.

**La péninsule des Balkans n'a pas plus d'unité ethnique que d'unité physique. Elle s'est affranchie de l'unité politique que lui ont longtemps imposée les Turcs.**

**1. *La population des Balkans comporte huit races différentes*.** — La péninsule des Balkans est aussi morcelée au point de vue ethnique qu'au point de vue physique. Elle est habitée par huit races différentes.

1° Les *Grecs* (6 millions environ, 7 millions en comprenant les îles, 9 millions en comprenant l'Asie);

2° Les *Albanais* (1 600 000 environ);

3° Les *Serbes*, d'origine slave (2 500 000);

4° Les *Bulgares* (3 750 000), de même origine;

5° Les *Roumains* (6 millions), d'origine obscure, mais de culture latine;

6° Les *Turcs* (3 millions), d'origine mongole, anciens maîtres de tout le pays;

7° Les *Tziganes*;

8° Les *Juifs*.

**2. *Soumises aux Turcs depuis le Moyen Age, certaines ont formé des États indépendants au XIX° siècle*.** — Les Turcs se sont emparés de la péninsule au XIV° siècle. Ils l'ont administrée en pays conquis jusqu'au XIX° siècle. Mais, depuis le début de celui-ci, certaines régions ont formé des états indépendants.

Les dates à retenir de l'histoire de cet affranchissement sont les suivantes :

*1829*. Indépendance de la *Grèce*; autonomie de la *Serbie* et de la *Roumanie*; — *1859*. Constitution de l'État indépendant de *Roumanie*, bientôt royaume; — *1878*. Indépendance de la *Serbie* et *Montenegro*. Autonomie de la *Bulgarie*; — *1885*. Annexion de la *Roumélie* à la Bulgarie; — *1908*. Annexion de la *Bosnie-Herzégovine* à l'Empire d'Autriche-Hongrie (p. 199). Constitution du royaume de Bulgarie.

De sorte qu'à l'heure actuelle la péninsule des Balkans est divisée entre six États:

1° La *Turquie d'Europe* au centre, faisant partie de l'Empire Ottoman et qui en constitue la partie essentielle, sinon par l'étendue, du moins pour le chiffre de population. L'Empire Ottoman s'étend sur une partie de l'Archipel, sur l'Asie Mineure, sur la Syrie et l'Arabie, sur la Tripolitaine, il exerce encore un droit de souveraineté sur l'Égypte, soumise en fait au protectorat anglais.

2° Le *royaume de Roumanie*, au Nord-Est;

3° Le *royaume de Serbie*, au Nord-Ouest;

4° Le *royaume de Bulgarie*, au Nord-Est;

5° Le *royaume de Monténégro*, au Nord-Ouest;

6° Le *royaume de Grèce*, au Sud, qui comprend, outre la Grèce continentale, un grand nombre d'îles de l'Archipel, les Cyclades et les Sporades.

**3. Or la répartition des races et des nationalités ne coïncide ni avec les régions naturelles, ni avec le territoire des États**. — Aucune région naturelle, ni aucun État de la péninsule ne comporte une seule race, une seule nationalité.

En effet, en exceptant les *Juifs* et les *Tziganes*, qui sont épars sur tout le territoire :

1° Les **Grecs**, descendants des anciens Hellènes, occupent la région proprement péninsulaire du monde balkanique, tout le royaume de Grèce. Mais ils ont peuplé les îles et les côtes de l'Archipel, des Cyclades et de l'Asie Mineure, où ils se heurtent aux Turcs; au Nord, ils peuplent en partie, avec beaucoup d'autres races, la Macédoine, qu'ils revendiquent au nom de l'Hellénisme.

2° Les **Albanais**, indigènes plus anciennement établis, peut-être, que les Grecs eux-mêmes, occupent la portion médiane des plis dinariques, entre Grecs, au Sud, et Serbo-Croates, au Nord. L'Albanie constitue la portion occidentale de la Turquie d'Europe. Pour la plupart musulmans, les Albanais appuient la politique turque, au nom de l'Islam; mais ils vivent en mauvais rapports avec leurs autres voisins, avec les Grecs, les Serbes et les Bulgares.

3° Les **Serbo-Croates**, Slaves de la même race que ceux qui occupent la Bosnie-Herzégovine, s'étendent presque exclusivement sur la portion occidentale des plissements dinariques et sur la portion orientale du massif intérieur qui forme la Serbie.

1. RACES DES BALKANS.

La péninsule des Balkans est habitée par huit races d'hommes. Deux de ces races (Juifs et Tziganes) sont éparpillées parmi les autres, et n'ont point d'influence. Trois de ces races sont bien localisées : les Roumains à l'extrémité Nord-Est, les Albanais dans les montagnes de l'Ouest ; les Turcs de plus en plus refoulés vers Constantinople et l'Asie Mineure. Il reste trois races principales qui se disputent la prépondérance dans le centre du pays, les Bulgares, les Serbes, les Grecs. L'antagonisme de ces trois races forme le facteur prépondérant de l'histoire contemporaine de la région balkanique.

| Turquie | Roumanie | Bulgarie | Serbie | Grèce | Montenegro 250.000 |
|---|---|---|---|---|---|
| 6.130.000 hab. | 6.771.000 hab. | 4.668.000 h. | 2.922.000 | 2.632.000 | |

2. POPULATIONS COMPARÉES DES ÉTATS BALKANIQUES.

Les Turcs ont possédé, pendant la première partie des temps modernes, toute la péninsule des Balkans : vaincus et refoulés, ils n'en ont plus guère qu'un quart. Les débris de leur empire ont formé cinq États chrétiens d'importance inégale : le royaume de Roumanie (plus peuplé même que la Turquie d'Europe actuelle), le royaume de Bulgarie, le royaume de Serbie, le royaume de Grèce, et le royaume de Montenegro (celui-ci peu étendu et très peu peuplé).

Ils sont coupés en deux par la division territoriale qui a donné
la Bosnie-Herzégovine à l'Empire austro-hongrois. Au nom du
« panslavisme », les Serbes de Serbie ont protesté contre cette
annexion. D'autre part, un élément serbe existe dans l'Empire
turc, entre Albanie et Haute-Macédoine; un autre forme la population du Monténégro.

4° Les **Bulgares**, d'origine mongole, mais de civilisation
slave, occupent les terrasses prébalkaniques jusqu'au Danube,
le Balkan, le Rhodope et le plateau de la Macédoine. Ainsi,
non seulement ils constituent l'élément ethnique essentiel du
royaume de Bulgarie, où, d'ailleurs, ils sont en contact avec un
contingent turc très appréciable, mais ils ont la majorité en
Macédoine, où ils prétendent demeurer les maîtres, aux dépens
des Grecs, des Serbes et des Turcs. Enfin, on en trouve un certain nombre dans la Dobroudja.

5° Les **Roumains**, descendants d'anciens colons établis
dans les Karpates par l'Empire romain, occupent, en outre, la
Valachie et la Moldavie. Ils constituent donc l'élément prépondérant du royaume de Roumanie, à côté de Slaves, Bulgares,
Russes et Turcs.

6° Enfin, les **Turcs**, d'origine mongole, conquérants musulmans de la péninsule, sont l'élément le moins fixé et le moins
cohérent de cette marquetterie ethnique. Dans la Turquie
d'Europe, ils ne se trouvent en majorité que dans la région de
Constantinople et en Macédoine. Mais il y en a des colonies sur
les confins de la Grèce, en Albanie, en Roumélie et dans la
Dobroudja.

Ainsi, dans chaque État, une race dominante opprime d'autres
races; et chaque État représente les revendications d'une nationalité, serbe, roumaine, bulgare, turque, grecque, qui prétend
plus ou moins ouvertement à l'hégémonie de la péninsule.
Presque tous ces voisins ennemis se rencontrent en Macédoine : Grecs, Bulgares, Turcs, Serbes, Albanais. Ce pays est
déchiré par leurs compétitions.

Ces rivalités et ces luttes expliquent le malaise qui pèse sur
toute la péninsule et qui rend inégal et incertain le progrès
économique de certaines de ses parties, pourtant bien dotées
par la nature.

### C. — États et régions naturelles des Balkans.

**La péninsule des Balkans comporte six États, très différents par les ressources naturelles et le degré de prospérité économique, souffrant tous, d'ailleurs, de l'instabilité politique de la contrée.**

1. *La Roumanie compte trois régions différentes : la montagne, les plaines et plateaux, la vallée du Danube.* — La Roumanie (6.771.000 hab.) se divise en trois régions :

1° Le **versant extérieur des Karpates** de Transylvanie, domaine originel des Roumains. Dans ces montagnes, la grande ressource est le pâturage et l'élevage des bêtes à cornes et des moutons. Pendant l'été, les alpages des Karpates de Roumanie sont occupés par des bestiaux dont beaucoup appartiennent à des Roumains de Transylvanie. L'hiver venu, ils envoient leurs troupeaux paître les prairies danubiennes. Cette transhumance explique les liens qui unissent la plaine à la montagne et leur peuplement par une race commune.

2° La **plaine**, *Valachie, Moldavie*. Les champs de céréales y offrent de grandes ressources : *maïs* sur les collines, mieux arrosées par les pluies, *blé* dans les parties déprimées, plus sèches. A côté des bœufs et des moutons transhumants, réussit l'élevage du *cheval*. Ces ressources font vivre une population agricole fort dense. Seul le plateau de la Dobroudja, table de calcaire fissuré et aride, est peu peuplé.

3° La **vallée du Danube**, escarpée sur sa rive bulgare, est basse, alluviale, sur sa rive roumaine. Les riverains y vivent de la pêche de l'esturgeon ; les pâturages y sont gras.

Mais surtout le Danube, voie commerciale de premier ordre, est jalonné par une ligne de « villes-ponts » établies sur les deux rives : *Braïla, Galats*. — Une autre ligne de villes se trouve au contact de la montagne et des plaines : *Ploiesci, Iassy*. — Seule, **Bucarest** (300.000 hab.), la capitale, occupe une position intermédiaire entre ces deux lignes.

La vie du pays est presque exclusivement agricole : seuls les gîtes de pétrole de Valachie, dont l'exploitation commence à peine, ouvrent quelques perspectives à l'industrie.

**2. La Bulgarie doit son importance à son agriculture et à la grande voie qu'ouvrent au commerce international ses dépressions intérieures.** — La Bulgarie (4 320 000 hab.), avec la Roumélie Orientale, a un territoire

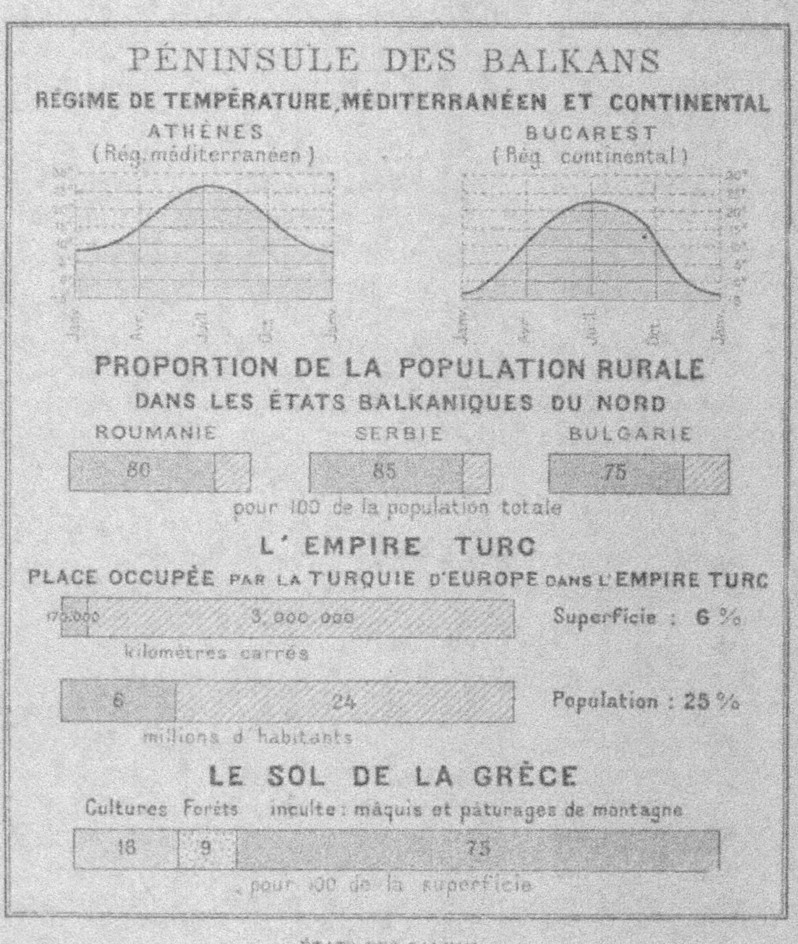


ÉTATS DES BALKANS.

composé de plusieurs régions naturelles qui y forment comme des bandes parallèles du Nord au Sud :

1° Le **plateau prébalkanique**, qui domine le Danube, calcaire, bas, horizontal, de climat continental et sec, mais relativement chaud; région de céréales, et particulièrement de *blé*.

Les villes sont surtout des marchés agricoles : *Plevna*, *Vidin* et *Rouchtchouk*, dominant le fleuve ; *Varna*, sur la mer.

2° Les **Balkans**, chaîne âpre, surtout haute dans sa portion occidentale (*Stara Planina*), a un climat rude, plus propre à l'élevage qu'aux cultures ; elle est peu peuplée.

3° La **dépression bulgare** forme une série de bassins allongés de l'Est à l'Ouest, entre Balkan et Rhodope. De climat plus doux ; à côté des *céréales*, on y cultive la *vigne*, le *mûrier*, les *roses*, dont l'essence est le principal produit manufacturé du pays. Mais surtout cette dépression ouvre une communication à travers les massifs entre le Danube et le Bosphore. La grande *ligne transcontinentale de Vienne à Constantinople* l'emprunte. C'est à elle que la Bulgarie doit son importance économique et politique. Les villes principales du pays y sont situées : **Sofia** la capitale (100000 hab.), *Phili-popoli*, *Slivno*.

4° Enfin, le **Rhodope**, âpre, rude et peu peuplé, est la forteresse qui domine la Macédoine, vers laquelle le Bulgare est descendu en conquérant et où il prétend dominer.

La Bulgarie est prospère : ses richesses agricoles lui suffisent pour l'instant, et elle n'a pas commencé l'exploitation de ressources minières, houille et minerais, qui ne sont point négligeables. Très bien administré au point de vue finances, doué d'une armée bien entraînée, ce jeune royaume a de grandes ambitions, un sentiment national très fort, et il n'a pas de frontières naturelles ; on conçoit qu'il inspire aux États voisins de grandes inquiétudes.

**3. La Serbie et le Montenegro sont des États pastoraux de médiocre importance.** — La **Serbie** (2 688 000 hab.) a pour capitale **Belgrade**, sur le Danube, qui lui donne une certaine importance commerciale, et pour ville principale *Nich*. Les steppes du plateau continental sont occupées par une population pastorale vivant de l'élevage du mouton.

Le **Montenegro** (250000 hab.) est un petit royaume patriarcal, peuplé de pasteurs montagnards et de pêcheurs. Capitale : *Cettinyé*.

**4. La Turquie d'Europe doit son importance politique et économique à la position de Constantinople sur le Bosphore.** — La Turquie d'Europe (6 130 000 hab.) a pour capitale **Constantinople** (1 100 000 hab.) et pour ville principales *Andrinople* et le grand port de **Salonique**. Longtemps soumise au pouvoir absolu du *Sultan*, d'ailleurs portion infime de son domaine, qui s'étend surtout en Asie, elle était en pleine décadence quand une heureuse modification de son régime politique en a fait (1909) un *état constitutionnel* et semble annoncer une ère de régénération économique.

Son importance lui vient de ce qu'elle possède la grande voie commerciale du Bosphore, sur laquelle **Constantinople** commande une double route, route de terre et route de mer :

1° **Route de terre**. — Entre l'Europe centrale et l'Orient asiatique, le Bosphore est le seuil et le point de jonction entre les deux routes européenne et asiatique, dont la première, quittant le Danube à Belgrade, emprunte la dépression bulgare pour gagner Constantinople ; dont la seconde part de Scutari et de la rive asiatique, pour gagner, par les plateaux d'Asie Mineure, la Perse et l'Asie centrale.

2° **Route de mer**. — Le Bosphore est un bras de mer, long de 27 kilomètres, et très étroit ; sa largeur, qui ne dépasse jamais 3 kilomètres et demi, se restreint en certain point jusqu'à 550 mètres. Les eaux, qui, en surface, coulent de la Mer Noire vers la Mer de Marmara, achèvent de lui donner l'apparence d'un fleuve. Il unit ces deux mers, et, grâce aux Dardanelles, qui lui font suite au delà de la deuxième, il est le seul débouché maritime de la plaine russe, des blés de la steppe, des pétroles du Caucase, vers la Méditerranée et le monde européen.

De là vient l'importance du port de Constantinople : ville turque, sur la baie de la *Corne d'Or* et le détroit ; quartiers européens de *Pera* et de *Galata*, qui s'étendent vers le Nord jusqu'à la mer Noire. Elle déborde, au delà du Bosphore, par le faubourg asiatique de *Scutari*. C'est un immense caravansérail où se mêlent l'Europe et l'Orient.

**5. *Sol montagneux, côtes découpées, îles nombreuses, la Grèce est un pays de pasteurs, de marins et de commerçants***. — La Grèce (2 632 000 hab.), que l'on considère sa portion continentale ou monarchie constitutionnelle, la ceinture des îles qui l'entourent et font partie de son territoire (*Corfou, Céphallénie, Zanthe, Cyclades*), a partout les mêmes caractères : très montagneuse, très sèche, elle a une population composée surtout de pasteurs montagnards, de pêcheurs et de marins commerçants ; ils font le commerce de toute la Méditerranée Orientale, dans les îles et dans les *Échelles du Levant.*

L'agriculture, très peu développée, souffre :

1° De la rareté des plaines ;

2° De la sécheresse du climat et de la rareté des eaux courantes ;

3° Du manque d'initiative des habitants : ni irrigation, ni amendements.

D'ailleurs, les capitaux manquent pour les grandes entreprises agricoles. La seule industrie prospère est l'industrie extractive des *Mines du Laurion* (fer, cuivre, zinc).

Mais les Grecs, commerçants actifs et avisés, tiennent le commerce de l'Orient méditerranéen. Ils émigrent, pour vivre du négoce, jusqu'en Perse, en Égypte, en Angleterre et aux États-Unis.

Cap. **Athènes** (167 000 hab.) ; v. p. : le *Pirée, Patras.*

**6. *Dans son ensemble, la péninsule des Balkans souffre de l'instabilité politique et du manque de voies de communication*.** — La péninsule des Balkans souffre d'un double malaise :

1° **Malaise politique**, qui résulte : de l'occupation turque qui soulève encore l'hostilité et empêche l'exploitation de riches contrées (Macédoine) ; — des crises intérieures de certains États (Serbie) ; — des luttes d'influence entre nationalités sur certains points où elles se rencontrent : telle est l'origine de la grave question de Macédoine, où, à côté des Turcs, encore dominants, luttent les influences grecque et bulgare.

2° **Malaise économique**, résultant pour certains États du manque de capitaux, et pour presque tous (la Roumanie exceptée) du manque de voies de communication : le Sud n'a presque pas de chemins de fer ; le Nord n'a qu'une **grande voie transcontinentale**, unissant l'Europe centrale (Vienne), par une double branche, à Constantinople et à Salonique. D'autres *projets de voies transbalkaniques* sont à l'étude. Ils sont retardés par les rivalités des grandes puissances européennes.

1. VIE PASTORALE DANS LES HAUTES KARPATES.

*La Roumanie s'étend, vers le Nord, jusqu'aux Karpates de Transylvanie. Le versant roumain de ces montagnes est couvert de forêts et d'alpages. La grande ressource est constituée par l'élevage des bêtes à cornes et des moutons transhumants de la plaine danubienne qu'on y envoie passer l'été.*

2. LE CHÂTEAU PELES A SINAIA.

*Les Karpates roumaines sont devenues un lieu de villégiature pour les familles roumaines. Le château de Pèles, à Sinaia, est une résidence d'été de la famille royale de Roumanie.*

3. MINES DE PÉTROLE DE BUSTÉNARI. — 4. FABRIQUE DE CIMENT.

Comme dernière richesse, la région roumaine des Karpates possède des res-sources minérales. La plus importante sans contredit est constituée par de très nombreux gisements pétrolifères qui forment une bande d'environ 10 kilomètres de large au pied des Karpates, et dont une partie seulement est jusqu'à ce jour exploitée. Il y a là pour la Roumanie une source de gros profits. Le sel, l'argile pour ciment, la chaux, les eaux minérales, quelques minerais métallifères, se trouvent également dans la région roumaine des Karpates.

5. LA PLAINE ROUMAINE.

*Du Danube aux Karpates, la Roumanie ne forme qu'une vaste plaine, presque sans ondulations, où règne le climat continental (hivers très rigoureux, étés très chauds). Cette plaine est une riche terre à blé ; la Roumanie est avant tout un pays producteur de céréales. On y élève des moutons. La sécheresse est un des fléaux de cette plaine qui rappelle la plaine hongroise.*

6. VIGNOBLES EN ROUMANIE.

*La vigne occupe en Roumanie une surface assez importante (150 000 hectares), malgré les ravages du phylloxéra. Elle donne dans les plaines grasses des produits assez médiocres ; mais les vins des collines calcaires qui s'étendent au pied des Karpates sont de qualité estimable. D'une manière générale, le progrès agricole a été très grand en Roumanie depuis un demi-siècle.*

7. MARÉCAGES DU DANUBE.

*La rive roumaine du Danube est basse au niveau du fleuve qui y déborde au moment de ses crues, c'est-à-dire au printemps et au début de l'été. Elle est par suite couverte de marécages et de roselières fangeuses qui la rendent inhabitable. Presque aucune ville ne borde le Danube le long de la plaine de Roumanie, tandis que la rive bulgare, située en face, mais plus élevée, en compte beaucoup.*

8. FERME ROUMAINE.

*La Roumanie, pays agricole, a une population surtout rurale. La ferme roumaine est une maison carrée, couverte de chaume, entourée d'une galerie extérieure couverte, où l'on pend à sécher les épis de maïs et les graines.*

1. BATTAGE DU BLÉ.

La Bulgarie doit son importance à son agriculture. En particulier, le plateau calcaire, le climat continental et sec, qui s'étend entre le Danube et les Karpates, produit en abondance les céréales, et surtout le blé.

2. FABRIQUE D'ESSENCE DE ROSES.

L'essence de roses est le principal produit manufacturé de la Bulgarie. On la produit surtout sur le versant méridional des Balkans, à Kazanlik, où l'on pratique en grand la culture du rosier. La Bulgarie produit annuellement 1000 à 1800 kilogrammes d'essence de roses, et il faut 3600 kilogrammes de feuilles de roses pour donner 1 kilogramme d'essence.

3. LE DANUBE A ROUCHTCHOUK.

Le Danube contribue beaucoup aussi à la prospérité de la Bulgarie qui se trouve dotée, grâce à lui, d'une admirable voie naturelle de transit. De nombreuses villes, ports importants, bordent la rive bulgare du Danube, qui domine le fleuve. Rouchtchouk est l'une des principales de ces villes.

4. AUBERGE BULGARE.

On circule difficilement à l'intérieur de la Bulgarie et, d'une manière plus générale, à l'intérieur de toute la péninsule des Balkans où le relief est âpre et les bonnes routes rares. Pour faciliter les relations, les anciens souverains de ces pays avaient créé, de distance en distance le long des routes, des auberges-relais pour les voyageurs. La vue ci-dessus représente l'une d'elles.

Phot. A. Malet

**1. GORGES DE LA NICHAVA.**

La Nichava est un affluent serbe de la Morava et un sous-affluent du Danube. Elle coule à peu près au centre de la péninsule des Balkans, dans la partie de cette péninsule qui est peut-être la plus montagneuse.

La Nichava est un torrent. Sa vallée est étroite et sauvage; mais elle livre passage à une voie ferrée dont l'importance est grande pour les relations internationales: c'est la grande ligne qui mène de Paris et de Vienne à Constantinople et par laquelle passent les trains de l'Orient-Express. Par cette voie, les trains les plus rapides mènent en 64 heures de Paris à Constantinople.

**2. UNE CHARRETTE SERBE.**

La Serbie, pays de montagnes et d'étroites vallées, a un relief trop tourmenté pour qu'on ait pu encore y établir un réseau ferré important. Seules quelques grandes lignes sont construites. Les relations s'y font par de mauvais chemins et des charrettes de forme assez primitive. Aussi la Serbie est-elle peu accessible, assez mal connue, et ses habitants ont gardé beaucoup de leurs anciennes coutumes et de leurs anciennes mœurs.

Phot. A. Malet

Phot. A. Malet.

3. VIEILLES MAISONS A NICH. — 4. BELGRADE.

*Belgrade et Nich sont les deux principales villes de la Serbie. Belgrade, la capitale, est bâtie sur le Danube, au confluent de la Save (voir gravure p. 257), et non loin du confluent de la Morava qui mène du Danube vers l'Archipel : de là une grande importance commerciale. Belgrade couvre la crête et les flancs d'un promontoire qui s'avance entre la Save et le Danube. Capitale des rois serbes, elle s'est transformée depuis quelques années, ornée de monuments modernes. Nich, située à l'intérieur du pays, a gardé, au contraire, sa physionomie ancienne et ses vieilles maisons.*

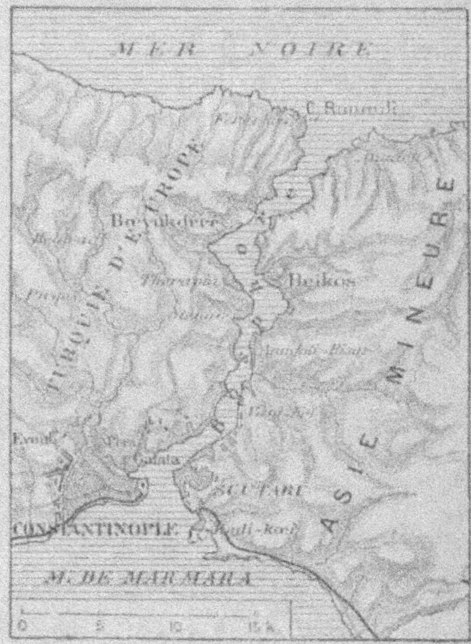



1. CONSTANTINOPLE ET LE
BOSPHORE.

2. VUE SUR LE BOSPHORE.

Le Bosphore a 27 kilomètres de longueur entre la mer Noire et la mer de Marmara; sa largeur varie de 550 mètres à 3 kilomètres. C'est moins un détroit qu'un fleuve, à courant assez fort, menant de la mer Noire à la mer de Marmara. D'une rive on distingue admirablement l'autre rive; des maisons, des châteaux, des villes se succèdent le long de ses bords. Constantinople est située à l'entrée du Bosphore sur la rive européenne; son importance lui vient de cette situation doublement importante; 1° sur la route nécessaire pour se rendre dans la mer Noire ou en sortir; 2° sur la route continentale la plus directe pour passer d'Europe en Asie et inversement. Napoléon appelait Constantinople la clef du monde.

3. CONSTANTINOPLE : LA CORNE D'OR. — 4. LE PONT DE PÉRA.

Constantinople occupe principalement un promontoire compris entre la mer de Marmara et une sorte d'estuaire très allongé qu'on appelle la Corne d'Or. La Corne d'Or forme le port de Constantinople. Il sépare la ville proprement dite, ou Stamboul, de ses faubourgs dont les deux principaux sont ceux de Galata et de Péra, centres des affaires. Plusieurs ponts franchissent la Corne d'Or et font communiquer Stamboul avec Galata et Péra. Le Phanar est le quartier grec ; il s'étend à Stamboul sur les bords de la Corne d'Or.

5. VIEUX QUARTIER. — 6. MOSQUÉE DE BAJAZET.

Stamboul est la vieille ville; elle est, comme Rome, bâtie sur sept collines. C'est une agglomération de rues sinueuses, de ruelles, de vieilles maisons. On y trouve le château des Sept-Tours, la fameuse église de Sainte-Sophie, l'Hippodrome qui joua un rôle si important dans l'histoire de l'empire byzantin, de nombreuses mosquées.

Phot. A. Malet

7. UNE RUE A STROUGA.

*Strouga est une petite ville de la Macédoine occidentale, sur les confins de l'Albanie. La Macédoine appartient encore aux Turcs, mais les habitants sont des Grecs, des Bulgares et des Serbes, non des Turcs. Type d'une petite ville de la région intérieure des Balkans, maisons en avancée, boutiques à auvents.*

Phot. Armagnac.

8. MAISON DE BERGER DANS LA HAUTE-ALBANIE.

*L'Albanie est la province la plus occidentale de la Turquie d'Europe. Voisine de la mer Ionienne, elle est âpre et rude, du reste assez mal soumise au gouvernement turc et souvent en révolte. La population est peu nombreuse et pauvre.*

1. — PAYSAGE GREC DANS LE PÉLOPONÈSE.

Type de paysage grec. Le pays est tout couvert de montagnes calcaires ; le sol en est pierreux ; presque partout la roche perce une très mince couche de terre végétale. D'autre part, le climat tout méditerranéen a pour caractère dominant la sécheresse. De ces deux conditions résulte une végétation pauvre où la première place revient à l'olivier et au cyprès.

2. — MAQUIS DANS L'ÎLE DE RHODES.

La Grèce, et principalement les îles grecques, ont un climat méditerranéen et, partant, la végétation méditerranéenne. La forme végétale caractéristique en est le maquis, fourré de broussailles et d'arbustes aux feuilles coriaces et toujours vertes, assez hauts pour qu'un homme y disparaisse complètement.

3. UN CHAMP EN ATTIQUE.

*Les trois cinquièmes du sol sont impropres à la culture. En Attique, notamment, le sol est plus maigre qu'ailleurs; comme sur nos causses, les cailloux y sont aussi nombreux que la terre végétale. Des oliviers, de la vigne, de l'orge, un peu de blé, ont peine à nourrir une population pourtant très sobre. En naissant, dit Hérodote, « la Grèce eut la pauvreté pour sœur de lait ».*

4. LA RADE DE SALAMINE.

*Le sol de la Grèce fournit peu à l'homme; mais la mer qui découpe ses contours à l'infini invite à la pêche, au commerce maritime. La marine grecque est aussi ancienne que le peuple grec, témoin Ulysse et l'expédition de Troie. Il y a dans chaque Grec l'étoffe d'un marin. Salamine, célèbre dans l'antiquité par une victoire fameuse, est une île située en face d'Athènes.*

**5. ATHÈNES.**

Capitale du royaume de Grèce, Athènes est connue surtout pour ses antiques monuments, notamment pour ses temples. Les plus fameux de ceux-ci s'élèvent sur une colline isolée au milieu de la plaine, l'Acropole. Celui qu'on aperçoit au milieu de l'Acropole est le Parthénon, ou temple de Pallas-Athéné.

**6. UNE RUE DE SPARTE.**

Sparte fut jadis la rivale d'Athènes ; mais Athènes est restée une grande ville, Sparte n'est plus qu'un petit bourg quelconque au pied du Taygète, point culminant du Péloponèse.

Phot. Boissis.

7. LA VILLE DE SYRA.

L'île de Syra est l'une des Cyclades, dans l'Archipel. Les îles de l'Archipel
sont rugueuses, âpres, pelées ; elles offrent peu de ressources. Mais Syra
forme une escale importante pour la navigation. La ville s'étage au-dessus
de la mer sur le flanc des montagnes de l'île. La statistique officielle dénombre
dans l'île dix propriétaires et soixante-dix bergers contre mille marins.

8. LE CANAL DE CORINTHE.

La presqu'île du Péloponèse est rattachée au reste de la Grèce par l'isthme
de Corinthe, large de 5 kilomètres entre le fond des golfes de Patras et d'Égine.
Cette faible largeur et les difficultés de la navigation autour du Péloponèse
firent naître dès l'antiquité l'idée de creuser un canal à travers l'isthme de
Corinthe. Elle a été réalisée de nos jours. L'ouverture du canal de Corinthe
a accru l'importance du port d'Athènes situé près de son débouché oriental.

# XII. — L'ITALIE

## A. — Les régions naturelles de l'Italie.

**L'Italie, très allongée dans le sens de la latitude, comprend trois régions naturelles : l'Italie continentale (plaine du Pô), l'Italie péninsulaire (Apennin), l'Italie insulaire (Sicile, Sardaigne).**

1. *L'histoire géologique de l'Italie, c'est l'histoire des plissements alpins et de la Méditerranée*. — Si l'on excepte la Sardaigne, reste d'un ancien continent effondré, l'histoire géologique de l'Italie se subdivise en cinq actes, relativement récents :

1° **Formation des Alpes**, par des plissements de l'ère tertiaire ;

2° **Formation de l'Apennin**, postérieure, dont les plissements se raccordaient au Sud avec ceux de l'Atlas africain, par dela la Méditerranée et enserraient, au Nord, avec les Alpes, un grand golfe sur l'emplacement de la plaine du Pô ;

3° **Formation de la plaine du Pô**, par comblement du golfe et par surrexion du sol et apport d'alluvions des Alpes et de l'Apennin ;

4° **Effondrements au Sud de l'Apennin**, séparant la péninsule, la Sicile et l'Atlas, et produisant sur le versant occidental et en Sicile une série de petits bassins déprimés ;

5° **Éruptions volcaniques** sur le bord des cassures, donnant lieu au comblement des bassins ou plaines par des alluvions volcaniques fertiles.

La variété des péripéties de cette histoire explique la variété du sol italien. D'autre part, le caractère récent de certaines de ces péripéties, notamment dans la région méditerranéenne, explique que le sol ne soit pas encore tassé et consolidé, que certains volcans soient encore en activité, et que, le long de certaines lignes de failles, la terre joue encore et les tremblements de terre, produits par des tassements intérieurs, soient fréquents.

Régions montagneuses
Plaine d'alluvionnement du Pô
Plaine d'effondrement
ALPES
TIROL
St Gothard
Bernina
Adamello
Mt Rose
Gd Paradis
PIÉMONT
LOMBARDIE
VÉNÉTIE
MILAN
Viso
TURIN
LIGURIE
ÉMILIE
GÊNES
TOSCANE
APENNIN
MARCHES
OMBRIE
ABRUZZES
G. Sasso d'Italia
MER ADRIATIQUE
CORSE
CAMPAGNE
ROME
ROMAINE
CAMPANIE
NAPLES
Vésuve
BASILICATE
SARDAIGNE
MER
G. de Tarente
TYRRHÉNIENNE
CALABRE
MER
MÉDITERRANÉE
SICILE
Etna
MER
IONIENNE
Malte
Ch. B.

ITALIE.

**2. *L'Italie n'a pas d'unité physique*.** — D'une superficie de 286 000 kilomètres carrés (la moitié de la France), l'Italie est longue de 1150 kilomètres et large au plus de 500 kilomètres (au Nord), au moins de 150 kilomètres (au Sud). Très allongée en latitude, elle manque d'homogénéité physique et de centre. Son allongement en latitude et la disposition de ses reliefs explique la variété de son climat et de ses ressources végétales.

Elle comporte quatre régions :

1° La *plaine du Pô* et sa bordure alpine ;

2° La *péninsule* ;

3° La *Sicile* ;

4° La *Sardaigne*.

**3. *La plaine du Pô doit à ce fleuve son sol et sa fertilité. C'est la région la plus riche et la plus peuplée de l'Italie*.** — La plaine du Pô est encadrée :

1° Au Nord et à l'Ouest, par les **Alpes**, qui la surplombent de leur versant abrupt : *Viso, Grand Paradis, Mont Rose, Bernina, Adamello, Alpes du Tirol*.

2° Au Sud, par l'**Apennin**, moins haut, mais de relief plus âpre encore.

Elle est uniformément plate et constituée par des alluvions apportées des massifs. Elle se termine sur l'*Adriatique* par une côte alluviale et basse.

Son **climat** est relativement continental : étés très chauds, hivers froids (moyenne de janvier de 2 degrés plus basse à Milan qu'à Paris, qui est à 7 degrés de latitude plus au Nord), pluies d'été (pluies continentales d'orage) entre mai et septembre, plus abondantes sur la bordure montagneuse qu'au centre de la plaine.

Le **Pô** la traverse d'Ouest en Est. Il est abondant et régulier, grâce aux crues successives de ses affluents des Alpes (*Tessin, Adda, Mincio*), qui ont des crues de printemps et d'été causées par la fonte des neiges, et de ses affluents de l'Apennin (*Tanaro, Trebbia*), qui ont des crues d'automne et d'hiver causées par les pluies méditerranéennes. Les premiers, assagis par des lacs (*lac Majeur, lac de Garde, lac de Côme*), à la sortie des Alpes, sont moins capricieux que les seconds. — Autre fleuve : l'**Adige**, fleuve alpestre. Les deux fleuves forment un grand delta.

La **végétation** est, dans la plaine, une végétation de zone tempérée. Les étés et les automnes, trop humides, sont peu favorables à la *vigne*, qui y est plus abondante que bonne. Mais la chaleur et l'humidité, jointes à la richesse des alluvions et à l'irrigation (canaux de dérivation du Pô), font l'agriculture très florissante : céréales (*blé, maïs, riz*) et *mûrier* : d'où l'élevage des vers à soie.

La population vit d'agriculture et d'industries agricoles (*pâtes alimentaires, soie*). Elle est très dense :

1° A l'Ouest, dans le **Piémont**, capitale **Turin** (427 000 hab.);

2° Au Centre, dans le **Milanais**, capitale **Milan** (599 000 hab.) v. p. : *Côme, Mantoue*;

3° A l'Est, dans la **Vénétie**, constituée par le delta du Pô et de l'Adige, malsaine, mais fertile, capitale **Venise**; et dans l'**Émilie**, capitale *Bologne*.

**4. *L'Italie péninsulaire, constituée par l'Apennin, a ses régions vitales dans les plaines de l'Ouest*.** — L'Italie péninsulaire comprend deux parties :

1° La **montagne** ou **Apennin**, longue chaîne peu élevée (*Gran Sasso d'Italia*, 2 621 mètres), mais de relief très âpre, a un climat de plus en plus méditerranéen, de plus en plus chaud et de plus en plus sec vers le Sud. Les pluies, qui tombent au printemps et en automne dans le Nord, tombent en hiver dans le Sud : elles sont, sinon plus fréquentes, du moins plus abondantes sur le versant qui regarde la Méditerranée occidentale. Les rivières (*Arno, Tibre*) sont des torrents, la plupart du temps très pauvres, aux crues subites et violentes. La végétation est méditerranéenne : *maquis* et maigres pâturages.

La population y est clairsemée et se compose de petites communautés pastorales, vivant de l'élevage des *chèvres* et des *moutons*, soit indigènes, soit montant des plaines du bord de la mer pendant les mois chauds et secs de l'été (*transhumance*). Elle est obligée de demander à l'émigration temporaire (v. p. 315) un supplément de ressources. Telle est la vie des *Marches* (côte orientale), de l'*Ombrie*, des *Abruzzes*, des *Montagnes romaines*, de la *Calabre*.

Seule, au Nord, la **Ligurie** doit à sa côte découpée et à sa situation au débouché des routes alpines sa population de marins et de commerçants et son grand port : **Gênes** (272 000 hab.), le neuvième du monde.

2° Les **plaines et plateaux**, résultats d'effondrements postérieurs, sont situés sur la côte occidentale et méridionale. Entourées de volcans éteints (sauf un en activité : le *Vésuve*), constituées par des alluvions volcaniques, ces dépressions sont chaudes et fertiles, propres à toutes les cultures méditerranéennes : *céréales, oliviers, vigne, fruits*. Mais elles sont mal drainées et malsaines.

Deux d'entre elles sont presque dépeuplées et peu exploitées : ce sont la *Campagne Romaine*, malgré l'existence de **Rome** (538 000 hab.), l'antique capitale, et la *Basilicate* (golfe de Tarente).

Deux autres sont activement exploitées et très peuplées : le **plateau toscan**, avec **Florence** (232 000 hab.) et *Livourne* ; et la **Campanie**, dominée par le Vésuve, avec **Naples** (723 000 hab.).

**5. *La Sicile est le type du pays méditerranéen riche.*** — La Sicile n'est qu'un fragment de l'Apennin, séparé de lui par le *détroit de Messine*. Elle a donc la même structure que l'Italie péninsulaire. Elle est constituée par une masse montagneuse, dominée par le grand volcan de *l'Etna* (3313 m.), encore en activité, entourée de plaines d'effondrement couvertes d'alluvions fertiles.

Son climat, très doux, en fait le pays d'élection des produits méditerranéens et subtropicaux : *céréales, vignes, coton, canne à sucre, orangers, dattiers, bananiers*. De plus, sa côte très découpée y permet la vie maritime (*pêche*).

La population, d'agriculteurs et de marins, est très dense. V. p. : **Palerme** (342 000 hab.), *Messine* et *Catane*.

**6. *La Sardaigne est le type du pays méditerranéen pauvre.*** — La Sardaigne, contiguë et analogue à la Corse, a fait, aux temps primaires, partie, avec elle, d'un continent qui occupa l'emplacement de la Méditerranée actuelle. Comme elle, elle est constituée pour la plus grande partie par des roches cristallines, forme un haut massif aride, à la végétation méditerranéenne aux basses altitudes, alpestre aux hautes altitudes : *maquis* et maigres pâtures. Elle est bordée de plaines côtières étroites, mal drainées et malsaines.

La population, rare, se compose de pasteurs montagnards (chèvres) et de pêcheurs.

1. LE MONT VISO
(Phot. Santini).
2. LE MONT ROSE.

*La plaine du Pô est entourée à l'Ouest et au Nord par les Alpes qui lui forment un cadre de hautes montagnes neigeuses, couvertes de glaciers. Ces montagnes rendent assez difficiles les relations avec les pays voisins; pour rendre l'Italie accessible par terre, il a fallu créer à grands frais des routes et des voies ferrées à travers les Alpes (Mont-Cenis, Simplon, Saint-Gothard, etc.). Mais ces montagnes lui fournissent, pendant ses étés qui sont secs et brûlants, l'eau de fusion de ses neiges et de ses glaces: elles fertilisent ainsi une terre qui, sans elles, serait desséchée, et elles en font une terre plantureuse. Du Viso descend le Pô; du Mont Rose descend un affluent du Pô, la Sésia, dont on aperçoit ci-dessus la source.*

Phot. Alinari.

3. LA DOIRE RIPAIRE A SUSE. — 4. LA DOIRE BALTÉE A BARD.

Les deux principaux affluents du Pô supérieur sont les deux Doires : la Doire Ripaire, qui coule dans le Pas de Suse où passe également la grande voie ferrée dite du Mont-Cenis; la Doire Baltée, qui descend du Mont-Blanc par le val d'Aoste. C'est par la vallée de la Doire Baltée que Bonaparte déboucha en Italie en 1800, après avoir traversé le Grand Saint-Bernard; le fort de Bard, qu'on voit ci-dessus, défendait cette route à l'endroit même de l'entrée en plaine.

Phot. Brogi.

5. LE PÔ A TURIN.

Le Pô naît à 3000 mètres d'altitude, mais il descend rapidement dans la plaine;
à Turin, capitale du Piémont, située au pied des Alpes, son altitude n'est plus
que de 230 mètres, et il a encore 500 kilom. à parcourir avant d'atteindre la mer.

6. L'ADIGE A VÉRONE.

L'Adige est le second fleuve de l'Italie septentrionale; il descend des Alpes
comme le Pô, roule beaucoup d'eau qui lui vient des neiges alpestres; ses embouchures se mêlent à celles du Pô.

Phot. Neu.

7. BELLAGIO.

Bien irriguée, la plaine du Pô est remarquablement riche. Sur les bords des lacs qui jalonnent le pied des Alpes, l'écran protecteur des montagnes détermine un climat d'une douceur extrême, et une végétation d'orangers, de palmiers.

8. VIGNOBLES A ASTI.

La plaine elle-même a un climat plus rude, tout continental, avec des hivers plus rigoureux que ceux de Paris, et des étés chauds et secs, presque africains. Dans la plaine, plus de palmiers, ni d'orangers. Toutefois, la vigne y prospère et y donne, notamment à Asti, des vins muscats mousseux très estimés.

O. SCHIO.

*Le mûrier est un autre produit important de la plaine du Pô. La production de la soie grège et l'existence dans les Alpes de chutes d'eau nombreuses ont amené dans l'Italie du Nord le développement de l'industrie de la soie, et, plus généralement, des industries textiles. Schio est en Vénétie.*

DES RIZIÈRES DANS LA VALLÉE DU PÔ.

*Les bords du Pô sont marécageux. Cette humidité les rend malsains, mais a favorisé l'établissement de rizières, les plus septentrionales d'Europe.*

## II. VENISE.

On a vu plus haut (p. 10) l'aspect des lagunes de Venise, sorte de terre amphibie, nappe liquide que les alluvions des petits fleuves côtiers envasent progressivement. Venise est bâtie sur des îles de cette lagune. Pour y planter une ville, il a fallu la construire sur pilotis, c'est-à-dire édifier les palais et les maisons sur des pieux très longs qui s'enfoncent à travers la couche de boues alluviales jusqu'au sol résistant.

Venise est une ville extrêmement curieuse; des canaux y tiennent lieu de rues: on y circule en gondoles. Le Grand Canal, qui est bordé de palais, forme l'artère centrale de Venise. La vue ci-dessus représente le centre même de Venise, la place Saint-Marc que prolonge la Piazzetta ou petite place. Cette Piazzetta est bordée au Sud par la mer, à l'Ouest par la Bibliothèque, bel édifice du quinzième siècle, à l'Est par le palais ducal, édifice gothique dont la façade est ornée d'une colonnade à deux étages dans le style arabe. Entre les deux monuments se dressent deux colonnes de granit dont l'une porte le lion ailé de Saint-Marc, patron de la cité. La tour élégante de gauche est le Campanile, effondré en 1902, aujourd'hui en reconstruction.

Venise fut une république extrêmement prospère au moyen âge et dans le début des temps modernes; elle régnait sur un empire qui s'étendait autour de l'Adriatique et dans l'Archipel. Les découvertes maritimes de la fin du quinzième siècle l'ont ruinée en déplaçant les grands centres du commerce vers les bords de l'océan Atlantique. Venise n'est même plus le grand port de l'Adriatique, le port autrichien de Trieste, mieux placé pour communiquer avec l'intérieur du continent, l'a détrônée.

Phot. Alinari

Phot. Brogi.

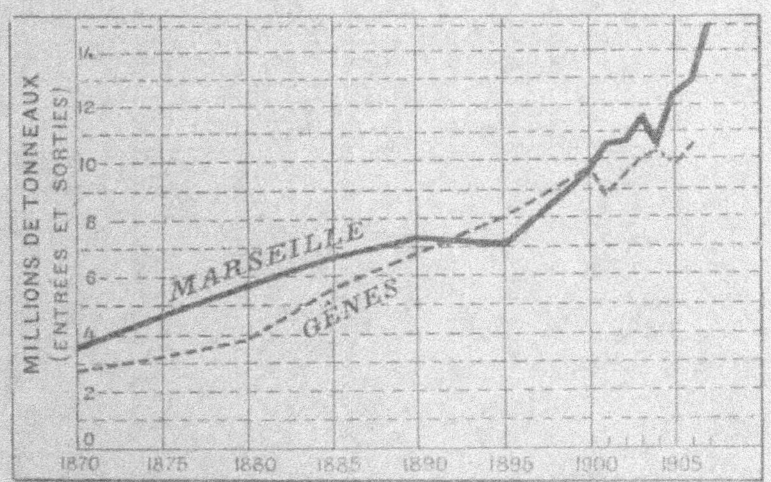


12. LE PORT DE GÈNES. — 13. GÊNES ET MARSEILLE.

Gênes est le principal port de l'Italie du Nord; c'est le port de Milan et de toute la Lombardie. En outre, depuis le percement des tunnels du Saint-Gothard et du Simplon, Gênes est devenu le port de la Suisse et de l'Allemagne du Sud sur la Méditerranée. Depuis vingt ans ses progrès ont été considérables. — Gênes est le rival du port français de Marseille auquel il fait une rude concurrence. Toutefois, si le port de Gênes a fait beaucoup de progrès, le port de Marseille n'en a pas fait moins que lui, et il a réussi à maintenir la distance qui représente sa supériorité.

Phot. Moscioni.

1. LE GRAN SASSO D'ITALIE.

Point culminant de l'Apennin, il n'est pas assez élevé (un peu moins de 3000 mètres) pour porter une grande quantité de neiges persistantes. L'Apennin, qu'on a appelé l'épine dorsale de l'Italie, traverse la péninsule du Nord au Sud dans toute sa longueur en dessinant un arc dont la concavité est tournée vers la mer Tyrrhénienne, c'est-à-dire vers l'Ouest.

2. LA PASSE DE FURLO ET LA VOIE FLAMINIENNE.

L'un des passages qui permettent de franchir l'Apennin septentrional entre Spolète et Ancône. Il était suivi jadis par la voie Flaminienne, voie romaine qui menait de Rome à Rimini, sur l'Adriatique.

3. L'ABBAYE DE VALLOMBREUSE.    Phot. Alinari.

*Au Nord, dans la Toscane, l'Apennin est humide, verdoyant, couvert d'arbres parmi lesquels le châtaignier domine. L'abbaye de Vallombreuse fut fondée au moyen âge dans une des vallées boisées de l'Apennin toscan, à l'Est de Florence.*

4. LA VALLÉE DE L'ARNO.

*L'Arno est le principal cours d'eau descendant de l'Apennin septentrional; il traverse la Toscane, arrose Florence, se jette dans la mer près de Pise. C'est, comme toutes les rivières de l'Italie péninsulaire, un torrent à la pente forte, au débit très irrégulier, jetant à la mer des alluvions abondantes qui déterminent la formation de côtes basses et marécageuses (maremmes).*

5. FLORENCE :

LE PALAIS VIEUX.

Capitale de la Toscane, Florence, sur l'Arno, est la ville des Médicis qui y furent tout puissants pendant le quinzième siècle. Ils y attirèrent des savants, des lettrés et des artistes, et s'appliquèrent à embellir la ville qui est devenue ainsi la ville par excellence de la Renaissance. Ses monuments, palais, églises lui donnent un intérêt presque unique en Europe, ses musées comptent parmi les plus riches et les plus intéressants. Le Palais Vieux, qui est représenté ci-contre, était le palais ducal; il sert aujourd'hui d'hôtel de ville. Remarquer le lion de Florence à la pointe de la tour. Dans le fond de la photographie, sur l'autre rive de l'Arno, on aperçoit les hauteurs de San Miniato, d'où l'on jouit sur Florence d'une admirable vue.

6. SIENNE : VIA UMBERTO I°,

Phot. Lombardi

Sienne est située au Sud de la Toscane; c'est une des villes d'art les plus célèbres de l'Italie. La rue représentée ici montre ce que sont la plupart des rues italiennes, étroites entre des maisons très hautes dont les murailles protègent contre l'ardeur du soleil. (Voir plus loin, p. 340, la vue d'une rue analogue à Saragosse, en Espagne.) Noter la rareté relative et l'étroitesse des ouvertures des maisons; les vieilles maisons italiennes ont, à cause de cela, un peu l'air de forteresses toujours sur la défensive.

Phot. Alinari.

7. ORVIETO.

*Orvieto, dans l'Italie centrale, est bâtie sur une butte de laves aux rebords à pic. Beaucoup de villes italiennes sont situées ainsi sur une hauteur. Il y en a deux raisons : une raison historique, l'état troublé de l'Italie pendant une grande partie de l'histoire ; une raison physique, l'insalubrité des plaines basses.*

Phot. Alinari.

8. LE TIBRE A OSTIE.

*Le Tibre, qui arrose Rome, est le plus long des cours d'eau de l'Italie péninsulaire. Il descend de l'Apennin, traverse l'Ombrie et le Latium. Torrent, le Tibre dégrade ses rives ; ses eaux terreuses ont une couleur limoneuse. Ses alluvions ont formé près de la mer une région basse infestée par la malaria, à travers laquelle le Tibre n'a cessé de s'allonger : les ruines du port d'Ostie, qui au temps d'Auguste, il y a vingt siècles, marquait l'embouchure du Tibre dans la mer, en sont aujourd'hui à 2 kilomètres.*

Phot. Revista Marittima

9. LE LAC DE NÉMI.

*La concavité de l'Apennin forme un centre d'activité volcanique. Outre trois volcans encore actifs (Vésuve, Stromboli, Etna), on y trouve de nombreux volcans éteints dont les cratères sont généralement occupés par des lacs circulaires. Le lac de Némi, non loin de Rome, occupe l'un de ces anciens cratères.*

Phot. Alinari

10. RUINES DANS LA CAMPAGNE ROMAINE.

*La Campagne romaine est parsemée de ruines (tombeaux, temples, aqueducs) qui datent de la fin de la république romaine ou de l'empire. La route qu'on voit ici est l'ancienne Voie Appienne qui conduisait de Rome dans l'Italie méridionale. Les ruines sont celles de l'aqueduc de Claude qui amenait à Rome les eaux captées dans les monts Albains, à une vingtaine de kilomètres vers l'Est.*

11. LE FORUM. — 12. SAINT-PIERRE.

Rome, capitale de l'Italie et du monde anciens, capitale du royaume moderne d'Italie et du monde chrétien, est remplie de souvenirs et de monuments. Le Forum était, dans l'antiquité, le centre de la vie publique; il était entouré de temples et d'édifices que des fouilles activement poursuivies exhument peu à peu. Saint-Pierre, construite au temps de la Renaissance, est la cathédrale de la chrétienté; le palais de droite est celui du Vatican, résidence du pape.

13. LE SOMMET DU VÉSUVE. — 14. CARTE DE LA RÉGION DU VÉSUVE.

Le Vésuve est un des trois volcans encore actifs de l'Italie. Son cône domine la baie de Naples (voir page 305). Il a actuellement 1282 mètres de hauteur, mais sa hauteur et sa forme changent sous l'influence des éruptions. Des coulées de laves couvrent les flancs. Remarquer sur la carte : 1° les emplacements des villes de Pompéi et d'Herculanum, détruites par une éruption du Vésuve en l'an 79 de notre ère ; 2° les Champs Phlégréens, région de volcans éteints, avec d'anciens cratères dont quelques-uns sont remplis par des lacs circulaires (lac Averne).

Photographies Sommer.

15. LE VÉSUVE EN ÉRUPTION. — 16. LE VÉSUVE PENDANT LA GRANDE ÉRUPTION DE 1872.

Le Vésuve a des éruptions fréquentes, particulièrement depuis la fin du dix-septième siècle. Pendant ces éruptions, le Vésuve émet des fumées et des vapeurs ; il projette des cendres et des pierres ; il vomit des coulées de laves dont la décomposition donne lieu à des poussières extrêmement fertiles qui font de la plaine voisine une des régions les plus riches de l'Italie (vignes de Lacrima-Cristi...).

Pendant l'éruption de 1872, une des principales éruptions modernes du Vésuve, les fumées formèrent un panache haut de plus de 2000 mètres.

17. LA CENDRE A SAN GUISEPPE EN 1906.

Pendant l'éruption de 1906, le Vésuve émit une énorme quantité de cendres qui recouvrirent partiellement quelques-uns des bourgs avoisinants. A San Giuseppe elles atteignirent une hauteur de plus d'un mètre. On voit ci-dessus les rues encombrées par ces amas de cendres.

18. LE FORUM DE POMPÉI.

L'éruption de 79 est la plus fameuse des éruptions connues du Vésuve. Le Vésuve, qu'on devine au fond de cette photographie, engloutit sous la cendre et la lave les villes d'Herculanum et de Pompéi. Des fouilles commencées au xviii<sup>e</sup> siècle ont exhumé Pompéi. Grâce à ces fouilles, nous possédons aujourd'hui une ville du i<sup>er</sup> siècle de notre ère en état de conservation presque parfaite.

Phot. Alinari.

10. NAPLES ET LE VÉSUVE
20. LA MARINA A NAPLES.

Le Vésuve domine la baie de Naples de son cône presque toujours surmonté d'un panache de fumée. Le panorama est remarquablement beau et on connaît le proverbe italien « voir Naples et mourir ».

Naples est la ville la plus populeuse de l'Italie ; elle renferme des établissements industriels, et son port est très actif. Le long du port est le quartier populaire de la Marina. A Naples, comme dans presque tout le bassin méditerranéen, les maisons sont très hautes, ont des toits plats et souvent des terrasses à galeries couvertes où pendent des vêtements, du linge qui sèche. L'aspect est des plus animés, d'ailleurs. Ces maisons très hautes appartiennent souvent, non pas à un seul,

Phot. Alinari.

mais à plusieurs propriétaires : on possède non une maison, mais un étage. D'autre part, la vie se passe au dehors, dans la rue ou sur la place publique ; dans toute la région méditerranéenne on vit relativement peu chez soi.

21. LA VALLÉE DE ROSSANO (CALABRE).

La presqu'île qui termine l'Italie au Sud-Ouest est occupée par la Calabre : c'est une région montagneuse, de climat sec, de végétation peu luxuriante. La Calabre est une des parties les moins riches et les moins peuplées de l'Italie ; elle est, en outre, dévastée souvent par des tremblements de terre.

22. PANORAMA DE RAVELLO.

Aspect du type rocheux des côtes italiennes (voir aussi p. 10). Ravello est un petit port bâti sur les bords du golfe de Salerne, au Sud de Naples. On pourrait rapprocher les deux vues de cette page des paysages de notre Provence ou de la Grèce. Les pays méditerranéens n'offrent guère de différences entre eux.

23. AMALFI. — 24. PORT DE PRAJA.

Nulle part la côte Italienne n'est plus abrupte que sur les bords de la mer
Tyrrhénienne au Sud. Le continent se termine sur la mer par des escarpements
à pic ; la mer Tyrrhénienne représente une zone d'effondrement. Les ports
n'ont pu s'installer que dans des anfractuosités souvent fort étroites, comme à
Praja. Les villes sont desservies le long du littoral par une route en corniche qui
compte de nombreux tunnels.

1. LE VOLCAN DE STROMBOLI.

*Le Stromboli, l'un des trois volcans encore actifs de l'Italie, fait partie d'un petit archipel situé dans la mer Tyrrhénienne, entre Naples et la Sicile.*

2. TREMBLEMENT DE TERRE DE MESSINE.

*Toute la région méditerranéenne est comprise dans une zone de tremblements de terre fréquents : par exemple, tremblements de terre d'Ischia, près de Naples, en 1883, de Nice en 1887, de Messine en décembre 1908, de Provence et mai 1909. Presque toute la ville de Messine fut détruite par le cataclysme de 1908 qui fit un nombre de victimes incalculable.*

Phot. Brogi.

3. MESSINE.

*Messine est l'une des principales villes de la Sicile. Sa prospérité tient à sa situation sur le détroit large de 3 à 4 kilomètres qui sépare la Sicile de l'Italie, détroit qui est devenu nécessairement un lieu de passage très fréquenté.*

Phot. Alinari.

4. PALERME.

*Palerme est la capitale de la Sicile. C'est un port situé sur la côte septentrionale. Il exporte la majeure partie des produits de la Sicile, qui est la plus riche des îles méditerranéennes (céréales, vins de Syracuse et de Marsala, oranges et bananes, coton, canne à sucre).*

Phot. Brogi.

5. PAPYRUS SUR L'ANAPOS.

*La Sicile a un climat exceptionnellement favorable à l'agriculture, soit des étés chauds et des hivers sans gelée. Aussi y trouve-t-on la végétation de l'Afrique et des pays du tropique. Entre autres, la Sicile a des forêts de papyrus, ce roseau qui est très commun en Égypte et qui servit dans l'antiquité à fabriquer le seul papier qui fut en usage.*

6. TEMPLE DE SEGESTE.

*Dès l'antiquité, la Sicile fut extrêmement prospère et civilisée. Les Romains la disputèrent âprement aux Carthaginois. Auparavant, elle avait été colonisée par des Grecs qui en fondèrent la plupart des villes et qui y ont élevé de nombreux monuments, en particulier des temples admirables. Le temple de Segeste, non loin de la pointe occidentale de la Sicile, est l'un des plus beaux.*

## B. — La vie économique de l'Italie.

**L'Italie est uniquement un pays d'agriculture et d'industries agricoles. Elle n'est pas encore un grand État commerçant.**

**1. *L'Italie est un pays agricole*.** — Malgré l'étendue du sol improductif (les deux cinquièmes), l'Italie, grâce à son climat et à ses plaines alluviales, est un grand pays agricole.

Ses principaux produits sont :

1° Les **céréales** : *maïs, blé, riz*;

2° La **vigne** : l'Italie est, après la France, le premier producteur de vins du monde (*Chianti, Asti, Marsala, Syracuse*);

3° Les **fruits méditerranéens** : *olives, oranges, citrons*, etc;

4° Les **cultures industrielles** : *mûrier*; l'Italie est, pour la production de la soie grège, le premier pays d'Europe, le troisième du monde;

5° Les **produits de l'élevage** : *bêtes à cornes* et *chevaux* de la plaine du Pô; *moutons* transhumants de l'Apennin.

**2. *L'agriculture italienne souffre de l'état de la propriété*.** — En Italie, la petite propriété paysanne n'existe presque pas. La plupart des riches territoires de la plaine du Pô sont exploités par des propriétaires qui possèdent d'immenses domaines et séjournent dans les villes. Dans les montagnes et les plaines de la péninsule, il en est de même. Les grands propriétaires ne songent pas à demander au sol la production intensive que pourrait en tirer le labeur patient du petit paysan attaché à son bien.

Cet état de la propriété est pour une part dans l'émigration des paysans italiens ; non seulement dans l'émigration intérieure (v. ci-dessous), qui est une nécessité, mais dans l'émigration à l'étranger qui prive l'Italie de bras utiles.

**3. *L'agriculture italienne détermine à chaque saison un fort mouvement d'émigration intérieure*.** — Chaque année, des montagnes de l'Apennin, descendent environ un million de travailleurs. La grande majorité va dans les campagnes pour les travaux agricoles : *travail de la vigne* au début du printemps, *récolte du riz* à la fin du printemps, *repiquage du riz* et *vendange* à l'automne, *façonnement de la terre* dans les premiers mois d'hiver. En été, ils remontent dans leur montagne, soit pour y travailler leur sol, soit pour y conduire les moutons transhumants de la plaine.

Les **causes** de cette émigration saisonnière sont les suivantes :

## ITALIE

### PRODUCTION DU VIN

| Italie | France | Espagne |
|---|---|---|
| 31 | 50 | 23 |

millions d'hectolitres.

### ÉMIGRATION ITALIENNE ANNUELLE

| temporaire | définitive |
|---|---|
| 396.000 | 330.000 |

émigrants

### ÉMIGRATION DÉFINITIVE : LIEUX DE DESTINATION

| Europe | Rép. Argentine | Etats-Unis |
|---|---|---|
| 276.000 | 88.000 | 221.000 |

émigrants

### POPULATION EUROPÉENNE DE LA TUNISIE

| Italiens | Autres | Français |
|---|---|---|
| 81.000 | 13.000 | 34.000 |

ITALIE.

1° *Insuffisance de la production du sol* de l'Apennin;

2° *Apreté relative de l'hiver* en montagne et longueur d'un chômage agricole;

3° Impossibilité de vivre en été dans les basses plaines marécageuses, où sévit, pendant cette saison, la malaria.

Cette dernière circonstance et l'intérêt qu'ont les grands propriétaires à n'employer d'ouvriers que pour les époques de travail intensif font que les plaines italiennes, vides en été et à certains mois d'hiver, ne se peuplent de travailleurs qu'à certaines périodes définies.

**4. L'Italie n'a que deux industries prospères : l'industrie textile (soie) et l'industrie des pâtes alimentaires.** — L'Italie n'a pas de richesse minière, sauf le *soufre* et le *marbre*. Elle pâtit cruellement du manque de houille. Aussi les établissements industriels se sont-ils établis près des Alpes, pour utiliser la force motrice des torrents, ou près de la mer, pour importer plus facilement des matières premières.

Les deux grandes industries sont l'**industrie des pâtes alimentaires**, causée par le maïs et le blé, et surtout l'**industrie textile**, du *coton* et surtout de la **soie**. **Milan** est le grand centre de la soierie.

Les *industries sucrière* et *métallurgique* sont en progrès.

**5. L'Italie, spécialement agricole, entretient un commerce actif avec les grands États industriels.** — L'Italie ne peut se suffire à elle-même. **Elle exporte** des *produits alimentaires* : vins, huile, pâtes, fruits; de la *soie*; des *tissus de soie et de coton*. **Elle importe** des *céréales*, des *matières premières* (coton, laine, fer), de la *houille* et des *produits manufacturés*.

Les relations commerciales se font surtout avec les grands pays industriels (Royaume-Uni, France, Allemagne), avec les États-Unis, la Hongrie et la Russie (importation de céréales).

**6. Le commerce intérieur se fait par voies ferrées; le commerce extérieur, par voies ferrées et surtout par mer.** — L'Italie a fort peu de voies navigables hors de la plaine du Pô. De là le développement nécessaire de son réseau ferré, très serré dans cette plaine, plus lâche dans les régions péninsulaire et insulaire, où il comprend une grande ligne côtière, mais peu de lignes transversales.

**Au point de vue international**, elle est aujourd'hui unie à la France, à la Suisse, à l'Autriche, par les *lignes alpines* (Voir p. 180). Elle est le débouché naturel du transit entre l'Europe atlantique et l'Europe méditerranéenne.

De là vient l'importance actuelle de ses ports, et en particulier de **Gênes**. Les autres grands ports sont : **Naples**, *Livourne, Palerme, Messine, Venise*, bien déchue.

## C. — La nation et la population italiennes.

Le royaume d'Italie, de formation récente, a une puissance politique et financière encore précaire et une population relativement trop dense. Dénué d'empire colonial, il est un grand foyer d'émigration.

1. *La formation de l'unité italienne est de date récente*. — Longtemps, l'Italie n'a été qu'une expression géographique ; elle se décomposait, au point de vue politique, en un certain nombre d'États différents, royaumes, principautés et républiques. La durée de ce morcellement territorial fut causée, dans une certaine mesure, par le manque d'homogénéité physique de la péninsule, par l'absence de centre.

L'unité italienne ne s'est faite qu'au milieu du xix° siècle. Principales dates de la formation de l'unité italienne : *1859*. Annexion par le *royaume de Sardaigne* (Sardaigne-Piémont) de la *Lombardie*; — *1859-1862*. Annexion de la plus grande partie de l'*Italie péninsulaire* et de la *Sicile*; — *1867*. Annexion de la *Vénétie*; — *1870*. Annexion des *États Pontificaux*; constitution définitive du *Royaume d'Italie*, capitale *Rome*.

2. *La prospérité financière du royaume d'Italie fut longtemps chancelante; elle est encore précaire*. — Le royaume d'Italie forme une monarchie constitutionnelle, gouvernée par un *roi*, assisté d'un *ministère*, un *Sénat* nommé et une *Chambre des députés* élue. C'est une des grandes puissances européennes. Mais sa prospérité fut longtemps compromise :

1° Par des *dépenses militaires* exagérées;

2° Par des *entreprises coloniales* coûteuses, qui ont avorté;

3° Par une *lutte économique* avec la France.

Depuis quelques années, ces causes de détresse financière se sont atténuées ou dissipées. Mais l'Italie est encore dans une situation délicate, qui tient à sa faible production industrielle.

3. *La population de l'Italie, à la fois agricole et urbaine, est très dense*. — La population de l'Italie est très dense et s'accroît rapidement : 34.680.000 habitants, soit

117 au kilomètre carré. Elle est surtout agglomérée dans les plaines du Pô, de la Toscane, de la Campanie et de Sicile.

Malgré son union récente, cette population est homogène :

1° Par la *langue*;

2° Par la *tradition* romaine;

3° Surtout par la *vie agricole*. La plus grande partie des habitants vivent d'agriculture, mais sont concentrés dans des villes ou de gros bourgs d'où ils cultivent des terres de banlieue leur appartenant et d'où ils partent se louer pour les périodes de travaux des champs.

**4. *Une partie de cette population est condamnée à l'émigration*.** — L'Italie possède seulement l'*Érythrée* et la *côte des Somalis*, au Nord-Est de l'Afrique, pays désertiques, qui ne peuvent être des colonies de peuplement.

Une forte **émigration à l'étranger** enlève chaque année à l'Italie une bonne part de ses enfants.

Les **causes** de l'émigration italienne à l'étranger résident à peu près exclusivement dans deux faits :

1° La forte natalité, qui dépasse de beaucoup la moyenne des autres pays de l'Europe occidentale, et le surpeuplement;

2° La difficulté que la population croissante trouve, dans les conditions économiques actuelles de l'Italie, à s'y procurer les subsides nécessaires. D'une part, la population a augmenté de 15 pour 100 depuis 1871. De l'autre, tandis que l'Italie produit en abondance de la soie, des fruits, du vin, denrées que le pays ne consomme qu'en partie et qu'il faut exporter, elle ne produit pas assez de blé pour les besoins de ses habitants et doit en importer. La vie y est difficile.

Cette émigration à l'étranger est de deux espèces :

1° **Émigration saisonnière ou périodique**, se portant vers les pays voisins : *France, Allemagne, Autriche-Hongrie, Suisse*; venant surtout des plaines riches du Nord, mais surpeuplées et incapables de fournir du travail à tous à cause de l'état de la propriété (v. p. 311), Vénétie, Piémont, Toscane, Lombardie; composée surtout d'ouvriers agricoles et de manœuvres;

2° **Émigration prolongée ou définitive**, se portant surtout vers l'Amérique : *États-Unis, République Argentine, Brésil* (pays neufs et agricoles) et vers nos colonies d'*Algérie* et de *Tunisie*; venant surtout de l'Italie péninsulaire et insulaire; se composant surtout d'ouvriers agricoles

## 1. L'UNITÉ ITALIENNE.

*Entre les Alpes, la mer Tyrrhénienne et la mer Adriatique, la péninsule italienne présente une unité géographique nettement marquée. Pourtant, l'unité politique de l'Italie est un fait tout contemporain. Il n'y a guère plus d'un demi-siècle, en 1859, l'Italie se composait encore de sept États principaux, dont l'un, la Lombardie-Vénétie, appartenait à l'Autriche. Les souverains de Sardaigne ont réussi à grouper sous leur domination, grâce à l'appui de la France et au sentiment national des populations italiennes, tous les autres États italiens : les derniers réunis furent les États pontificaux, annexés définitivement après l'occupation de Rome en 1870, pendant le cours de la guerre franco-allemande. Toutefois, quelques Italiens réclament encore pour leur pays la possession de quelques autres régions (Trieste, le pays de Trente, Nice) qui appartiennent aujourd'hui à l'Autriche ou à la France. Ces parties non encore rattachées au royaume d'Italie forment ce qu'on appelle l'Italia irredenta, ou Italie non rachetée.*

## 2. L'ÉMIGRATION ITALIENNE.

*L'Italie est très peuplée pour son étendue (113 habitants par kilomètre carré); d'un autre côté, ses ressources sont encore relativement peu développées (agriculture médiocre, industrie restreinte à quelques parties seulement). Il en résulte que la misère y est grande et y cause parfois de terribles ravages. C'est la raison principale d'un mouvement d'émigration qui, depuis quelques années, a pris une extension considérable. En 1905, 1906, 1907, l'Italie a fourni 700000 émigrants et plus par an. Ces émigrants vont surtout aux États-Unis, dans le Brésil et*

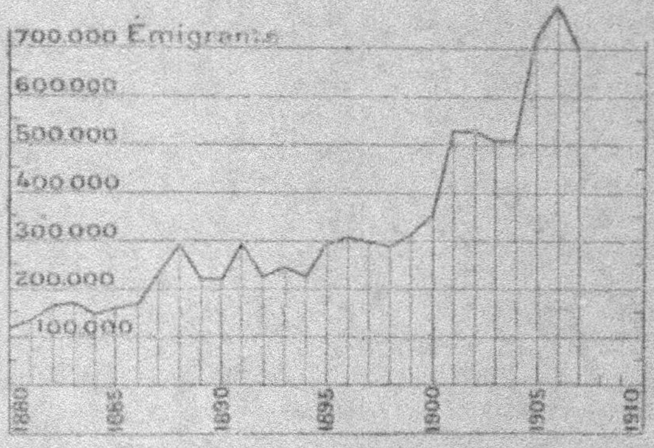


*l'Argentine, en Tunisie : il y a dans ces pays de véritables colonies italiennes formées surtout d'ouvriers industriels ou agricoles.*

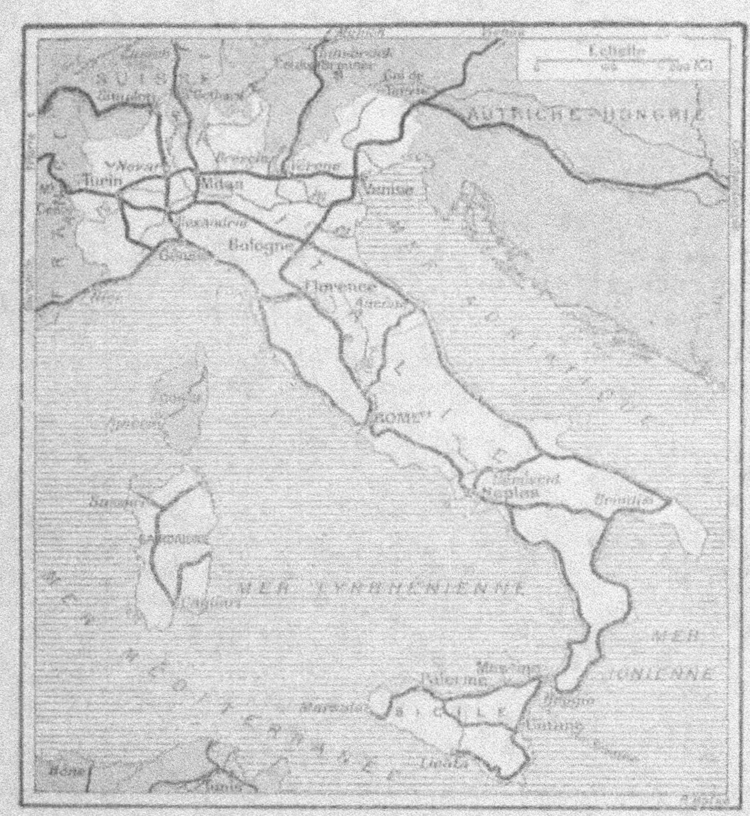


3. LES VOIES FERRÉES DE L'ITALIE.

L'Italie possède environ 17 000 kilomètres de voies ferrées : c'est relativement
assez peu pour son étendue ; seule la plaine du Nord est assez complètement
desservie.

Les principales lignes desservent la péninsule du Nord au Sud, l'une par la
côte de la mer Tyrrhénienne qu'elle longe presque sans interruption, l'autre
par la côte de la mer Adriatique ; ces deux grandes lignes sont unies entre
elles par plusieurs lignes transversales.

En outre, l'Italie est unie aux autres pays de l'Europe par plusieurs grandes
voies ferrées traversant les Alpes : avec la France, par le chemin de fer de la
Corniche (Gênes, Nice, Marseille) ; avec la Suisse et l'Allemagne rhénane par le
chemin de fer du Simplon et par celui du Saint-Gothard ; avec la Bavière (Munich) par la voie ferrée du Brenner ; enfin, avec l'Autriche et l'Europe centrale
(Vienne) par le chemin de fer qui emprunte le col de Tarvis. La forme de
l'Italie et le grand développement des côtes ont favorisé en Italie le développement des communications par mer et celui du cabotage.

# XIII. — LA PÉNINSULE IBÉRIQUE

## A. — Le sol de la péninsule ibérique.

**De forme très massive, la péninsule ibérique présente de violents contrastes dans le relief et le climat, dans le régime des eaux et dans la végétation.**

1. *La péninsule ibérique est la plus massive des péninsules européennes.* — La péninsule ibérique a 588 000 kmq. de superficie. C'est la plus massive des péninsules méditerranéennes : 850 kil. dans sa plus grande longueur, et 800 dans sa plus grande largeur.

2. *L'histoire du sol ibérique comporte trois actes principaux.* — Aux temps primaires, tout le centre de la péninsule était émergé et plissé. Les plissements ont été peu à peu usés par l'érosion et transformés en **hauts plateaux** à la surface presque horizontale : ce sont les *mesetas*.

Au cours de l'ère tertiaire, les **plissements pyrénéo-alpins** ont augmenté et modifié le territoire de la péninsule :

1° Au Nord, ils ont soulevé les *Pyrénées* et les *Monts Cantabriques*, d'une part, les *Monts de Catalogne*, de l'autre; ils enserraient, entre eux et la meseta, le lac Aragonais;

2° Au Sud, ils ont soulevé la *Cordillère Bétique*, qui se prolongeait, d'une part, dans les *Baléares*, dont elle a été séparée par un effondrement postérieur, d'autre part, dans le *Rif Marocain*, dont elle a été séparée par la coupure de Gibraltar;

3° Enfin, le contre-coup de ces plissements a agi sur la meseta, la disloquant, relevant certaines parties en abrupt, en abaissant d'autres, lui donnant un aspect plus fragmentaire.

La fin de l'ère tertiaire a vu le comblement des lacs intérieurs (lac Aragonais) et de certains golfes, qui ont formé des plaines.

3. *Le relief de la péninsule ibérique se caractérise par la violence des contrastes et la rareté des plaines.*

— Le caractère essentiel de la péninsule ibérique est la violence des contrastes du relief. On peut y distinguer trois parties :

1° Un plateau primaire, ou **meseta**, socle rocheux, élevé et plat, qui occupe presque toute la région intérieure, simplement divisé en compartiments plus ou moins hauts ou plus ou moins déprimés (*plateaux de Vieille-Castille, de Nouvelle-Castille,*

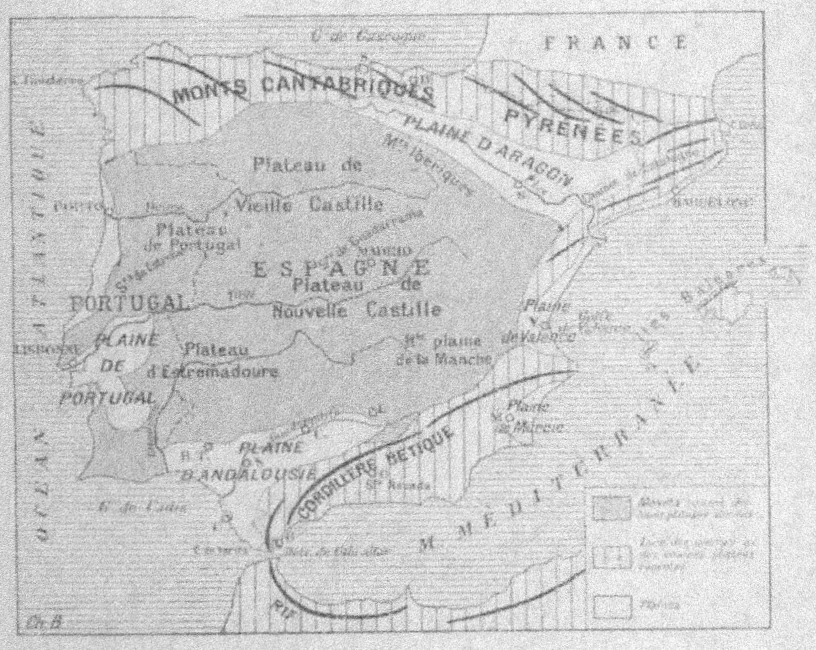


PÉNINSULE IBÉRIQUE.

*d'Estremadoure, de Portugal*), par des rides montagneuses : *Monts Ibériques, Sierra de Guadarrama, Sierra Morena;*

2° Deux systèmes montagneux beaucoup plus récents et plus élevés : au Nord, les **Pyrénées** (point culminant : *pic d'Aneto,* dans la *Maladetta,* 3 404 m.) se prolongeant à l'Ouest par les *Monts Cantabriques,* au Sud-Est par les *Monts de Catalogne;* au Sud, la **Cordillère Bétique,** formée surtout de la *Sierra Nevada* (point culminant : 3 481 m.), coupée nettement par le *détroit de Gibraltar* (14 kil.).

3° Sur le pourtour, des **plaines,** dont une seule, la *plaine d'Aragon,* est une plaine intérieure, et toutes les autres des plaines maritimes, formées de terrains récents ou d'alluvions, isolées les unes des autres par l'avancée des chaînes ou de la meseta jusqu'à la mer : larges plaines *du Portugal* et *d'Andalousie*, sur l'Atlantique; plaines plus étroites *de Murcie*, *de Valence* et *de Catalogne*, sur la Méditerranée.

**4. La péninsule ibérique est pauvre en côtes, plus pauvre encore en côtes favorables.** — Très massive, la péninsule ibérique a, proportionnellement à son étendue, beaucoup moins de côtes que les deux autres péninsules méditerranéennes. Ces côtes ne sont rocheuses et découpées qu'au Nord-Ouest (Monts Cantabriques : *golfe de Gascogne* ou *de Biscaye*, *cap Finisterre*), au Sud-Est (Sierra Nevada : *pointe de Tarifa*, *Gibraltar*) et à l'extrême Nord-Est (Pyrénées : *cap Creus*).

Partout ailleurs, limitant les plaines du pourtour, elles sont plates et alluviales, rectilignes ou s'ouvrant sur de larges golfes évasés : *golfes de Valence, de Cadix*.

**5. Par le climat, le régime des eaux et la végétation, la péninsule ibérique comporte des zones très différentes; mais presque toutes ont un caractère commun : la sécheresse.** — Malgré une faible extension en latitude (8 degrés), l'Espagne doit à son exposition vers deux mers et à son relief heurté de saisissants contrastes de climat.

1° La **meseta**, haute et isolée des influences maritimes par les sierras qui la bordent, a un climat continental : hivers rudes, étés brûlants. Les pluies sont rares : moins de 40 cm. par an.

Les cours d'eaux sont intermittents, torrents au moment des pluies orageuses, à sec une grande partie de l'année; l'évaporation intense laisse d'abondants dépôts salins sur le sol; d'où l'existence de « salados », ou ruisseaux salés.

La végétation est celle de la steppe, aride pendant tous les mois d'été, prenant quelque vie aux pluies d'automne et de printemps, glacée par les vents en hiver.

2° Les **Monts Cantabriques** et les **Pyrénées occidentales** ont un climat océanique. Les premiers sont une des régions les plus arrosées de l'Europe : plus de 1 mètre de pluies par an; la température, au pied du versant océanique, est égale et modérée, comme dans toutes les régions maritimes; elle ne décroît qu'avec l'altitude. C'est une région aux eaux abondantes, aux grandes forêts et aux vertes prairies. Dans les fonds de vallées, le *blé*, le *riz* et le *maïs* réussissent.

3° La **plaine intérieure d'Aragon**, entre les Pyrénées et les Monts Ibériques, isolée de l'Océan par les Pyrénées, de la Méditerranée par les Monts de Catalogne, n'a pas plus de pluies que la meseta, des étés encore plus brûlants, des hivers presque aussi rudes. Steppe aride, propre seulement à l'élevage des moutons, elle n'a de cultures que dans les vallées des rivières ou dans les régions irriguées.

4° Les **montagnes** et les **plaines du Sud** ont le climat méditerranéen ; plus frais et plus humide dans les Sierras, plus chaud et plus sec dans les régions basses, il a partout les mêmes traits généraux : hivers doux, étés brûlants ; pluies rares, tombant en automne et en hiver, sous forme d'averses brusques. Les rivières sont des torrents ; le *maquis* monte les pentes abruptes ; les cultures méditerranéennes, *olivier*, *vigne*, *oranger*, réussissent merveilleusement dans les terrains arrosés.

5° La **plaine du Portugal**, de situation et de climat plus océaniques, mieux arrosée, moins chaude et de température plus égale, est le pays par excellence de la *vigne* ; l'*oranger* et l'*olivier* y poussent ; les montagnes bien arrosées encadrent la plaine d'une ceinture de forêts.

En somme, si l'on excepte cette dernière région et la zone pyrénéo-cantabrique, déjà extérieure, un trait domine dans tout ce pays : c'est la **sécheresse**. Elle explique les caractères communs à toute l'hydrographie de la péninsule qui est celle des pays demi-arides : fleuves de débit maigre et de régime torrentiel, très irrégulier, surtout sur le versant méditerranéen. Tels sont l'*Èbre*, le *Douro*, le *Tage*, la *Guadiana*, le *Guadalquivir*. **Seule exception** : les *cours d'eau de la région cantabrique*, abondants, mais très courts.

**6.** ***Les richesses minérales sont assez abondantes, mais incomplètes et relativement localisées.*** — Les ressources minérales de la péninsule sont inégales : *elle a très peu de houille*, mais une grande abondance de minerais utiles (*fer, cuivre, zinc, mercure*) et précieux (*plomb argentifère*).

La presque totalité de ces richesses est concentrée dans deux régions : la région cantabrique (*Santander, Bilbao*) et la région montagneuse méridionale (*Rio-Tinto, Linares, Carthagène*).

1. LA SIERRA NEVADA VUE DE GRENADE. (Phot. Lacoste.) — 2. LE PIC DE MULAHACEN

L'Espagne a deux chaînes de montagnes principales. L'une est la Sierra Nevada, tout au Sud, près de la Méditerranée et du détroit de Gibraltar, qui a pour point culminant le pic de Mulahacen (3,481 mètres). Cette chaîne est une sierra, c'est-à-dire une chaîne présentant le profil d'une scie, sans sommets très proéminents comme sans échancrures trop marquées. Cette sierra est appelée nevada, ou neigeuse, parce que, malgré sa latitude très méridionale, elle porte des neiges persistantes et des glaciers.

3. PIC ET GLACIER D'ANETO. — 4. LE PORT DE VIELLA.

La seconde grande chaîne montagneuse de l'Espagne est celle des Pyrénées, tout au Nord, qui sépare l'Espagne de la France. Son point culminant, le pic d'Aneto (3404 mètres), s'élève sur le territoire espagnol dans le chaînon des monts Maudits ou Maladetta. Sauf à leurs deux extrémités où des routes et des voies ferrées les franchissent, les Pyrénées constituent une barrière peu franchissable entre la France et l'Espagne. Sur une longueur de 250 kilomètres, on ne trouve aucun chemin carrossable, rien que des sentiers mal frayés où l'on passe difficilement à mules.

Phot. Lacoste

5. PLATEAUX DES BATUECAS. — 6. GORGES DE LA FRÉJENEDA.
7. DÉFILÉ DE DESPEÑA-PERROS

8. LES BORDS DU TAGE A TOLÈDE. — 9. LE TAGE AU PONT D'ALCANTARA.
Photographies Lacoste.

*L'Espagne intérieure a un relief très tourmenté, qu'on la considère soit dans la Vieille-Castille et l'Estremadure (plateaux des Batuecas et gorges de la Frejeneda), soit dans la Nouvelle-Castille (vallée du Tage), soit plus au Sud encore dans la Sierra Morena (défilé de Despeña-Perros). C'est ce qui explique la difficulté qu'ont eue tous les conquérants, Carthaginois, Romains, Arabes, Napoléon, qui ont cherché à s'emparer de l'Espagne ; aucun pays ne se prête plus à la petite guerre ou guerilla.*

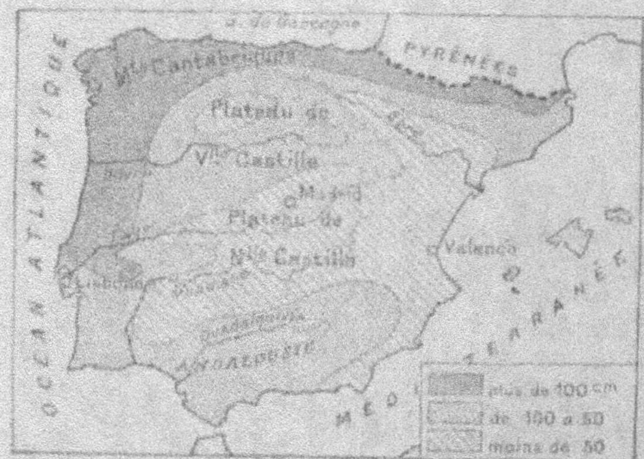


1. LES PLUIES EN ESPAGNE — 2. LE MANZANARÈS A MADRID.
3. LE GUADALQUIVIR A SÉVILLE. (Phot. Lacoste.)

Toute la péninsule ibérique, sauf les Pyrénées et la région du Nord-Ouest, reçoit peu de pluies, et ces pluies tombent presque exclusivement en automne et en hiver. Conséquence, les rivières sont indigentes : elles ont, dit un proverbe d'Espagne, deux mois de cours et dix mois de vacances. Fait seul exception le Guadalquivir qui est alimenté pendant l'été par la fonte des neiges de la Sierra Nevada ; le Guadalquivir est accessible aux gros navires jusqu'à Séville, à 120 kilomètres de la mer.

4. LA PLAINE DE CALATAYUD INONDÉE (ARAGON). — 5. LE BARRAGE DE LORCA.

Les pluies sont rares en Espagne; de plus, elles tombent d'une manière irrégulière. La saison des grosses pluies torrentielles est l'automne, comme dans toute la région méditerranéenne. Il arrive alors fréquemment que des averses prolongées donnent en quelques heures le tiers ou le quart de l'eau qui tombera dans l'année entière; elles occasionnent de terribles inondations. Pour parer à cette inégalité des pluies, on a construit sur plusieurs rivières des barrages qui retiennent les eaux de pluie torrentielles, et les déversent ensuite aux campagnes à l'époque des sécheresses. Des régions entières ont été, grâce à ces barrages, transformées en jardins fertiles, en huertas ou vegas.

1. LA BAIE DE VIGO — 2. LE CAP SINES

La péninsule ibérique est de relief très accidenté : les côtes rocheuses y ont donc un grand développement. On en a déjà eu plus haut (baie de Pasages, p. 17) un premier exemple. La baie de Vigo, à l'extrémité Nord-Ouest de la péninsule, forme une rade très sûre, admirablement encadrée de montagnes et très profonde ; elle a joué souvent un rôle important dans les guerres maritimes. Le cap Sines, en Portugal, est un des promontoires avancés de la péninsule ibérique vers l'Ouest.

## B. — États et régions de la péninsule ibérique.

**Les contrastes physiques, l'absence de centre naturel, les ressources et la population concentrées dans des plaines isolées à la périphérie, tout dans la péninsule ibérique est hostile à l'unité politique et économique.**

1. *La péninsule ibérique n'a pas d'unité ethnique*. — La population de la péninsule Ibérique comprend 25 millions d'habitants, soit moins de 43 au kilomètre carré.

La diversité des races est le résultat des nombreuses **migrations** auxquelles la péninsule a servi de passage et qui ont altéré le fonds primitif des *Ibères* et des *Celtes* : *Romains*, *Vandales* et *Wisigoths*, venus du Nord; *Arabes* et *Celtes* venus du Sud.

Aussi la péninsule ibérique comprend-elle actuellement presque autant de peuples différents que de compartiments physiques : *Castillans*, *Galiciens*, *Basques*, *Catalans*, *Aragonais*, *Andalous*, *Portugais*.

2. *La péninsule ibérique n'a que rarement connu l'unité politique*. — Jusqu'au xv° siècle la péninsule ibérique a formé plusieurs États, soit aux mains des Arabes envahisseurs, soit aux mains des indigènes. L'**unité ibérique**, consacrée par l'expulsion définitive des premiers, en 1492, n'a pu subsister. La péninsule comprend actuellement deux États :

1° La **monarchie constitutionnelle d'Espagne**, 504000 kilomètres carrés, 19580000 habitants;

2° La **République de Portugal**, 84000 kilomètres carrés, 5423000 habitants.

3. *L'Espagne comprend trois régions différentes de vie humaine*. — L'Espagne comprend un grand nombre de **provinces**, où, malgré le lien artificiel et lâche de la *centralisation politique*, vivent des sociétés très particularistes. On peut les grouper en trois régions :

1° La **meseta**, pauvre, aux *cultures maigres*, où le seul élevage florissant est celui des *moutons*; région immense et *peu peuplée*, malgré l'existence paradoxale de la capitale politique. **Madrid** (597 000 hab.), au centre;

2° Les **régions industrielles**, qui sont au nombre de deux:

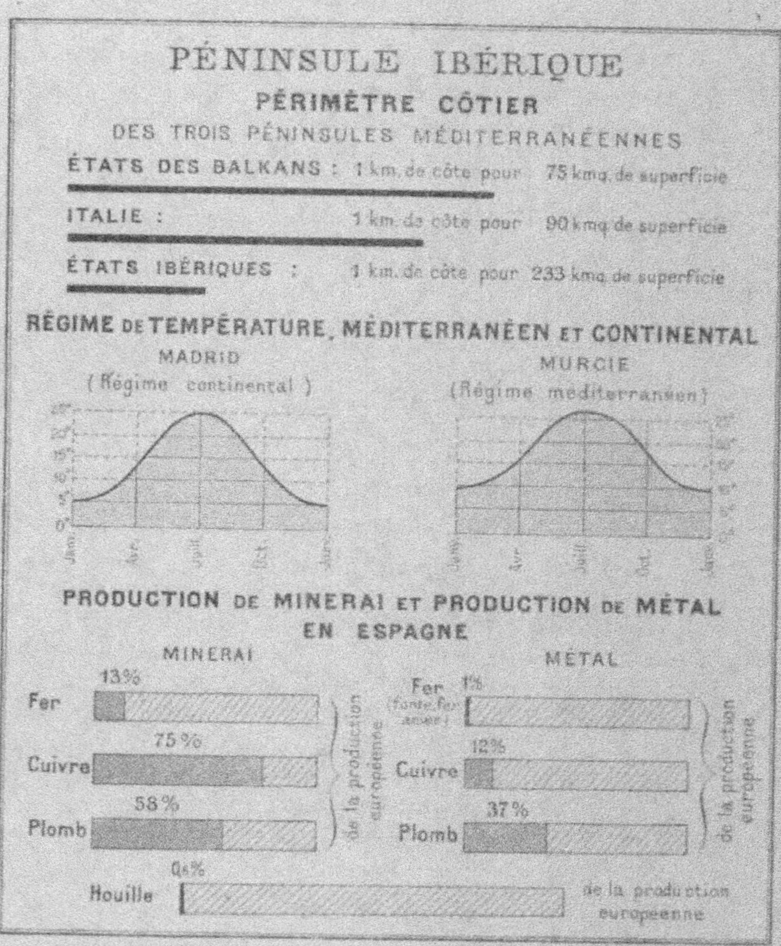



PÉNINSULE IBÉRIQUE.

la *région cantabrique*, au Nord-Est, région de minerais et d'industrie métallurgique (importation de la houille d'Angleterre), avec ses ports industriels, *Bilbao*, *Santander*; — la *Catalogne*, grand centre d'industrie textile, dont la capitale est le port de **Barcelone** (587 000 hab.), la plus grande ville de l'Espagne;

3° Les **plaines agricoles**, aux riches *huertas*, où prospèrent les *céréales (blé, riz)*, la *vigne*, l'*oranger*, grâce à l'irrigation. Ces régions ont une population agricole dense et de grandes villes : *Valence, Murcie, Carthagène, Grenade, Séville* et *Cadix*.

Les deux derniers groupes forment les seules régions vivantes de l'Espagne.

La seule dépendance importante de l'Espagne, en dehors de la péninsule, est formée par les **îles Baléares** (îles *Majorque, Minorque*, etc.), petit archipel de *climat* et de *végétation méditerranéens*. Sa population vit de la *pêche* et de la culture de la *vigne* et des *oranges*. L'Espagne a, d'autre part, quelques **colonies en Afrique** (*Rif marocain, Guinée espagnole*, etc.).

**4. *La puissance espagnole, réduite à la métropole, se relève et se modernise lentement*.** — Aujourd'hui dépourvue de son empire colonial d'Amérique, l'Espagne souffre :

1° De l'habitude qu'avait prise sa population de tirer presque toute sa subsistance de l'exploitation de ses colonies ;

2° De la prédominance des régions pauvres (altitude, sol, climat) sur les régions riches dans la métropole.

Les **voies de communication** sont insuffisantes, étant donnée la forme massive du pays ; 15 000 kilomètres de chemins de fer.

Son **agriculture** n'est, elle-même, pas très florissante, bien qu'elle fasse vivre la plus grande partie du peuple espagnol. La *production en céréales* et l'*élevage des bêtes à cornes*, qui souffrent de la sécheresse du climat, ne suffisent pas à sa consommation. Seules, deux ressources comptent, l'une en déclin, l'autre en progrès :

1° L'**élevage du mouton**, qui a longtemps été la seule ressource des sierras de l'intérieur. La rareté de l'herbe dans ces hautes terres, sauf au début de l'été, à la suite des pluies de printemps, une rareté analogue dans les plaines méditerranéennes, sauf en hiver, à la suite des pluies d'automne, a déterminé de tout temps, entre plaines et montagnes, une *transhumance* annuelle des troupeaux de moutons, allant estiver sur les hauteurs et hiverner dans les plaines. Aujourd'hui la transhumance a diminué avec l'importance du troupeau espagnol ;

2° Les **cultures méditerranéennes** : *olivier* et *vigne* ; *figuiers, orangers, citronniers, palmiers* ; *fleurs*. Elles se sont développées dans les plaines méditerranéennes grâce à l'*irrigation*. Celle-ci fut créée par les Maures. Ils ont transformé les plaines sèches de la Méditerranée en jardins (*huertas*) : barrages dans les hautes vallées, répartition des eaux ainsi mises en réserve par des canaux dans la plaine; législation très stricte régissant la distribution de l'eau entre les particuliers, telle fut leur œuvre, que les Espagnols n'ont fait que continuer.

Parmi ces cultures, la principale est de beaucoup la **vigne** : le vignoble espagnol est le troisième du monde, après ceux de la France et de l'Italie.

**L'industrie**, *métallurgique* et *textile*, n'est prospère qu'en Biscaye et en Catalogne. Toutefois, l'Espagne produit beaucoup plus de minerais qu'elle ne travaille de métaux.

Le **commerce**, médiocre, souffre de la *situation excentrique* du pays. Il se fait surtout avec la France et le Royaume-Uni.

**5.** ***Le Portugal se trouve, malgré les restes d'un bel empire colonial, en pleine décadence.*** — Le Portugal (5 423 000 hab. avec ses annexes des *Açores* et de *Madère*) possède une région qui pourrait être très riche : la vaste **plaine du Portugal**, chaude et suffisamment arrosée. Sa situation, sur la triple *route maritime* de l'Europe occidentale vers l'Amérique du Sud, vers l'Afrique du Sud et vers Suez, le destinait d'autre part à une vie commerciale prospère.

En effet, le Portugal a été une grande puissance coloniale. Son **empire colonial** comprend encore :

1° EN AFRIQUE : la *Guinée portugaise*, l'*Angola*, le *Mozambique*, les îles des *Açores*, de *Madère*, du *Cap-Vert*;

2° EN ASIE : les postes de *Goa* et de *Diu* (Inde);

3° EN OCÉANIE : une portion de *Timor*.

Mais, le Portugal n'a pas encore une grande prospérité :

1° *Au point de vue agricole*, seule la *vigne* est suffisamment cultivée (*vins de Porto*);

2° *Au point de vue industriel*, le Portugal est presque nul. Tous les produits nécessaires lui viennent d'Angleterre;

3° *Au point de vue commercial*, il n'entretient de commerce actif qu'avec l'Angleterre. Il se trouve sous la dépendance économique et presque politique de celle-ci.

Au début d'une renaissance politique, sociale et économique, la jeune république du Portugal n'a guère d'activité que dans les deux seules grandes villes du pays : **Lisbonne** (357 000 hab.), la capitale, escale importante, et *Porto*.

1. SUR LE PLATEAU DES CASTILLES.

Paysage de l'Espagne sèche. Tout le centre de l'Espagne ne reçoit qu'une quantité d'eau tout à fait insuffisante, et qui tombe, en outre, de la manière la plus irrégulière : c'est, en particulier, le cas des plateaux des Castilles. Dans ces régions sèches, le pays est une steppe aride, maigres champs qui nourrissent quelques troupeaux de moutons. « L'alouette qui traverse les Castilles doit emporter son grain », dit un proverbe espagnol. Aussi, tous ces plateaux secs de l'Espagne intérieure présentent-ils un aspect désolé ; ils ne comptent qu'un très petit nombre d'habitants.

2. LA RÉCOLTE DU RIZ SUR LA CÔTE MÉDITERRANÉENNE.

Paysage de l'Espagne irriguée. Là où les eaux pluviales ont été aménagées à l'aide de barrages qui permettent l'irrigation des terres à l'époque des sécheresses (voir p. 327), le pays devient très fécond ; il se couvre de vergers, de cultures ; il porte alors, grâce à cette eau et à la chaleur du climat, toute la végétation des régions chaudes, maïs, arbres fruitiers de la Méditerranée, vignes, et même palmiers et riz.

Phot. Gomez-Duran.

3. UN VIGNOBLE EN PORTUGAL. — 4. MISE EN CAISSE DES ORANGES A VALENCE

Les deux principaux produits agricoles de la péninsule sont les vins et les oranges. Les vins sont cultivés principalement dans l'Espagne du Nord-Est (Aragon, Huesca, Valence), au Sud-Est (vins d'Alicante et de Malaga), au Sud-Ouest (Jerez), enfin dans le Portugal (Porto) : l'Espagne vient, après la France et l'Italie, au troisième rang des pays producteurs de vin. Quant aux oranges, leur production constitue une richesse considérable pour la région espagnole de la Méditerranée, et notamment pour la huerta de Valence.

5. MOISSONNEURS
DANS LA CAMPAGNE DE
CORDOUE.

6. LA FORÊT DE
PALMIERS D'ELCHE.

Au Sud-Est et au
Sud-Ouest de l'Espa-
gne, l'ancien royaume
de Murcie et l'Anda-
lousie ont un climat
privilégié que caracté-
risent l'absence d'hi-
vers et la chaleur des
étés. Par suite, la vé-
gétation y est toute
africaine. On y cultive
notamment le riz et la
canne à sucre.

La vue supérieure de
cette page représente,
derrière les moisson-
neurs, une haie vigou-
reuse de cactus, ou
figuiers de Barbarie,
analogues à ceux
qu'on trouve en Algé-
rie. Elche a une forêt
de palmiers qui lui
donne tout à fait l'ap-
parence d'une oasis
algérienne.

Phot. Lacoste.

1. PUITS DE MINE
A LINARES.
Phot. Armagnac.

Dans ses roches anciennes, la péninsule ibérique recèle d'importants gisements miniers (fer, cuivre, plomb, houille, mercure). Linares possède des mines de plomb argentifère qui furent exploitées dès l'antiquité par les Carthaginois et les Romains et qui sont encore très riches; elles occupent plus de 10000 personnes.

Ces richesses minières importantes et variées permettraient à l'Espagne de devenir un grand pays industriel, si un meilleur réseau de voies de communication en rendait l'exploitation plus aisée.

Phot. Hauser y Menet.

2. LE PORT DE BILBAO

Sur la côte méridionale du golfe de Gascogne, Bilbao doit son importance à l'exportation des minerais de fer, d'excellente qualité, qui abondent dans les montagnes voisines. Une petite partie seulement de ces minerais est traitée à Bilbao. Le reste est transporté en Angleterre, en Allemagne.

### 3. CIGARIÈRES DE SÉVILLE.

*La fabrication des cigares est une des industries les plus fameuses de Séville. La manufacture des tabacs est la plus importante de l'Espagne entière, et la cigarière de Séville forme l'un des types populaires connus de cette ville.*

### 4. BARCELONE.

*Centre de la principale région industrielle d'Espagne, la Catalogne (industries textiles principalement), et principal port de l'Espagne. La Catalogne, a-t-on dit, est un coin de l'Angleterre industrielle sous un ciel méditerranéen. Elle diffère profondément de la Castille, et c'est le siège principal de l'opposition au gouvernement de Madrid.*

Phot. Lévy.

1. MADRID : LA PLAZA MAYOR. — 2. LE PALAIS-ROYAL.
Photographies Lacoste

Madrid est placée au centre du plateau de la Nouvelle-Castille, qui est sec et de climat excessif, pauvre, peu peuplé; elle est bâtie sur un affluent du Tage, le Manzanarès (voir p. 326) plus souvent à sec que rempli. Mais Madrid occupe le centre géométrique de l'Espagne; de là son importance principalement politique, et son élévation au rang de capitale. C'est une ville en grande partie moderne et bien bâtie.

Phot. Laurent.

3. TOLÈDE.

Type des vieilles cités espagnoles du moyen âge. Tolède, qui fut capitale de l'Espagne avant Madrid, se dresse sur un roc escarpé au-dessus du ravin où coule le Tage. Une enceinte crénelée l'entoure; une forteresse, l'Alcazar, la domine; à l'intérieur, c'est un dédale de ruelles tortueuses et escarpées, un monde de couvents et d'églises.

4. L'ALCAZAR DE SÉGOVIE.

Un alcazar est une forteresse. Ségovie est une des vieilles cités d'Espagne, comme Tolède; elle est bâtie sur le plateau des Castilles, qui est si sec par endroits qu'il prend un aspect semi-désertique.

5. LE MARCHÉ DE CALATAYUD.

6. UNE RUE A SARAGOSSE.

*Calatayud, type de petite ville espagnole. Noter les toits plats (il pleut peu et la neige est rare), le petit nombre et l'étroitesse des fenêtres dont beaucoup sont d'ailleurs masquées par un store (le soleil et la chaleur sont les ennemis); les balcons où l'on prend le frais, le soir.*

*Comparer la rue de Saragosse avec la rue de Sienne en Italie (page 248). Dans toutes les villes de l'Europe méridionale où le soleil est ardent, les rues sont ainsi étroites et encaissées pour qu'on y puisse mieux circuler à l'ombre, mais on y manque d'air.*

Phot. Lacoste.

7. LE PATIO DE LA MAISON DE PILATE.
8. COUR INTÉRIEURE DANS UNE MAISON DE L'ALBAÏCIN.

La partie la plus importante de la maison espagnole, c'est le patio, sorte de cour intérieure, entourée de galeries couvertes et, dans les maisons riches, dallées, ornées d'une fontaine dont les jets d'eau donnent de la fraîcheur.

La maison de Pilate se trouve à Séville; c'est un beau spécimen d'architecture arabe ; l'Espagne du Sud abonde en monuments qui rappellent le souvenir des Arabes, notamment Grenade, Cordoue, Séville. L'Albaïcin est un des quartiers populaires de Grenade.

1. LISBONNE VUE DU TAGE.

Le Tage forme à son embouchure une sorte de large golfe intérieur qu'on nomme la mer de Paille. Lisbonne est bâtie sur la rive occidentale de la mer de Paille. Ce n'est pas seulement la capitale du Portugal ; sa situation avancée à l'ouest du continent européen lui a valu de devenir un très important port d'escale pour les paquebots se dirigeant vers l'Afrique occidentale et l'Amérique du Sud.

2. PORTO.

Oporto ou Porto, la seconde ville du Portugal, est bâtie sur l'estuaire du Douro ; c'est un port important et le centre du commerce des vins de Porto.

# TABLE DES CARTES

# TABLE DES MATIÈRES

ET

# DES GRAVURES

(*N. B. — Les légendes des gravures sont imprimées en italiques.*)

———

70501. — Imprimerie Lahure, rue de Fleurus, 9, à Paris.